U0518573

中国刑事诉讼制度的改革

——基于以审判为中心诉讼制度改革的思考

谢安平 郭 华 等著

知识产权出版社

全国百佳图书出版单位

图书在版编目（CIP）数据

中国刑事诉讼制度的改革：基于以审判为中心诉讼制度改革的思考/谢安平等著. —北京：知识产权出版社，2017.12（2021.5 重印）

ISBN 978-7-5130-5350-1

Ⅰ.①中… Ⅱ.①谢… Ⅲ.①刑事诉讼—司法制度—体制改革—研究—中国 Ⅳ.①D925.210.4

中国版本图书馆 CIP 数据核字（2017）第 312642 号

内容提要

本书以推进以审判为中心的诉讼制度改革作为主轴，立足对以审判中心的全方位解读，围绕诉讼规律的理论阐释，呈现出诉讼制度改革的清晰图景，探索出刑事诉讼改革的基本路径，是集前沿理论探讨、突出现实问题和提出解决方案的专著。

责任编辑：龚　卫	**责任校对：**谷　洋
装帧设计：SUN工作室　韩建文	**责任出版：**刘译文

中国刑事诉讼制度的改革

——基于以审判为中心诉讼制度改革的思考

谢安平　郭　华　等著

出版发行：知识产权出版社有限责任公司　网　址：http://www.ipph.cn

社　址：北京市海淀区气象路 50 号院　邮　编：100081

责编电话：010-82000860 转 8120　责编邮箱：gongwei@cnipr.com

发行电话：010-82000860 转 8101/8102　发行传真：010-82000893/82005070/82000270

印　刷：北京九州迅驰传媒文化有限公司　经　销：各大网上书店、新华书店及相关专业书店

开　本：880mm×1230mm　1/32　印　张：10

版　次：2017 年 12 月第 1 版　印　次：2021 年 5 月第 4 次印刷

字　数：240 千字　定　价：40.00 元

ISBN 978-7-5130-5350-1

目 录
C<small>ONTENTS</small>

导 言 ··· 001

一、何为审判中心主义 / 003

二、为什么要以审判为中心 / 006

三、如何推进以审判中心的诉讼制度改革 / 008

四、推进以审判为中心诉讼制度改革的图景 / 010

第一章 以审判为中心视角下的侦查制度改革 ··············· 012

一、侦查中心的基本概况 / 012

二、从侦查中心到审判中心是刑事诉讼制度的发展
趋势 / 017

三、我国刑事诉讼由侦查中心到审判中心的发展历程 / 019

四、如何理解审判中心视角下的侦查制度 / 032

五、实现以审判为中心的侦查制度改革需要找准进路 / 038

六、构建以审判为中心的侦查制度改革的具体措施 / 040

第二章 审判中心主义下的公诉制度改革 ················· 047

一、公诉制度基本理论与改革方向 / 047

二、完善不起诉制度 / 052

三、规范撤回公诉制度 / 062

四、强化人民法院立案审查机制 / 072

第三章 审判中心主义下辩护制度改革 ················ 080
一、辩护制度概述 / 080
二、我国辩护制度的立法变迁 / 085
三、我国辩护制度存在的问题与解决途径 / 089

第四章 审判中心主义下的证据制度改革 ············ 107
一、证据制度与审判中心主义的关系 / 107
二、证据裁判原则及其例外 / 113
三、证据制度改革具体内容 / 142

第五章 审判中心主义下的直接言词原则 ··········· 160
一、直接言词原则 / 160
二、我国直接言词原则司法现状 / 163
三、完善我国直接言词原则之建议 / 169

第六章 审判中心主义下的刑事一审程序改革 ········ 188
一、刑事一审程序改革的理论分析 / 188
二、第一审程序解读 / 190
三、审判中心主义下的刑事一审程序完善 / 234

第七章 审判中心主义下的二审程序改革 ··········· 239
一、刑事二审程序的理论解读 / 239
二、刑事二审程序的现状分析 / 245

三、刑事二审程序的探索完善／263

第八章　审判中心主义下的死刑复核程序改革 ⋯⋯⋯⋯ 276

一、死刑程序基本概要／276

二、死刑复核程序性质探究／276

三、死刑复核程序存在的问题／278

四、死刑复核程序改革路径综述／286

编后说明 ⋯⋯⋯⋯⋯⋯⋯⋯⋯⋯⋯⋯⋯⋯⋯⋯⋯⋯⋯ 308

导　言

党的十八届四中全会确立了"推进以审判为中心的诉讼制度改革"的基本目标。这一诉讼制度改革目标作为司法改革的重要课题不仅引人注目，而且备受法学界与司法实务界的深度关切，以至于成为炙手可热的司法改革话题和颇具时尚的理论命题。无论是理论界还是司法实务界围绕其展开了如火如荼的讨论，不仅积极踊跃地参与讨论，❶ 而且不断献计献策。❷ 为贯彻落实《中共中央关于全面推进依法治国若干重大问题的决定》的有关要求，推进以审判为中心的刑事诉讼制度改革，依据宪法、法律规定，结合司法工作实际，2016 年 10 月，最高人民法院、最高人民检察院、公安部、国家安全部、司法部制定了《关于推进以审判为中心的刑事诉讼制度改革的意见》（以下简称《意见》）。为贯彻落实《意见》，全面推进改革工作，2017 年 2 月 17 日，最高人民法院颁布了《关于全面推进以审判为中心的刑事诉讼制度改革的实施意见》 （以下简称《实施意见》）。然而，在这场理论讨论与改革实践中，理论界表现出对"审判中心主义"极度痴迷的推崇和对"侦查中心主义"无比

---

❶ 如王敏远. 重构诉讼体制——以审判为中心的诉讼制度改革 [M]. 北京：中国政法大学出版社，2016.

❷ 如沈德咏. 深入推进以审判为中心的诉讼制度改革 [J]. 求是，2017 (3)；沈德咏. 略论推进以审判为中心的诉讼制度改革 [J]. 中国法学，2015 (3)；程慎生. 推进以审判为中心的诉讼制度改革 [N]. 人民日报，2015-01-06；张泽涛. 推进以审判为中心的诉讼制度改革 [N]. 人民日报，2015-07-13，等等。

憎恨的批判，并将如何迅速、彻底地从我国现存"以侦查为中心"向"以审判为中心"转变作为我国"推进以审判为中心的诉讼制度改革"唯一通道。就目前研究的成果来看，以"审判为中心"需要以"庭审为中心""一审为中心"等作为改革路径不存较大的疑问与原则性分歧。法学界和舆论对"以侦查为中心"不乏制度批判，最高人民法院也不乏对"以庭审为中心"的强调，并推出相应的制度设计。❶ 然而，究竟何为审判中心主义以及达到何种构造等于实现了以审判为中心却未能从理论上完全厘清。由于从西方法治国家未能寻找到有关审判中心的专门术语及其内涵和标志性要素，在我国司法改革必言英美的背景下无疑会陷入"自说自话"的困境，从而导致达成的共识远低于理论上的分歧。对此问题尽管可以通过宏观描绘而不追求微观的精准，但随之而来的问题是无法回避的，即这些相对审判中心的所谓"支流"程序或者制度如何向中心靠拢，特别是与审判中心相连的庭前程序是否应因推进"以审判为中心诉讼制度改革"需要进一步改造甚至重塑，有必要基于以审判为中心诉讼制度改革予以追问。❷ 那么，何为"以审判为中心"？我国刑事诉讼如何从现在的所谓"以侦查为中心"向"以审判为中心"转变？何为"侦查中心主义"及其特征是什么？如何构建审判中心的诉讼制度？以审判为中心的未来图景是什么？由于这些问题难以从国外术语中解读出应有的含义，而现实我国对此也没有现成经验或者理论标准可以遵循，尽管目前的研究

❶ 王云帆. 以审判为中心，将程序正义落实到个案 [N]. 京华时报，2016-06-29.

❷ 郭华. 公诉案件庭前程序的省察与追问——兼论以审判为中心的诉讼制度改革 [J]. 贵州民族大学学报，2015（6）.

成果汗牛充栋，但对这一问题再次进行探讨仍有必要。

一、何为审判中心主义

我国司法改革历经了从理论界不断呼吁到政府努力推动、再到全社会普遍关注的发展过程。2004 年年底，中央司法体制改革领导小组出台了《中央司法体制改革领导小组关于司法体制和工作机制改革的初步意见》，对司法体制改革作出了全面部署。党的十七大报告提出了"深化司法体制改革，优化司法职权配置，规范司法行为，建设公正高效权威的社会主义司法制度"。随着现实中的错案冤案的不断暴露，学者对理论上的所谓"侦查中心主义"存在的诟病提出质疑。2013 年 10 月，最高人民法院第六次全国刑事审判工作会议提出，"审判案件应当以庭审为中心，事实证据调查在法庭，定罪量刑辩论在法庭，裁判结果形成于法庭，要求全面落实直接言词原则、严格执行非法证据排除制度"。❶ 最高人民法院的这一提法被学界解读为"庭审中心主义"。2014 年党的十八届四中全会《中共中央关于全面推进依法治国若干重大问题的决定》（以下简称《决定》）指出："推进以审判为中心的诉讼制度改革，确保侦查、审查起诉的案件事实证据经得起法律的检验。全面贯彻证据裁判规则，严格依法收集、固定、保存、审查、运用证据，完善证人、鉴定人出庭制度，保证庭审在查明事实、认定证据、保护诉权、公正裁判中发挥决定性作用。"学者从"推进以审判为中心的诉讼制

---

❶ 对于"庭审中心主义"的界定主要是司法实务界。所谓"庭审中心主义"，是指审判案件以庭审为中心，事实证据调查在法庭，定罪量刑辩论在法庭，裁判结果形成于法庭，全面落实直接言词原则，严格执行非法证据排除制度，它是一种指导思想，是一种司法原则，是一种没有外在固定形态的价值追求。蒋惠岭．重提"庭审中心主义"［N］. 人民法院报，2014-04-18.

度改革"中凝练出所谓的"审判中心主义"。对于何为中心主义，无论是高端学术会议还是已有的学术研究成果，无论是学者的高论还是实务部门的尝试，就目前而言还未有一个标准的图景或者公认的模式，以至于处在观点各异和争议纷纭的丛林中。

"以审判为中心"直指法制建设初期的"以侦查为中心"；"保证庭审发挥决定性作用"，旨在防止侦查环节的"破案"成为"决定性"环节。❶ 有学者认为，"以审判为中心"的基本含义是：侦查、起诉活动应当面向审判要求，同时发挥审判在认定事实、适用法律上的决定性作用。❷ 审判中心主义，意味着整个诉讼制度和活动围绕审判而建构和展开，审判阶段对案件的调查具有实质化的特征，侦查是为审判进行准备的活动，起诉是开启审判程序的活动，执行是落实审判结果的活动，审判中控诉、辩护、审判三方结构成为诉讼的中心结构。也有学者认为，一审庭审为中心，是一个关系性命题，它包含三个方面的主要论点：其一，在侦查、起诉、审判的事实认定行为链中，应当以审判为事实认定的决定性环节；其二，在审理、裁判的多种行为中，应当以庭审即法庭审判为中心和决定性环节；其三，在一审与二审、复核审和再审的审级体制中，应当以一审为重心和事实判定最为重要的审级。而这三点具有不可分割的内在联系。❸ 还有论者认为，所谓"以审判为中心"，是指刑事审判在整个刑事诉讼中具有核心的地位，只有经符合正当程序的审判，才能最终确定被告人的刑事责任问题；审前程序应当

❶　王琳. 从侦查中心主义到审判中心主义［N］. 中国青年报，2014-11-07.
❷　龙宗智. "以审判为中心"的改革及其限度［J］. 中外法学，2015（4）.
❸　龙宗智. 论建立以一审庭审为中心的事实认定机制［J］. 中国法学，2010（2）.

围绕公正审判的需要、服从公正审判的需要；审判机关不仅在刑事诉讼进入审判阶段才发挥其主导刑事诉讼的作用，而且应当对审前程序发挥积极作用，以使审判在刑事诉讼中真正具有决定性的作用。以上这三个方面的内容，只是简单地确定了"以审判为中心"这个概念的基本含义，而不是关于这个概念的详细探讨。❶ 从此看来，审判中心主义主要是解决审判活动与侦查、起诉、执行活动的外部关系，即审判居于中心地位，而侦查、起诉、执行都服务、服从于审判。但是，着重点是发挥庭审的决定性作用，如果没有以庭审中心主义为基础的审判活动，审判中心主义的诉讼地位不可能确立，审判的正当性和权威性也无以产生和存在。

　　本书认为，理解审判中心主义应当厘清"审判中心"与"以审判为中心"在理论上的不同。就审判中心而言，审判中心在一般意义上可以与庭审中心同日而语，旨在强调所有诉讼法律关系的主体，包括作为诉讼参与人的证人、鉴定人、侦查人员、勘验人员等均需要在庭审中表达意见、提供证据以及接受质证，实实在在地贯彻直接言词原则，保障法官的审理案件的亲历性。作为诉讼主体的控辩双方在审判程序中不得缺席，即使有些诉讼法律关系的主体不愿意参加庭审，法庭可以通过强制的方式或者手段要求其参与，以至于庭审成为诉讼法律关系主体进行诉讼活动的中心。相对于其他诉讼阶段而言，均未有此场景。而对于"以审判为中心"而言，是指在侦查、起诉、审判和执行诉讼阶段中，审判作为中心阶段，其他活动围绕审判活动而展开，体现"审判的神圣性"和"权威性"，保持对

---

❶ 王敏远. 重构诉讼体制——以审判为中心的诉讼制度改革［M］. 北京：中国政法大学出版社，2016：2.

审判活动应有的尊重与敬畏。这也体现了侦查机关、公诉机关、审判机关和执行机关在诉讼机制中的权力配置，正视并强化被告人的对质权充分行使，充分体现法院作为司法机关尤其作为审判机关的对外中立与独立。以审判为"中心"并不否定刑事诉讼审前程序的基础性作用和重要地位，需要实现的是法院司法权对审判前侦查程序、提起公诉程序的决定性作用。但是，"以审判为中心"不能等同于"以法院为中心"，案件裁判的结果虽然是由法庭作出，但裁判的基础取决于控辩双方的质证和辩论。因此把以审判为中心简单地理解为以法院为中心，是对相关改革措施的一种误读；❶ 法院判决的权威性来自中立的法庭和公正的庭审，法院自身也不能游离于庭审活动之外从事事实认定活动❷，使裁判真正建立在控辩的基础之上。

二、为什么要以审判为中心

"以审判为中心"，也称之为审判中心主义，是针对刑事司法实践中存在的过分看重案卷移送的侦查中心主义倾向而提出来的。❸ 我国政法机关身体力行地防止冤假错案发生，并为此作出不懈的努力。那么，党的十八届四中全会为何提出"以审判为中心的诉讼制度改革"呢？为什么说"推进以审判为中心的诉讼制度改革，是司法体制改革的一项重要任务"？是因为我国诉讼制度存在不断制造冤案的诉讼制度土壤，还是我国的诉讼程序未能充分体现纠错功能？对此还需要从我国诉讼制度改革的动力与实践来考察。

❶ 沈德咏. 论以审判为中心的诉讼制度改革 [J]. 中国法学, 2015 (3).
❷ 魏晓娜. 以审判为中心的刑事诉讼制度改革 [J]. 法学研究, 2015 (4).
❸ 陈光中. 推进以审判为中心改革的几个问题 [N]. 人民法院报, 2015-01-21.

1. 从诉讼理论上分析

由于侦查、起诉与审判一体化即"司法一体化"的诉讼理念或者"公检法机关流水作业"的做法是有害的，诉讼构造需要存在一个中心。由于司法权在本质上属于判断权和裁决权，只有在法庭上通过各方参与，攻防对抗，法院兼听各方意见，居中裁判，才能最终认定案件事实，作出裁判，解决纠纷。从证据角度看，证据的审查和认定是诉讼的中心环节，举证、质证、认证都必须在法庭上进行。如果诉讼构造需要存在一个中心，其诉讼的性质决定了以审判为中心较为合理。

2. 从我国司法实践来看

冤假错案的发生多因以侦查中心酿成。当侦查权力过大，如果对侦查权缺乏有力的司法控制，侦查活动就会成为一个封闭的系统，其结果必然会制约以后的程序。况且，侦查权具有天然扩张性和侵犯性，在行使过程中容易被滥用，有侵犯人权之虞。司法审查的制约能够防止其被滥用，特别是侦查行为和由此取得的证据材料在法庭上接受控辩双方审查、质疑，排除不合法证据，能对侦查权起到监督作用，有效引导和制约侦控行为。所以说，"以审判中心"更重要的意义在于，促使侦查部门按照审判时的证据认定规则，去提升自身侦查水平和能力，并指导整个侦查行为的展开。因此，实行审判中心，可以"保证庭审发挥决定性作用"，也可防止侦查环节的"破案"成为"决定性"环节，体现诉讼程序的本质。在以审判为中心的结构中，辩方的地位和作用进一步提升，形成与控方的实质性对抗。控方在庭审中会面临更大的变数，证人出庭、交叉询问、非法证据排除等将形成对控方的压力。而通过以审判为中心的诉讼

结构改造，对侦查行为形成反向制约，倒逼侦查机关严格规范取证工作。❶

三、如何推进以审判中心的诉讼制度改革

《决定》指出，"推进以审判为中心的诉讼制度改革，确保侦查、审查起诉的案件事实证据经得起法律的检验。全面贯彻证据裁判规则，严格依法收集、固定、保存、审查、运用证据，完善证人、鉴定人出庭制度，保证庭审在查明事实、认定证据、保护诉权、公正裁判中发挥决定性作用。"有学者认为，审判中心主义要求：其一，切断与侦查的联结，实行起诉状一本主义；其二，摒弃卷宗依赖主义，贯彻直接、言词原则；其三，让民众真正参与司法，使民众制约司法的功能得到重视和发挥；其四，完善证据规则，确立自白任意性和传闻法则，审判中严谨适用证据规则、排除非法取得的证据，并以此遏制侦查中的非法取证行为。❷ 也有学者认为，我国原有的刑事诉讼模式实际重心在侦查阶段，案件的实质调查都在这一阶段完成，之后阶段一般是对侦查阶段形成的卷宗和证据的确认。本书认为，对于如何推进以审判为中心的诉讼制度改革至少需要考虑以下几个方面。

1. 诉讼理念上的审判中心主义

我国刑事诉讼法对我国刑事诉讼制度作出了许多重要修改和完善。树立现代刑事司法理念是正确实施刑事诉讼法的必由之路。应当转变审判被告人的传统诉讼观念，树立以审判中心主义的司

---

❶ 管纪尧. 从三个层面推进审判中心主义 [N]. 人民法院报，2015-02-15.
❷ 张建伟. 审判中心主义的实质与表象 [N]. 人民法院报，2014-06-20.

法观念，牢固树立人权保障、程序公正优先、无罪推定、证据裁判、程序法治、特殊保护等司法理念。应当充分发挥审判权对侦查权的引导和制约功能，确保职权行使程序化、法治化。

2. 立法上的审判中心主义

"以审判为中心"可以视为对实践中"以侦查为中心"现象的反思与革新，它意味着审判阶段是诉讼活动的中心环节，适当调整刑事诉讼结构，改变诉讼阶段论，对限制人身自由的逮捕等强制措施应当由法院作出裁决，真正形成以审判为中心的格局。然而，在相关程序试点中，特别是案件繁简分流，却出现了"繁者未繁"和"简者从速"的现象。然而，在相关程序试点中，特别是案件繁简分流程序，例如，2014 年 8 月 22 日最高人民法院、最高人民检察院、公安部、司法部联合制定的《关于在部分地区开展刑事案件速裁程序试点工作的办法》；2016 年 11 月 16 日最高人民法院、最高人民检察院会同公安部、国家安全部、司法部制定的《关于在部分地区开展刑事案件认罪认罚从宽制度试点工作的办法》开启了刑事速裁程序与认罪认罚从宽制度改革，同时引发"繁者未繁"和"简者从速"的担忧。因此，以审判为中心如何构建科学合理的诉讼构造，重新配置司法职权，也要求切断那些客观上侵蚀以审判为中心的诉讼制度的机制❶，也就成为需要思考的问题。在一定意义上讲，有效规范庭审行为，确保庭审实质化也是立法上的审判中心主义的基本诉求。

---

❶　陈卫东. 推进以审判为中心的诉讼制度改革［N］. 中国社会科学报，2014-10-31.

3. 司法实践上的审判中心主义

在审判中心主义的背景下控辩双方的对抗在审判阶段会更为激烈，切实推进证人、鉴定人、侦查人员出庭制度，尤其要充分维护被告人程序性权利，保障被告人的自我辩护权、充分有效的律师辩护权、对质权等诉讼权利。从审判权运行上看，"以审判为中心"是从审判管理监督权到审判权的职能回归，意味着法官从卷宗向庭审的方向转换。同时需要客观、审慎对待被告人"翻供"，不轻易肯定或简单否定，要结合全案证据仔细甄别。党的十八届四中全会强调，"建设完备的法律服务体系，推进覆盖城乡居民的公共法律服务体系建设，完善法律援助制度，健全司法救助体系。"要大力推进法律援助制度，确保被告人能及时获得辩护人的有效帮助权利，倾听辩护意见，保障辩护的有效性。

四、推进以审判为中心诉讼制度改革的图景

"推进以审判为中心的诉讼制度改革，目的是促使办案人员树立办案必须经得起法律检验的理念，确保庭审在查明事实、认定证据、保护诉权、公正裁判中发挥决定性作用。"❶ 这是否是审判中心主义的未来图景值得考虑。审判中心主义是法治国家公认的一条基本刑事司法原则，它是民主社会公正彻底地解决政府与个人之间利益冲突的客观需要。❷ 如果不能改变以侦查为诉讼活动重心的地位，那么推进审判中心诉讼制度改革的努力一旦取得成效，可能会出现诉讼中如"驼峰式"双中心的局面。

---

❶ 本书编写组. 党的十八届四中全会《决定》学习辅导百问［M］. 北京：党建读物出版社，学习出版社，2014：6.

❷ 孙长永. 审判中心主义及其对刑事程序的影响［J］. 现代法学，1999（4）.

倘若法院沦为政府的代理人，审判中心的地位就建立不起来，刑事公诉案件当事人的权利就无法得到有效保障。实质上，司法独立需要司法有担当，无论是制度还是现实司法能够担当且有勇气担当，才能"确保案件处理经得起法律和历史的检验"目标的实现，塑造出推进以审判为中心诉讼制度改革的未来图景。

　　另外，在重大政治体制改革重构反腐机构——"监察委员会"的背景下，❶ "推进以审判为中心的诉讼制度改革"不应漠视与审判中心相联系的边缘性制度或者程序，这些边缘性程序因其不能独善其身则会不断放大审判程序的瑕疵，再加之操作上"审判中心"的遮蔽，有可能导致以审判为中心的诉讼制度改革误入歧途，这是推进以审判为中心诉讼制度改革需要警惕的。

---

　　❶　2016 年 11 月中共中央办公厅印发《关于在北京市、山西省、浙江省开展国家监察体制改革试点方案》以及《全国人民代表大会常务委员会关于在北京市、山西省、浙江省开展国家监察体制改革试点工作的决定》。

以审判为中心视角下的侦查制度改革

一、侦查中心的基本概况

"以审判为中心"之所以会提出，是针对司法实践中存在的"以侦查为中心"和庭审形式化而提出来的。[1] 其目的是对侦查中心主义的纠偏、对案卷中心主义的矫正、对诉讼阶段论的检讨。[2] 然而，以审判为中心的诉讼改革不仅涉及立案、侦查、起诉、证据、审判等方面，更近乎涉及整个刑事司法体制，影响整个刑事司法过程，同时也对我国的司法实践提出挑战。仅就侦查制度而言，在以审判为中心视角下和在以侦查为中心视角下的要求肯定是不同的。在"以审判为中心"视角下如何重新对侦查制度进行理解，以及选择何种路径改革侦查制度，也就成为研究侦查制度的重点内容之一。

（一）侦查中心基本含义的解读

关于侦查中心的界定，学界存在以下观点。侦查中心是"学者对我国刑事诉讼现状的一种理论描述"，[3] 是"反思我国

---

[1] 朱孝清. 略论"以审判为中心"[J]. 人民检察，2015（1）.

[2] 叶青. 以审判为中心的诉讼制度改革之若干思考[J]. 法学，2015（7）.

[3] 顾永忠. 庭审中心主义之我见[N]. 人民法院报，2014-05-16.

刑事诉讼结构的结果"。❶"在诉讼的纵向结构上，宪法和刑事诉讼法确定的公检法三机关分工负责、互相配合、互相制约的原则，落实成了侦查、审查起诉、审判等诉讼阶段相互平行、首尾相继的'流水线'型诉讼结构，审判只是在侦查、审查起诉阶段工作基础上对案件的'深加工'，对案件事实的'再认识'"。"以审判为中心"的观念在立法、诉讼结构、制度和技术层面的缺失，其实际效果是审判偏离了整个诉讼程序的"中心"位置，呈现出"离心化"的倾向。审判的"离心化"倾向在司法实践中产生了一定的后果：即流水型诉讼结构一旦确认公安机关在中国政法系统中居于强势地位的法制传统，这一结构在实践中就异化为"侦查中心主义"。❷

"以侦查为中心"的诉讼模式，与其说是基于法律的明确规定，不如说是对刑事司法实践中诸多问题的一种概括描述。以往的刑事诉讼常见的做法，包括"侦查案卷笔录中心主义""审讯中心主义""侦查羁押中心主义"等，人们之所以将其统称为"侦查中心主义"，是因为这种种做法，使法庭审判被严重虚化，以至于侦查以及侦查所形成的卷宗，对刑事案件的处理结果具有决定性的影响，基于侦查行为所得出的事实往往会在法庭上再一次得到确认，被诸多学者所诟病的庭审流于形式化成了常态。❸

综合对比以上各位学者的观点可以得出，"侦查中心主义"

---

❶　樊崇义，张中．论以审判为中心的诉讼制度改革［J］．中州学刊，2015（1）.

❷　魏晓娜．以审判为中心的刑事诉讼制度改革［J］．法学研究，2015（4）.

❸　王敏远．以审判为中心的诉讼制度改革问题初步研究［J］．法律适用，2015（6）.

是对我国现行刑事诉讼法规定的刑事诉讼结构在实践运行中的一种异化和诉讼体制运行状况的理论描述，而并不是刑事诉讼法本身就明文规定和承认"侦查中心主义"。

（二）侦查中心的形成原因

在以侦查为中心的诉讼模式下，侦查活动及在侦查活动中形成的笔录、卷宗等证据材料，对于最后的定案具有决定性意义。侦查主导刑事诉讼，直接且充分利用了侦查的成果，突出了打击犯罪的效率，但牺牲了对人权的保障和对程序正义的尊重。❶ 其形成的主要原因为以下几个方面。

1. "分工负责，互相配合，互相制约"原则在实践异化为"配合有余，制约不足"

"分工负责，互相配合，互相制约"的原则是由我国刑事诉讼法所确立的原则，并在 1982 年被上升到了宪法的层面，2012 年修订的《刑事诉讼法》仍然坚持该原则。但毋庸讳言，这一原则在实际执行中并不理想，三机关之间或多或少存在"配合有余，制约不足"的问题，特别是审判程序难以有效发挥对其他诉讼程序的制约作用。❷ 司法实践中公检法三机关将"互相配合"异化为无原则配合的现象屡见不鲜。❸

2. 诉讼阶段论的曲解

受苏联刑事诉讼的影响，我国刑事诉讼法是以诉讼阶段论建立起来的。根据诉讼阶段论，刑事诉讼应当按照诉讼程序的发展顺序构成一个线型结构体系，相应地，刑事诉讼的各专门

---

❶ 王云帆. 以审判为中心，将程序正义落实到个案 [N]. 京华时报，2016-06-29.

❷ 沈德咏. 论以审判为中心的诉讼制度改革 [J]. 中国法学，2015 (3).

❸ 陈光中. 如何理顺刑事司法中的法检公关系 [J]. 环球法律评论，2014 (1).

机关之间是职权分工与配合制约的关系，不存在隶属关系，也没有高下之分。❶ 这意味着侦查阶段形成的侦查案卷，在没有受到审查起诉阶段制约的情况下，仍然可以无障碍地进入审判阶段。即使受到了检察机关的审查，但在其二机关侦破犯罪，发现真相的共同追求驱使下，审查起诉又有多少意义可言呢？这就给"侦查案卷"从侦查阶段顺利进入审判阶段敞开了方便之门。诉讼案卷在侦查、审查起诉、审判三个诉讼阶段之间发挥勾连作用，也就形成了"流水线"型诉讼结构。❷

3. 庭审的虚化

所谓"庭审虚化"，是指案件事实和被告人刑事责任不是通过庭审方式认定，甚至不在审判阶段决定，庭审只是一种形式。❸ "流水线"型诉讼结构，使得侦查案卷顺利进入审判阶段。这时候就需要审判阶段来纠正侦查阶段的错误，也就是期待审判阶段对侦查案卷的使用有意识地施加限制，也就是要求法庭裁判应该建立在法庭出示的证据的基础之上，使法庭在查明事实、认定证据上发挥决定性作用，而不是事先对侦查案卷中认定事实、证据的简单重复认定。若是在庭审过程中没有贯彻这些原则，仅仅是走过场，则庭审的实质化审判和最终决定作用没有实现，最终促成了侦查中心主义。

(三) 侦查中心的负面影响

1. 侦查权监督失灵

从已经揭露的那些冤假错案来看（最高人民法院发布的

---

❶ 叶青. 以审判为中心的诉讼制度改革之若干思考 [J]. 法学, 2015 (7).
❷ 魏晓娜. 以审判为中心的刑事诉讼制度改革 [J]. 法学研究, 2015 (4).
❸ 汪海燕. 论刑事庭审实质化 [J]. 中国社会科学, 2015 (2).

《人民法院工作报告（2014）》中"执法篇"显示，2014 年依法纠正呼格吉勒图案等 10 件重大冤假错案，依法改判念斌等一批久拖不决的疑案被告人无罪，指定山东省高级人民法院对聂树斌故意杀人、强奸案进行异地复查），这些案件几乎都有被数次发回重审、多次退回补充侦查等程序上的反复，而这些诉讼程序的反复不仅表明案件质量（尤其是侦查质量）出现严重问题，而且表明这些问题已经被当时的司法机关认识到了。在司法机关已经认识到案件质量有严重问题的前提下，最终仍然酿成了错案，这说明在这些案件的诉讼过程中，侦查完全可以决定案件的处理结果，而之后的起诉和审判，只不过是为其"重新确认"而已，刑事诉讼法所规定的制约机制，实际已经失灵。❶ 侦查权监督的"制约失灵"导致刑事司法的实体公正和程序公正受到双重损失。

2. 人权保障状况不乐观

刑事诉讼建立之初的目的是打击和追究犯罪，而侦查程序居于基础地位。侦查如果失控，侦查机关辛苦获得的证据不会被自己排除，通常发挥事后监督作用的检察机关也难以对非法证据的产生加以干预，检察监督权对侦查权无法形成有效制约，导致侦查阶段不能排除非法证据，审查起诉阶段也难以排除非法证据，甚至审判阶段也难以排除非法证据。造成侦查机关为获取犯罪嫌疑人、被告人的口供而更加肆意地对其生理、心理等施加多重压力的现象，这是对"不得强迫其自认其罪"原则的违背，以至于人权保障的空间被不断压缩。非法证据的无法

---

❶　王敏远. 以审判为中心的诉讼制度改革问题初步研究 [J]. 法律适用, 2015（6）.

排除最终成为冤假错案发生的根源。近年来，诸如"赵作海案""杜培武案""佘祥林案""张氏叔侄案""念斌案"等皆因刑讯逼供导致的冤假错案屡见报端。如何加强对侦查行为的规范以及实现检察机关的监督权，真正发挥法庭审判的作用，也是对人权保障的回应。

3. 司法权威难以确立

刑事诉讼本应该惩恶扬善，是对有罪之人进行的惩罚。但是常见于各大媒体的"神探""命案必破"的报道反映出当下对"侦查率"的片面强调，不得不说侦查率的提升有利于社会秩序的稳定，但是对侦查率的强烈追求却没有对侦查阶段的有效制约，这给大量错案的产生埋下了祸根。这不仅伤害了当事人本人，也造成社会大众对司法权威产生动摇。尤其是在当前司法行政化、地方化倾向较为明显的情况下，司法不公的问题更为严峻，司法权威也就更难获得社会公众的认可和信服。

二、从侦查中心到审判中心是刑事诉讼制度的发展趋势

(一) 刑事司法职能不断走向细化和专业化

人类社会的发展是朝着社会职能不断细化和专业化的过程，任何领域都不例外，这也是人类走向文明尤其是司法文明的标志。刑事司法职能的历史发展也应该如此，不存在例外。

在我国历史上，一方面司法职能和军事职能合并在一起，另一方面司法职能也和行政职能合并在一起。直到近代，司法职能才从行政职能中分离出来。在西方国家，如古罗马的审判权最初属于民众大会等，也存在着这种趋势。后来刑事司法职能就出现了专业上的分工，就有了专门负责侦查的警察、专门

负责公诉的检察官、专门审判的法官。相应的刑事诉讼过程也分割为侦查、起诉和审判。无论东方和西方都是如此。**❶** 但共同点就是以不能否定某个阶段为前提，仅仅区别在哪个阶段作为中心。伴随着专业细化和分工随之产生了一个问题：哪个诉讼阶段更重要？哪个是中心？根据对这一问题的不同回答，在世界范围内产生了两种不同的模式。

（二）大陆法系国家从侦查中心走向审判中心的刑事诉讼制度

大陆法系国家刑事诉讼经历了由"控告式"（弹劾式）到"纠问式"的历程。在纠问式之下，刑事诉讼过程分为两个阶段，一是预审，二是审判。预审的任务是查明指控的犯罪事实，而审判的任务是对被告人定罪量刑。在预审阶段，法官调查案情的基本方式就是对被指控者的审讯，而且审讯是秘密进行的，刑讯逼供合法化。预审法官获取的各种证据——主要是书面的证言和口供，其口供不仅是起诉的依据，也是审判法官定罪量刑的依据。在法庭上，审判法官基于预审案卷材料对被告人进行最后的讯问，无须对证据进行实质性审查，甚至也无须任何证人出庭作证，就可以作出判决。**❷** 可以说，此时的大陆法系刑事诉讼具有侦查中心主义的特征。

20 世纪以来，在司法公正和人权保障等现代理念的影响下，"审判中心"的观点逐渐被大陆法系国家所接受。**❸** 自此，大陆法系国家完成了由侦查中心到以审判为中心的刑事诉讼结构过渡。

---

❶❷❸ 何家弘. 从侦查中心转向审判中心——中国刑事诉讼制度的改良 [J]. 中国高教社会科学，2015（2）.

(三) 英美法系国家审判为中心的刑事诉讼制度

以英国为代表的普通法系国家在"控告式"诉讼制度的基础上逐渐形成了"抗辩式"(对抗式)诉讼制度。在这种制度下,控辩双方都可以去调查案情和收集证据,而且双方至少在理论上享有平等的调查权。虽然警方或控诉方的调查取证是法官审理案件的前提条件,但审判却是刑事诉讼中最重要的环节。控辩双方收集的证据能否作为认定案件事实的根据,都要等待法官在法庭上作出裁定,案件事实也只能由法官(或陪审团)在法庭调查的基础上作出裁定,❶ 而不是偏听偏信警方或控诉方调查收集的证据。

侦查阶段平等收集证据权、法庭上的平等对抗权使得庭审实质化,从而实现了司法裁判的最终裁决权,其刑事诉讼具有以审判为中心的特征。

三、我国刑事诉讼由侦查中心到审判中心的发展历程

(一) 以侦查为中心的形成时期:1979 年《刑事诉讼法》

1. 1979 年《刑事诉讼法》之前期

(1) 我国司法体制的奠基时期:1949 年中华人民共和国成立到 1966 年"文革"前。

1949 年中华人民共和国成立后,在当时的国际政治历史背景下,苏联在政治制度上对我们产生了直接影响。从 1949 年中华人民共和国成立到 1966 年"文革"爆发前,虽然当时我国没有统一的刑事诉讼法,但是侦查制度的很多内容都是结合我国

---

❶ 何家弘. 从侦查中心转向审判中心——中国刑事诉讼制度的改良 [J]. 中国高教社会科学, 2015 (2).

国情然后借鉴苏联宪法的内容形成的。1954 年 9 月制定了新中国的第一部《宪法》，并且在同一时期为与《宪法》保持一致还制定了《人民法院组织法》和《人民检察院组织法》。1954 年《宪法》和相关组织法的规定为新中国司法制度的发展构建了一个基本框架，具有重要的奠基意义。❶

（2）1966 年"文革"到 1979 年刑诉法制定前的期间。

1975 年修改了《宪法》。《宪法》第 25 条规定："检察机关的职权由各级公安机关行使。"至此，检察机关彻底在宪法层面丧失了主体资格，其侦查权也"合宪"地转移给了公安机关。❷原有已经刚刚确立起来的刑事诉讼秩序被打乱，最终形成了公安机关集侦查权、控诉权和审判权于一身，直接取消了检察院的设置。

2. 现行司法体制的形成时期——1979 年《刑事诉讼法》和 1982 年《宪法》

（1）1979 年《刑事诉讼法》。1979 年 7 月 1 日颁布的《刑事诉讼法》第 3 条规定："只有公安机关和人民检察院享有侦查权，其他任何机关、团体和个人都无权行使侦查权。"1979 年《刑事诉讼法》很少能看到辩护方的规定，这无疑是对辩护方权利的漠视。在案卷制度方面也采取了刑事诉讼法职权主义的传统做法，实行了庭前"案卷移送制度"。

（2）1982 年《宪法》。1982 年年底，第五届全国人大五次会议通过了第四部《宪法》，这部《宪法》继承发展了 1954 年

---

❶ 陈光中，魏晓娜. 论我国司法体制的现代化改革 [J]. 中国法学，2015（1）：101-116.

❷ 韩大元，于文豪. 法院、检察院和公安机关的宪法关系 [J]. 法学研究，2011（3）：3-26.

《宪法》，在司法体制上也是如此。它恢复了司法机关依法独立行使审判权、检察权原则，但具体表述与1954年《宪法》有差别。明确规定人民检察院是"国家的法律监督机关"。1982年《宪法》将1979年《刑事诉讼法》规定的公检法三机关"分工负责、互相配合、互相制约"原则上升为宪法条款。这标志着调整公安机关、人民检察院、人民法院三机关关系为指导性准则的现代司法体制最终形成。

3. 现行司法体制的弊端——进入操作层面易异化为侦查中心主义

我国司法体制的构建虽然几乎是照搬苏联模式，但也结合了我国当时的社会主义国家的国情，是具有本国特色的制度，同时又上升到宪法层面，所以与今天的中国特色社会主义国家的国情仍然是基本相符合的。

但是从宪法和法律层面来看，我国实行"一府两院"制，人民政府、人民法院和人民检察院是由同级人民代表大会产生，对它负责，受它监督。公安机关是属于政府的一个职能部门，所以在法律位阶上公安机关与法院、检察院不在同一个层面上。且由于历史原因一直存在着"公安统率司法"体制的历史传统，存在着"政法委书记或副书记兼公安局长"等政治现象，使得公安机关在三机关中处于天然的优势和强势地位。再加上我国职权主义的庭审模式，庭审中人民法院对公安机关的信任使得其没有进行直接言词原则等的实质化审理，异化的使用庭前移送卷宗制度使得侦查阶段的错误失去了第二次补救的机会。检察权和审判权对侦查权监督的失灵更加坚定了公安机关的强势地位，最终形成了"侦查中心主义"。

案卷中心主义是侦查中心主义的必然后果。❶ 法官通过对检察机关移送案卷的阅读，基本上对定罪量刑形成了自己的判断。由此我们可以看出侦查结果对阅过卷的法官而言，对审判结果的影响是巨大的。

（二） 由侦查中心向审判中心转型的失败尝试时期*：1996年《刑事诉讼法》

"分工负责、互相配合、互相制约"在实践中异化为"制约不足，配合有余"和采纳了具有职权主义的传统做法的庭前"案卷移送制度"，使得审查起诉和审判阶段对侦查的监督失灵，其后果体现为在 1996 年《刑事诉讼法》实行的 17 年里，社会上产生了所谓的"先判后审""先定后审"这些奇怪的违背司法规律的现象和一系列冤假错案的发生。

针对当时现状，很多学者认为这是庭前案卷移送制度给法官造成了先入为主然后形成了预判。为了保证作为裁判基础的案件信息形成于审判，需人为割断侦查和起诉信息顺利进入审判程序的通道，就借鉴了介于"起诉状一本主义"和"案卷移送主义"中间的"复印件主义"。所以为了纠正"侦查中心主义"，在检察院的侦查监督和法院的案卷移送方面做了修改。

1. 检察院的侦查监督方面

（1）对不应当立案而立案的监督。公安机关刑事立案的案件绝大多数涉及嫌疑人的人身、财产问题。根据法律规定，对一个人作出刑事立案决定，就意味着可以对其采取刑事拘留等强制措施。如果违法不当立案，将严重侵犯人权，这比应当立

---

❶ 叶青. 以审判为中心的诉讼制度改革之若干思考 [J]. 法学，2015 (7).
* 陈卫东，等. 我国公诉方式的结构性缺陷及其矫正 [J]. 法学研究，2000 (4).

案侦查而不立案侦查具有更大的危害性。1999 年施行的《人民检察院刑事诉讼规则》第 378 条规定，对于公安机关不应当立案而立案侦查的，人民检察院应当向公安机关提出纠正违法意见。检察机关监督纠正不应当立案而立案在保护当事人合法权益方面起着其他监督无法替代的作用。

（2）在审查批捕中发现公安机关的侦查活动有违法情况的，应当通知纠正。侦查以国家强制力为后盾，侦查活动的开展和侦查权力的行使，通常以限制甚至短期剥夺公民合法权益为代价，尤其是作为强制性侦查措施的逮捕，因此在法治国家必须对侦查权力进行规制和监督。事实上，审查批准逮捕的过程，也是人民检察院履行侦查监督职能的过程。《刑事诉讼法》❶ 第 98 条规定："人民检察院在审查批准逮捕工作中，如果发现公安机关的侦查活动有违法情况，应当通知公安机关予以纠正，公安机关应当将纠正情况通知人民检察院。"

（3）人民检察院可以派人参加公安机关对于重大案件的讨论。❷ 我国《刑事诉讼法》第 85 条中明确规定"必要的时候，人民检察院可以派人参加公安机关对于重大案件的讨论"，这为检察机关介入公安机关引导取证提供了法律上的依据。不过，如何介入侦查引导取证，如何规范引导程序，需要认真研究，对症下药。

2. 在卷宗移送方面

为解决法官先定后审、法庭审判流于形式的问题，同时也为了引入对抗式诉讼的合理因素，立法机关启动了"刑事审判方式改革"，废止了全案移送案卷笔录的制度。根据 1996 年

---

❶　如未特殊说明，均指 2012 年《刑事诉讼法》。

❷　朱孝清. 略论"以审判为中心"[J]. 人民检察，2015（1）：6-9.

《刑事诉讼法》，检察机关起诉时只能向法院移送"证人名单""证据目录"和"主要证据的复印件、照片"，而对于其他证据材料，则只能由检察官当庭予以出示和宣读，并接受辩护方的质证和法庭的当庭调查。❶由于法官在开庭前只能接触"主要证据的复印件"，而不了解全案证据情况，这确实解决了法官庭前对案件事实形成预断的问题，可以促使法官关注法庭上的证据调查和辩论情况。❷

然而，由于制度环境不相契合，出现了缺少公诉审查程序而直接启动审判程序，证据突袭现象时有发生甚至出现了法官阅完卷之后再拿回来这种向传统制度回归的现象，其实施效果并不理想。❸ 由于法庭对案件事实的审理极为粗糙，出庭支持公诉的检察官控制了证据调查的范围、顺序和方式，法官要指望通过短暂快速的法庭审理过程来形成对案件事实的认定，这几乎是不切实际的。而对庭审后全面查阅公诉方案卷的强烈期待，又导致法官不去真正关注法庭审理过程，而将实质的"事实认定"放置在法庭审理后进行，这反过来又架空了法庭审理过程，使得那种带有"抗辩式"色彩的审判程序流于形式。❹

（三）以审判为中心的诉讼制度初现雏形时期*：2012 年《刑事诉讼法》

1996 年《刑事诉讼法》文本的本来目的是要阻断侦查阶段的信息顺利地流入侦查阶段，防止法官先入为主形成预断，使得法官作出裁判的自由心证完全来自庭审，确保庭审的真正实

❶❷❹　陈瑞华. 案卷移送制度的演变与反思 [J]. 政法论坛，2012 (5).
　❸　魏晓娜. 以审判为中心的刑事诉讼制度改革 [J]. 法学研究，2015 (4).
　*　戴萍，陈鹏飞. 以审判为中心的诉讼制度改革对检察机关的影响及应对 [J]. 广东行政学院学报，2015, 27 (4)：61-66.

现。制度设想是这样但是实践并没有朝着设计的方向发展。原因在于：其一，虽是复印件但仍然是证据的复印件，这同样会给法官形成先入为主的效果；其二，是"主要证据"具体案件不同，法律及司法解释没有规定具体指什么范围，而公安和检察院本着有罪侦查和有罪追诉的天生职责，大多会选择提交有罪证据的复印件。这样单方面的证据提交到法官面前和之前的全面证据提交到法官面前比较而言，由于"偏听则暗"，这样同样在先入为主的情况下，1996年的刑诉法的复印件主义更加剧了法官的不公正审判。至此无论是学界还是司法界都对复印件制度产生了质疑。不仅如此，由于这种起诉方式不允许检察机关庭前向法院移送全部案卷材料，使得辩护律师在开庭前查阅、摘抄、复制案卷材料的权利受到了剥夺，并进而带来了律师"阅卷难"的问题，因此，律师界对这种起诉方式以及与此相关的审判方式改革，一开始就持抵触的态度。甚至有律师呼吁恢复1979年的案卷移送制度。❶

2010年前后一系列重大冤假错案引起了社会舆论的强烈反弹，促使高层作出应对策略，即《关于办理死刑案件审查判断证据若干问题的规定》和《关于办理刑事案件排除非法证据若干问题的规定》（简称"两个《证据规定》"）的出台，我国首次以立法形式确立基本的证据规则，具有了以审判为中心的倾向。2012年《刑事诉讼法》就是吸收并发展了两个《证据规定》，至此，以审判为中心的诉讼制度初现雏形。

1. 2012年《刑事诉讼法》在侦查监督方面的进步

（1）事前监督。第一，侦查措施的实施应被授权或者批准。

---

❶　陈瑞华. 案卷移送制度的演变与反思［J］. 政法论坛，2012（5）.

无论是公安机关侦查的案件还是检察院侦查的案件在实施有关侦查措施时，都必须取得单位负责人的授权或者批准和签发相关的许可令状。第二，对侦查中的讯问环节进行规范。首先，侦查讯问时全程录音、录像。《刑事诉讼法》第 121 条规定，侦查人员在讯问犯罪嫌疑人的时候，可以对讯问过程进行录音或者录像；但是对于可能判处无期徒刑、死刑的案件或者其他重大犯罪案件，应当对讯问过程进行录音或者录像。其次，严格规范讯问时间和地点。《刑事诉讼法》第 117 条规定，传唤、拘传持续的时间不得超过 12 小时；案情重大、复杂，需要采取拘留、逮捕措施的，时间不得超过 24 小时；不得以连续传唤、拘传的形式变相拘禁犯罪嫌疑人等。

（2）事中监督。一是逮捕适用条件的完善。1996 年《刑事诉讼法》第 60 条规定，对有证据证明有犯罪事实，可能判处徒刑以上刑罚的犯罪嫌疑人、被告人，采取取保候审、监视居住等方法，尚不足以防止发生社会危险性，而有逮捕必要的，应依法逮捕。为解决司法实践中对逮捕条件理解不一致和不易操作的问题，将"发生社会危险性，而有逮捕必要"的原则规定，进一步细化。2012 年的《刑事诉讼法》对审查批准程序从 3 个方面加以强化：①增加讯问犯罪嫌疑人程序；②听取辩护律师的意见；③加强检察机关对羁押必要性的审查程序。《刑事诉讼法》第 86 条规定，人民检察院审查批准逮捕，可以讯问犯罪嫌疑人；在对是否符合逮捕条件有疑问的，犯罪嫌疑人要求向检察人员当面陈述的，及侦查活动可能有重大违法行为的，应当讯问犯罪嫌疑人。第 93 条还规定了人民检察院对羁押的必要性进行审查的制度。二是监视居住措施的完善。1979 年以及 1996 年《刑事诉讼法》对监视居住和取保候审这两种性质不同的限制人身自由的措施未加区分而规定了相同的条件，在 2012 年的修正中，对两者适用条件加以区别，把监视居住定位于减少羁押的替代措施，并规定了不同于取保候审的条件。三是强化取保候审措施的监管与执行方面。在司法实践中出现了监管不严，执行不力的现象，尤其是羁押期限届满，案件尚未办结，需要采用取保候审的，变更了强制措施，而采用了取保候审措施后，基本上等于无人监管，导致案件久拖不决，甚至是重新犯罪，给社会治安带来严重的危害。针对这种情况，2012 年《刑事诉讼法》第 69 条在原来规定的基础上，增加规定了强制执行令的措施。另外，鉴于实际工作中对于保证金额的确定和适用的混乱状况，其也进一步做了补充规定，第 70 条规定，"取保候审的决定机关应当综合考虑保证诉讼活动正常进行的需要，被取保候审人的社会危险性，案件的性质、情节，可能判处刑罚的轻重，被取保候审人的经济状况等情况，确定保证金的数额。提供保证金的人应当将保证金存入执行机关指定银行的专门账户。"四是适当延长拘传（包括传唤）的时间，严格规定拘留、逮捕羁押场所。1996 年《刑事诉讼法》第 92 条规定，传唤、拘传的时间最长不得超过 12 个小时。经过多年的实践，侦查机关普遍认为时间太短，难以完成侦查讯问任务。针对各方面意见对 12 小时的讯问时间有限制地适当延长，并规定应当保证其必要的饮食、休息时间。❶《刑事诉讼法》第 117 条第 2 款、第 3 款规定：传唤、拘传持续的时间不得超过 12 小时；对于案情重大、复杂，需要采取拘留、逮捕措施的，传唤、拘传持续的时间不得超 24 小时。不得以连续传唤、拘传的形式变相拘禁犯罪

---

❶　樊崇义. 我国刑事诉讼制度的进步与发展——2012 年刑事诉讼法修正案评价 [J]. 中国政法大学学报, 2013 (2)：72-85.

嫌疑人。传唤、拘传犯罪嫌疑人，应当保证犯罪嫌疑人的饮食和必要的休息时间。针对拘捕后对犯罪嫌疑人在非羁押场所讯问所发生的一些刑讯现象，本次修订明确规定了拘留或逮捕后的羁押场所，以及严格规定了押送的期间。第 116 条第 2 款规定，犯罪嫌疑人被送交看守所羁押以后，侦查人员对其进行讯问，应当在看守所内进行。

（3）事后监督。第一，非法证据排除规则的建立。非法证据排除规则是任何一个法治国家依法治国的一个重要的条件，然而在任何国家其从产生到作为一个规则在一个国家确立下来却是一个漫长的过程。对于我国而言，非法证据排除规则的提出是伴随着纠正刑诉法实施过程中出现的刑讯逼供而言的一种防治措施。修改后的刑诉法实施以来，刑讯逼供虽呈下降趋势，但这个问题仍不同程度地存在，在有些地方还比较严重，社会影响恶劣。❶ 在 2012 年的《刑事诉讼法》中，对如何解决刑讯问题，已经形成治理刑讯逼供这一顽疾的证据科学体系。其内容有三项：一是确立了"不得强迫任何一个公民自证其罪"的原则；二是确立非法证据排除规则；三是实施侦查讯问时的全程同步全面录音、录像。总之，伴随着非法证据排除规则的确立和实施，我国刑事证据制度可以称作"有了一个跨越式"的发展，其历史意义不可低估。当然，目前已经确立的非法证据排除规则，尚存多处不尽人意之处，诸如，非法证据排除的范围有限，排除的方法措施还不太完善，排除非法证据的配套措施还未出台等。但是瑕不掩瑜，任何一个国家对非法证据排除问题，都经历了一个从"确立到完善"的发展过程。我们应当首先肯定确立非法证据排

---

❶ 侯宗宾. 全国人大常委会执法检查组关于检查《中华人民共和国刑事诉讼法》实施情况的报告 [J]. 全国人民代表大会常务委员会公报，2000（1）：66-68.

除规则的历史意义，然后再通过实践，针对问题找出不断完善的方法与措施，包括各种配套措施的出台。❶

第二，律师作用的强化。《刑事诉讼法》第 159 条规定，在案件侦查终结前，辩护律师提出要求的，侦查机关应当听取辩护律师的意见，并记录在案。辩护律师提出书面意见的，应当附卷。这一规定同辩护律师介入侦查阶段的规定一起，可以证明我国刑事诉讼制度，尤其是侦查结构的一个历史性的变化，它是在不断完善控、辩、审三种职能对诉讼进程的介入，以逐步地消除一元化的或一家说了算的诉讼模式。❷

第三，程序性救济加强。《刑事诉讼法》第 115 条规定了当事人和辩护人、诉讼代理人、利害关系人对于机关及其工作人员有向该机关申诉或者控告的权利，受理申诉或者控告的机关应当及时处理。对处理不服的，可以向同级人民检察院申诉。

2. 2012 年《刑事诉讼法》回归案件移送制度的进步性解读

关于案卷移送制度一波三折，表面上看是在新一轮的追求公平正义的司法改革的过程中又回到起点的案卷移送制度，这不禁让人产生是否是法律越修改越倒退的想法。下面从两个角度回应这种见解，并且证明在当前法治大背景下，2012 年的案卷移送制度是回应司法实践和实现，由侦查中心过渡到以审判为中心的目前最适合的和能被接受的制度策略。

（1）1996 年的复印件主义是失败的尝试。

1996 年的复印件主义是为了消除 1979 年全案移送的弊端而产生的。但结果就如郭华教授所言，"学者们本期望'复印件移

---

❶❷ 樊崇义. 我国刑事诉讼制度的进步与发展——2012 年刑事诉讼法修正案评价 [J]. 中国政法大学学报, 2013 (2): 72-85.

送制度'能够消除审前预断的理想不仅因检察院和法院的实践做法未能实现，而在规定中出现的'庭后案卷的移送'再次掏空了'复印件移送制度'存在的价值。"❶ 那么问题出在了哪里？首先是在具有强势地位的公安、居于中间监督地位的检察院和居于流程最后的法院三机关在现实社会的不平等的地位，将宪法规定调整三机关的原则最终演化为"和为贵"的模式。其次是只要有案卷信息的流入，无论是全案卷移送还是主要证据的复印件移送，法官大多都会屈从于本身的惰性而很少使用其他措施，更多的是基于现存的案卷形成判决，案卷中记录的证据、事实往往会成为法官认定犯罪的直接依据，甚至是建议的量刑，也会被法官原封不动地搬到判决书上使用，所以很难通过小修小补来修正案卷对法官审判的实质性影响。

（2）2012 年的选择案卷移送制度的合理性。

按照司法最终裁判原则，为了解决侦查中心主义的弊端，制度的设计还应该是对侦查案卷信息与裁判信息进行必要的切割。那么该怎样解决侦查案卷信息对法官的直接判决影响呢？由于我国并不具有英美法系国家中法官和整个法治背景，所以起诉状一本主义至少是在目前根本就没有培育和生长的土壤。为了避免在案卷制度本身的选择上走入死胡同，或许我们结合本国国情，在只能适用案卷移送制度下，换一种思路从其他制度措施上来弱化侦查卷宗对法官的影响。即侦查阶段的案卷可以移送，但是法院审判阶段本身又设计一套规则来对侦查阶段的案卷进行筛选和削弱，确保法官作出裁判的自由心证最终形成于审判之中，也就是需要庭审的实质化，具体也就是需要实

---

❶ 郭华. 我国案卷移送制度功能的重新审视 [J]. 政法论坛, 2013（3）: 152-159.

现直接言词原则和证据裁判主义，并且这两种制度的修改也是与立法者的修法方向和重点是一致的。基于上述考虑，2012 年刑诉法又重新选择案卷移送主义是合理的。

（3）2012 年案卷移送比 1979 年的时案卷移送制度适合我国国情的理由。

第一，在推进程序正当性方面。按照现代的程序正义的理解，刑事诉讼不仅是追究犯罪的工具，同时还应该贯彻和体现人权保障思想。具体就体现在程序设计上更应该关注在审判时采用直接言词原则，保障证人、鉴定人出庭作证。只有在证人、鉴定人切实出庭作证，法官才能够更加清楚了解案件的情况，根据证人证言、鉴定人意见确定案件事实，而不是仅仅依赖案卷记载的信息。

第二，从制度之间的合理安排方面。《刑事诉讼法》在 1996 年修改之前实行案卷移送制度的运作时，法官在开庭前对案卷细致阅读，当对被告人定罪存在疑惑或者指控犯罪证据不足时，则采取讯问被告人、询问证人、勘验检查、鉴定等庭前调查方式予以核实，甚至自行补充控方未收集的证明被告人有罪的证据材料。❶ 法官在主动收集证明被告人有罪的材料的同时，其超然的中立第三方的地位荡然无存，而成为另一个追究犯罪的机关，而在庭前进行的实质性审查，更弱化了庭审的实质意义，庭审的形式化、走过场显而易见。2012 年的《刑事诉讼法》在选择案卷移送制度的同时规定了辩护律师的阅卷制度和庭前会议制度，律师辩护、律师的阅卷制度可以使得律师在庭审阶段的有效辩护和对公诉机关的平等对抗成为了可能，这不

---

❶ 郭华 . 我国案卷移送制度功能的重新审视［J］. 政法论坛，2013，31（3）：152-159.

仅满足了律师对全部案卷材料获悉的需要，而且还保障了法官审前对案件争议的了解并使得"复印件移送制度"带来的问题被解决。

（四）以审判为中心的正式提出时期：党的十八届四中全会

《决定》指出，"保证公正司法，提高司法公信力"，同时规定了"推进以审判为中心的诉讼制度改革，确保侦查、审查起诉的案件事实证据经得起法律的检验"。《决定》中的"以审判为中心的诉讼制度改革"在之前的任何党内、中央政法机关的文件或法律解释中都没有此种提法，而此次的《决定》首次以党中央权威文件的形式提出"以审判为中心"，这必然引起社会和法律界对此术语内涵的关注。❶ 随后检察院和法院也都纷纷出台相应的改革意见，表明认同和贯彻"以审判为中心"的立场。

无论是理论界关于"以审判为中心"来发表各种文章来论述和阐述其含义，还是法检相继出台的改革意见，都表明了党的十八届四中全会正式提出的"以审判为中心"在我国的产生和由"侦查为中心"需要向"以审判为中心"转变达成了共识。

四、如何理解审判中心视角下的侦查制度

（一）为什么要由侦查中心转为审判中心

1. 从提出"以审判为中心"所针对的问题来看

考察域外法律，并没有"以审判为中心"的提法，所以"以审判为中心"这种提法并不是舶来品，而是具有中国特色的一种提法。之所以会有这种提法，是我国学者针对现实刑事司

---

❶ 陈光中，步洋洋. 审判中心与相关诉讼制度改革初探［J］. 政法论坛，2015（3）：120-128.

法诉讼制度运行的过程中出现的"刑事诉讼体制实践运行过程中，由于种种原因导致了以侦查为重心，使法庭审判被严重虚化，以至于侦查以及侦查所形成的卷宗，对刑事案件的处理结果具有决定性的影响"❶的这种不符合司法规律现象的反思而提出的。

2. 从审判与其他诉讼环节的关系来看

按照司法规律、司法公平正义而言，审判才是决定诉讼结局的关键，而其他诉讼环节都应该服务于审判，公安、人民检察院、人民法院的刑事诉讼工作都要围绕这一任务开展各自的职能活动。在这些职能活动中，审判是决定刑事诉讼结局即决定对被告人是否定罪和是否采取刑罚的环节，也应当是"在查明事实、认定证据、保护诉权、公正裁判中发挥决定性作用"的环节，其他环节的诉讼活动都应该围绕审判来开展，是审判阶段的准备并为审判服务。

3. 从庭审所具有的特征来看

庭审阶段最能集中体现司法改革所追求的公平正义的价值。（1）庭审是诉讼中最中立的环节。法官作为诉讼中的第三方，由其主持的庭审是中立的，而不存在片面追诉倾向和辩护倾向。（2）庭审是诉讼中最公开透明的环节。其公开透明的特性不仅有利于防止暗箱操作，而且有利于各诉讼参与人意志自由地参与诉讼、回答问题、表达意见，而较少受外力干扰。（3）庭审是最内含对抗制约因素的环节。如控辩之间的对抗、被告人与被害人之间的对抗、证言与证言之间的制约、鉴定人与有专门

---

❶　王敏远. 以审判为中心的诉讼制度改革问题初步研究［J］. 法律适用，2015（6）：2-6.

知识的人之间的制约等。这就有利于法庭在对抗制约中把握案件真相，正确认定事实和证据。（4）庭审是诉讼参与人最多的环节。通过众多诉讼参与人对案件事实和证据的相互辩驳、相互校正、相互补充，会使"事实越辩越清，理越辩越明"。"偏听则暗，兼听则明"，通过当庭听取各种意见包括相反意见，有助于法庭对案件的看法趋于客观公正。总之，庭审作为最中立、公开透明、内含对抗制约和诉讼参与人最多的诉讼环节，比其他诉讼环节更有利于正确把握案件真相，正确认定案件事实、证据和性质，正确适用法律，从而实现司法公正，因此它具备作为诉讼中心的条件。

具有以上特质的审判阶段因而比其他环节更利于正确认定案件事实、证据和性质，实现司法公正。

（二）由侦查中心转为审判中心的改革意义

1. 有利于破解当前制约刑事司法公正的突出问题

按照现有的刑事诉讼结构来说，公检法三机关在刑事诉讼中应当分工负责、互相配合、互相制约。但这一原则在司法实践中被异化，使得侦查阶段既得不到检察院的监督、也得不到法院实质化审判对侦查阶段的错误进行补救。所以推进以审判为中心的诉讼制度改革，目的就是要切实发挥审判程序应有的制约、把关作用，形成一种倒逼机制，促使公检法三机关办案人员树立案件必须经得起法律检验、庭审检验的理念，严格依法规范侦查和起诉活动，既要从源头上防止案件"带病"进入审判程序，以更加有效地防范冤假错案，又要有效避免因人为失误、失职甚至渎职，导致有罪者未能受到法律的应有制裁，造成客观上放纵犯罪或者打击不力的现象发生。

2. 是实现遵循诉讼规律、司法规律、法治规律的最佳途径

未经审判，不得定罪，是刑事诉讼设置审判程序的根本目的和核心价值所在。如果以侦查或者审查起诉为中心，审判程序最终裁判的属性和功能势必无法发挥和体现，甚至连有无存在的必要都将成为问题。因此，推进以审判为中心的诉讼制度改革，是现代诉讼制度的应有之义，是程序法治应有的标准，是法治社会应有的状态，是确保刑事司法公正的必然要求，也是为了更好地落实公检法三机关分工负责、互相配合、互相制约的诉讼原则，更好地实现惩罚犯罪、保障人权的诉讼目的。

3. 是加强人权司法保障的必由之路

在整个刑事诉讼过程中，侦查阶段对人权侵犯的可能性最大。单方的行政追诉程序的运行使得侦查权时刻存在被滥用的风险。同时侦查权的主动性、强制性和广泛性，决定了其产生之初就具有天然强势的扩张性和易于失控性。[1] 自2004年"国家尊重和保障人权"入宪以来，对人权的法律保障、司法保障力度明显加强。2012年《刑事诉讼法》修改，其贯穿的一条主线就是为了更好地实现惩罚犯罪与保障人权的兼顾平衡。但是，由于历史的巨大惯性，加之具体的制度设计还不够科学、严密，有关人权保障的法律规定在实践中尚未得到很好的落实。推进以审判为中心的诉讼制度改革，是在刑事诉讼领域加强人权司法保障的必由之路。只有实现以审判为中心，完善对限制人身自由司法措施和侦查手段的司法监督，实现审判程序影响前移，才能及时制止和纠正违法行为，从源头上防范刑讯逼供和非法

---

[1] 李乐平，吴小强. 审查逮捕后至移送起诉前侦查监督机制之构建 [J]. 人民检察，2012 (4)：13-17.

取证。

(三) 审判中心视角下的侦查制度的正确理解

1. 以审判为中心不是对侦查程序的否定

案件证据的收集主要在审前阶段完成，证据收集得越多、越充分、越准确，越能为正式的审判奠定坚实的基础，有助于在审判阶段更为高效地发现案件真实。从这个角度来看，审前阶段仍然具有重要的地位，不可因确立审判中心主义而否定审前阶段的重要性。

2. 以审判为中心是对侦查中心主义的纠偏

侦查中心主义的表现就是在我国当前刑事诉讼体制及实践之下，侦查阶段实际上构成刑事诉讼的重心，案件的调查在这个阶段完成，案件的结论也在这个阶段形成，而审判活动在很大程度上仅仅是对先前侦查活动的认可。

(四) 审判中心视角下对侦查制度的新要求

1. 要求改变旧侦查理念、树立现代刑事司法侦查理念

随着社会的发展和人类文明的进步，追求公正和保障人权的观念越来越受到各国的重视，并相继在一些国家被确立为刑事司法活动的价值目标。所以侦查人员要自觉的在工作中转变过去片面强调打击犯罪的价值定位，寻求多种价值观念的兼顾与平衡。以侦查为中心的诉讼模式在一定程度上是片面强调打击犯罪的价值取向的产物，因此这一价值观念的转变有助于推进以审判为中心的诉讼制度改革。

2. 要求侦查阶段实行以司法审判标准为中心 ❶

《决定》提出，"推进以审判为中心的诉讼制度改革，确保侦查、审查起诉的案件事实证据经得起法律的检验"。也就是说，从刑事诉讼的源头开始，就应当统一按照能经得起在庭审上控辩双方质证辩论、经得起庭审检验的标准来进行其他诉讼活动。就侦查阶段而言，就是按照审判标准来进行侦查取证、侦查终结等进行具体的侦查活动。严格公正司法的核心，在于统一司法审判标准。为严格落实证据裁判原则，避免不具有证据能力的材料进入法庭，有必要研究改变传统的证据审查方式，区分证据能力和证明力两个层次的问题，依法排除不具有证据能力的材料，引导和督促办案人员依法规范收集证据。

3. 要求实现庭审的实质化

庭审虚化是以侦查为中心的刑事诉讼模式的表象。❷ 因为"以侦查为中心的流水线"诉讼模式下，法官审理案件自然是"以案卷为中心"，因为在这个"流水线"上传送的就是包括各种证据材料的案卷。在案卷中，笔录是各种证据的基本形态。于是，法官对证据的审查也就成为对各种笔录的审查。就审查案卷中的各种笔录而言，开庭审判没有太大意义。为防止 2012 年《刑事诉讼法》选择的全案移送形成卷宗移送主义，就需要从审判阶段设立制度来人为地隔断侦查案卷顺利进入审判阶段，也就是需要庭审实质化。

---

❶ 沈德咏. 论以审判为中心的诉讼制度改革 [J]. 中国法学, 2015 (3)：5-19.
❷ 何家弘. 从侦查中心转向审判中心——中国刑事诉讼制度的改良 [J]. 中国高教社会科学, 2015, 2 (2)：129-144.

五、实现以审判为中心的侦查制度改革需要找准进路

（一）倒逼侦诉关系的调整

以审判为中心可以从实体和程序两个角度去理解。实体方面：就是审判在查清事实、认定证据、判决是否定罪量刑方面具有决定作用；程序方面：侦查和审查起诉的诉讼活动是否有效也需要审判来最终决定。因为我国的监督机关是检察院，而检察院又具有公诉职能从而直接与审判阶段相连，所以为实现实体方面的目标就需要从检察院对侦查机关的监督来改良；而为实现程序方面的要求即法院对检察院的提起公诉标准的要求提高，最终形成倒逼检察院对公安机关的侦查终结移送审查起诉的标准要求提高。

（二）以审判为中心对侦诉关系调整的倾向性

在 2014 年党的十八届四中全会提出以审判为中心之前，已经有很多文章在检讨我国司法体制不公，纠正侦查为中心、侦查制度的改革完善等，很多文章中已经涉及探讨侦诉关系，主要有三种。第一种观点是主张检警一体化，也有学者提出了"侦检一体化"的设想，还有学者主张对公安机关的刑事侦查活动实行公安机关与检察机关双重领导的体制。第二种观点是通过确立检察引导侦查机制，强化检察机关对侦查活动的监督。第三种观点是设立中立的司法裁判机构。

《决定》作出后，关于以审判为中心的含义，理论界和实践界都对其进行了大讨论。在一些基本内容方面已经达成共识。主要包括三方面：（1）相对于侦查、审查起诉而言，需要以审判为中心，审前程序是审判阶段的准备和服务于审判阶段；

（2）审判阶段是以一审为中心；（3）相对于庭前会议等庭审为中心。❶"以审判为中心"涉及侦查、起诉、审判和执行全过程；也涉及直接言词原则、证据裁判原则、庭审的实质化审理、非法证据排除等很多相匹配的制度。"以审判为中心"是在尊重宪法和刑事诉讼法已经构建的司法体制的大前提下；是在要坚持并赋予时代内涵发展的角度来理解"分工负责、互相配合、互相制约原则"之下而进行的以审判为中心的改革。❷但是，对于"检警一体化"，有学者反驳道，检察权作为一种独立的国家权力，不应该和其他任何权力相混淆。如果出于加强控诉职能的需要，简单地提出"检警一体化"的观点，显然是违背了我国现行的宪政制度，割裂了诉讼结构与宪政制度的统一。❸对于"关于专门设计一个中立的司法机构"观点而言，由于涉及与现行政治体制、司法体制的冲突问题，确立司法审查制度这一设想更是缺乏成为实然的制度设计的空间。现实的社会背景和司法环境又不允许进行大的变革，盲目的理想化的制度变革只会带来混乱。在不改变现有的司法体制下，由于检察院具有双重身份，侦查监督和提起公诉。所以从公安和检察院都具有追究犯罪的共同目的上来看，检察引导侦查是目前比较容易践行的观点，但是对于其适用等需要进一步研究。

　　综上，在《决定》规定的倾向下，对于侦诉关于应该从两方面来完成以审判为中心视角下侦查制度的改革。路径选择应

---

❶　叶青. 以审判为中心的诉讼制度改革之若干思考［J］. 法学，2015（7）：3-10.

❷　顾永忠. "以审判为中心"是对"分工负责，互相配合，互相制约"的重大创新和发展［N］. 人民法院报，2015-09-02.

❸　宋维彬. 论我国检警关系之改革——兼论新刑诉法对检警关系之修改［J］. 刑事法律评论，2015，34（1）：84-103.

该是，侦诉关系若从诉讼活动来看：一方面就是监督，另一方面就是协作。侦诉关系若从行使的职权角度来看，一方面就是在侦查权和侦查监督权的关系，另一方面就是侦查权和公诉权的关系。后文的具体路径就是从这两个角度来设计的。

六、构建以审判为中心的侦查制度改革的具体措施

（一）检察院监督公安机关

当前，对侦查立案监督不足的问题很严重。突出存在三方面的问题。一是立案监督的立法方面。其规定仍过于笼统和原则，缺乏可操作性，远远不能适应实践工作的需要。二是立案监督的实践操作方面。案件来源渠道狭窄，监督不力。三是立案监督效果受限。刑事诉讼法规定的立案渠道狭窄。另外，对于检察院行使了立案监督权，而公安机关仍旧不立案的情况，没有具有威慑力的惩罚措施，也没有后续的机制保障对立案的全程监督。

1. 公安机关建立立案登记制

公安机关建立立案登记制。由于监督信息渠道狭窄没有可操作性，所以让公安机关在立案时设立立案登记制，这样就使得检察院行使监督权时有"物"可以监督。具体设计是：在侦查阶段让公安机关尝试立案分离、立案归口管理，才能使得检察机关在立案监督时更有依据、具有实践的可操作性。

完善检察院建立立案监督全程跟踪机制。建立立案监督全程跟踪监督机制，重点加强公安机关立案后的跟踪监督。检察机关对每一立案监督案件都建立相应的台账，包括立案监督案件受案时间、要求说明不立案理由时间、公安机关说明不立

理由时间、案由、强制措施情况、诉讼各阶段情况、最终处理结果等。在监督公安机关立案后，要继续跟踪了解公安机关开展侦查活动的情况。这样才能最终督促公安机关受案必核、立案必查，真正解决有案不立、不破不立的问题。

规定拒绝接受检察机关纠正意见的法律后果和制裁手段。当检察机关就"消极侦查"问题向公安机关提出建议或发出纠正违法通知后，对于无正当理由拒不接受监督建议，继续消极侦查的，应追究侦查机关及其侦查人员相应的责任。

2. 管辖监督方面——制定冲突解决规则

（1）立法方面。

法律明文规定的缺失与各种解释文本的散乱。刑事诉讼法虽有关于侦查管辖的内容，但通读刑事诉讼法文本，并无侦查管辖的明确规定。由于刑事诉讼法侦查管辖法律明文规定的缺失，侦查管辖制度体系就需要由司法解释构成。有关侦查管辖的不同文本之间对立法原意的理解存在差异，甚至与刑诉法有关规定精神冲突。比如，2012 年《人民检察院刑事诉讼规则（试行）》（以下简称《检察规则（试行）》）第 14 条规定上级人民检察院在必要的时候，可以将该院管辖的案件指定下级人民检察院立案侦查，也可以将本院管辖的案件交由下级人民检察院侦查，但对产生管辖权争议的程序处理机制不够详细、可操作性差，一起刑事案件可能依据不同的管辖标准存在多个可能的管辖主体，基于案件可预期利益的不同，实践中就出现了推诿管辖或争相管辖的怪象。

（2）实践方面。

没有有效的冲突解决机制。对公安机关和检察机关的互涉案件特别是经济犯罪案件虽然规定了管辖移交程序，但缺乏不移交后果的程序制裁机制，对于"该交不交，自行处理""不及时移交"或"拒不移交"等违法现象，检察机关尚可借助法律监督职能要求公安机关强行移交，但公安机关则缺乏反向的制度制约手段。特别是近年来，随着职务犯罪案件异地管辖适用的增多，指定管辖中存在的案件管辖启动随意性较大，指定程序不规范，指定侦查管辖、指定公诉管辖与法院的指定审判管辖不一致，公民的管辖异议权和管辖申请权不受尊重等各种问题更为凸显。❶

首先，合理划分层级管辖，逐步探索和建立与跨行政区划设置的人民法院和人民检察院相衔接的管辖制度。其次，调整刑事案件管辖分工，适当集中刑事案件管辖权，解决侦查职能过于分散的问题。最后，规范指定管辖的决定程序，公安机关指定异地立案管辖，应当协商同级人民检察院、人民法院指定管辖。

3. 侦查活动监督方面——完善程序异议权和程序性制裁制度

侦查程序的单向性和封闭性以及侦查不公开原则导致我国侦查程序中缺失犯罪嫌疑人的程序诉权，应通过立法方式确认，准许其通过复议、申诉甚至起诉等行为保障权利。❷ 有必要构建程序性制裁制度，通过宣告诉讼行为无效的方式，加重相关机关和人员的程序性责任，从而在检察机关与侦查、审判机关之间形成更紧密的制约关系。具体而言，对于最严重的程序违法行为以及严重侵犯诉讼权利的违法行为，可以一概宣告无效，对于该违法行为所获取的证据，也应予以排除；对于一般性的

---

❶ 龙宗智. 刑事诉讼指定管辖制度之完善 [J]. 法学研究, 2012 (4): 175-187.

❷ 卞建林，王肃元. 刑事诉讼法修改问题与前瞻 [M]. 北京：北京大学出版社，2008：455-459.

程序错误行为，也可以宣告无效，但允许进行补救，对于一般性的程序错误行为所获取的证据，也不能一概予以排除。"一些实证研究的成果则显示，这些程序性制裁制度对于减少警察的非法侦查行为，甚至促使警察养成依照法律程序办理案件的习惯，都是有着积极作用的。"❶

4. 证据标准方面——提高侦查机关案件移送的质量

如果实现了以审判为中心，则意味着在庭审过程中要采用直接言词原则、证据裁判原则、由证人等来当庭进行质证。此时检察机关指控能否得到法院支持，很大程度上取决于法院主导的审判程序。随着审判改革逐步深入，庭审实质性将得到进一步强化，改变侦查中心造成的庭审走过场，而使得裁判结果充满了不确定性，这就给起诉的成功带来了很多不确定性。检察机关若要有罪追诉成功，则就需要符合法院对于证据采信和事实认定的标准。所以检察机关在办理公诉案件过程中，就需要更加重视案件质量问题。公诉机关的这种转变则反过来就会倒逼提起公诉的前一阶段即侦查活动标准的提高。

为了使倒逼诉讼活动质量的提升得到实现，首先，在案件移送审查起诉前，公安机关法制部门统一审核收集、调取的证据，严把案件出口关，解决多头办案，多头出口，办案标准不统一的问题；其次，进一步明确移送审查起诉的证据要求，对证据不足的案件，不得移送审查起诉。

---

❶ 陈瑞华. 程序性制裁制度的法理学分析 [J]. 法学，2005（6）：150-163.

（二）检察院引导公安机关

1. 公检可以协作的原因

由于检察院的双重身份，则公安机关和人民检察院都具有侦查犯罪、追究犯罪的共同目的。这个共同的追究犯罪的诉讼职能促使公安和人民检察院进行协作成为可能。

另外，由于以审判为中心，实际就是要求侦查和起诉证据要经得起法院的检验。在此种情况下，在庭上的公开质证等程序方面带来的压力以及本身追究犯罪的职责所带来的压力，促使侦诉部门加强协作，形成大控方的诉讼格局，是应对诉讼制度改革的必然选择。但是也需要限定范围以防止检察院的监督职能被侵蚀。

2. 公检协作的具体措施

建立公安机关办理重大、疑难案件听取人民检察院意见和建议的制度。公安机关对重大、疑难案件证据收集、办案程序等方面的问题，可以主动听取人民检察院意见，自觉接受法律监督。人民检察院可以派员参加公安机关对重大、疑难案件的讨论和相关侦查活动，对证据的收集、固定、保存和补充、完善提出建议，对侦查活动中的违法行为提出纠正意见，引导侦查工作依法规范进行，为确保公诉质量打好基础。

2013年召开的第六次全国刑事审判工作会议，提出了"审判案件应以庭审为中心"。随后最高人民法院制定的《关于建立健全刑事冤假错案防范机制的意见》和《关于加强新时期人民法院刑事审判工作的意见》等规范性文件提出的"牢固树立庭审为中心理念"。尤其是2014年10月通过的《决定》中明确提出要"推进以审判为中心的诉讼制度改革，确保侦查、起诉的案件事实证据经得起法律的检验。全面贯彻证据裁判规则，严格依法收集、固定、保存、审查、运用证据，完善证人、鉴定人出庭制度，保证庭审在查明事实、认定证据、保护诉权、公正裁判中发挥决定性作用"。这一段论述，明确了以审判为中心的目标、任务和措施。

　　《决定》的作出，给我们一种新的视角来看待我国的侦查制度改革的路径，侦查阶段的侵犯人权的现象"侦查中所犯的错误往往具有不可弥补性，许多实证研究指出，错误裁判最大的肇因乃错误侦查，再好的法官，再完美的审判制度，往往也拯救不了侦查方向错误所造成的恶果。"❶ 片面追求追究犯罪导致的"侦查中心"现象等都可以从"以审判为中心"的角度去完善上述的问题。

　　应当考虑，在充分给予侦查机关查清案情所需的侦查权力的同时，也应对侦查行为予以一定的限制，使得侦查行为必须按照一定的程序、步骤和方式进行，并确立完善的司法监督体系对侦查行为进行限制，最终实现既能追究犯罪又能对侦查权进行司法控制的诉讼模式，完成"侦查中心主义"向"以审判为中心"的目标。所以既能满足侦破案件需要，又能保证侦查权的司法控制的侦查模式，也即在侦查需要与侦查权司法控制和人权保障上寻求一个动态的最佳平衡点，就成为了本书现代侦查制度的主要研究对象。

---

❶　孙长永. 侦查程序与人权——比较法考察 [M]. 北京：中国方正出版社，2000：5-6.

问题思考

　　对从侦查中心主义走向审判中心主义，有些学者强调要加强庭审的实质化建设。然而，我国《刑事诉讼法》经过1996年及2012年的两次修改之后，又恢复了1979年的全案移送制度，而这项制度会出现因法官预判问题导致庭审趋于形式化的情况。也就是说案件卷宗的移送会成为法官预断的证据来源。同时，法官庭前阅卷，进行实质性审查，使法官丧失中立性。对此问题，有学者提出两种思路：第一是证据开示制度；第二是可以借鉴《意大利刑事诉讼法》的证据移送模式，实行卷宗两次移送制度。❶事实上，无论采取何种案件卷宗的移送方式，在以审判为中心的诉讼模式下，侦查活动其本身不应该游离于法庭审理范围之外。我国刑事诉讼实践"以侦查为中心"，造成庭审过分依赖侦查卷宗笔录等书面质料，这是庭审流于形式的关键，最终使得刑事诉讼通过法庭审理发现事实真相和保障人权的价值大打折扣。但是，阻断法官预判、实现司法公正的关键既不在于案卷移送的方式，也不在于是否进行了实质审查，问题远非如此简单。尽管侦查机关在制度上的独立性导致其不仅不受审判权制约，检察监督权对侦查权也难以制约，就目前对审判权、监察权本身还需要提升品质，仅仅依靠理论上的庭审实质化来纠正侦查中心主义还是值得怀疑。

---

❶　陈卫东. 以审判为中心：解读、实现与展望［J］. 当代法学. 2016（4）.

第二章

审判中心主义下的公诉制度改革

一、公诉制度基本理论与改革方向

以审判为中心的诉讼制度改革的目标在于"通过法庭审判的程序公正实现案件裁判的实体公正，有效防范冤假错案的发生"，公诉制度作为刑事诉讼制度的中间环节，也是防范冤假错案的屏障。❶以审判为中心力求推进庭审的实质化，这就给检察机关的公诉工作提出了更高的要求：一方面，加强人权司法保障的要求督促检察机关树立新的工作理念，完善源头预防和纠错冤案机制；另一方面，通过实质化庭审摆脱对侦查案卷的依赖是对检察机关传统工作方式的重大挑战。❷本书以审判中心的基本精神为指导，从公诉制度的基本理论出发，具体分析了审查起诉和公诉审查制度的内容和完善措施，从而使其更符合改革的方向和目标。

（一）公诉与公诉权

刑事公诉是检察机关一项重要的基本职能，是检察权的重

---

❶ 樊崇义. 以审判为中心的概念、目标和实现路径 [N]. 人民法院报. 2015-01-14.

❷ 叶青. 以审判为中心的诉讼制度改革之若干思考 [J]. 法学, 2015（7）：3-10.

要组成部分，指检察机关运用公权力对违反刑事法律构成犯罪的人诉请国家审判机关依法追究其刑事责任的权力。❶

1. 公诉制度历史沿革

（1）大陆法系。公诉权与公诉非同一概念，公诉不以公诉权的存在为前提。最初的刑事诉讼案件多采取私人自诉的诉讼模式，13世纪开始法国领主为确保自己的税收而设立"检察官"一职，14世纪国王颁布敕令将公诉的职责赋予检察官以独立于私人诉讼，❷ 自此之后，检察机关以国家公诉人身份听取私人控告，进行侦查，提起诉讼，支持公诉及抗议法庭判决，检察制度及检察官开始独立。尽管确立国家追诉制度显示了刑事诉讼制度的进步，但也有学者指出在民主层面纠问式较弹劾式是倒退的表现❸，欧洲中世纪的教会法院即是这一诉讼模式的典型体现。❹

大陆法系现代意义上的公诉制度起源于法国。法国现代公诉制度的发展是革命的产物，1789年法国大革命胜利后，出于对警察权的限制以及对人权利益的保障，❺ 革命后重要的呼声之一即是废除封建纠问式的诉讼模式，1808年通过的《法国刑事诉讼法典》借鉴了弹劾式的诉讼模式的合理成分，确立了职权主义的新的诉讼模式。1877年《德国刑事诉讼法》以此为蓝本并逐渐为其他大陆法系国家所接受。大陆法系现代公诉制度的建立，将侦查机关与审判机关根本上分离，确立了不告不理的

❶ 赵俊峰. 公诉权的司法性与法律监督性：逻辑自律与经验他律性的合一 [C]. 北京：法律出版社，2011：318-319.
❷❸ 王新环. 公诉权原论 [D]. 北京：中国政法大学，2004.
❹ 黄文. 刑事诉审关系研究 [D]. 重庆：西南政法大学，2004.
❺ 胡子君. 公诉权若干基本问题研究 [M]. 长春：吉林人民出版社，2014：27.

诉讼制度，也使得诉讼模式从纠问制的模式中脱离出来得到进一步发展。

（2）英美法系国家。英国是英美法系公诉制度的源头，11世纪英国引入陪审团制度，改变了原有的私人起诉的司法传统，对严重性质的犯罪向法院提起控诉，其包括两种情形：一是陪审团根据自己掌握的犯罪案件提起诉讼；二是被害人向陪审团告发请求陪审团提起诉讼的案件。但此时的陪审团制度并未实现公诉权与审判权的分离，陪审团的告发有时可以直接成为对被告人定罪的依据。1352年，爱德华三世颁布法令，规定起诉陪审团成员不得参加审判陪审团，并在审判结构中同样设置的分权和制衡机制，即事实认定由审判陪审团负责，法官仅负责法律的适用。大小陪审团功能的调整，标志控告职能与审判职能的分离，而大陪审团起诉则标志独立的公诉权的出现。❶

（3）二者的相互关系。职权主义与当事人主义的诉讼模式尽管在发展过程与具体制度上多有不同，但并非完全隔离。近现代以来，混合职权主义诉讼模式和当事人主义诉讼模式的长处被视为实现国家刑事诉讼价值的最佳选择途径。❷我国目前的刑事诉讼制度是以大陆法系国家的诉讼模式为基础建立起来的，采用公诉与自诉并行的诉讼模式，除少数类型的案件以及特殊情形下赋予被害人自诉权外，由检察机关代表国家提起诉讼仍是提起刑事诉讼的主要方式。

2. 公诉权的内容及性质

（1）公诉权的内容。公诉权在内容上有广义和狭义之分，

---

❶　胡子君. 公诉权若干基本问题研究［M］. 长春：吉林人民出版社，2014：36−40.

❷　黄文. 刑事诉审关系研究［D］. 重庆：西南政法大学，2004.

狭义的公诉权仅指积极诉讼，是检察机关向法院经审查起诉环节后向法院提起公诉并出庭支持公诉等推进程序进行的权力；广义的公诉权除积极公诉外，还包括检察机关在终止诉讼程序的不起诉权。一般认为，公诉权包括公诉的提起、公诉的支持、公诉的变更和抗诉四项基本权能。

（2）公诉权性质。对于公诉权的基本属性，理论观点主要有行政权、准司法权、法律监督权及诉讼请求权。笔者赞同学界一般观点即公诉权本质属性是诉讼请求权，直接功能是启动审判程序。❶ 但与一般诉讼请求权不同，检察机关行使的是代表国家公权力的公诉权，因此在权利内容方面应当有所限制，为保障公诉权的正常行使，同时也为防止权力的滥用，公诉权的行使应严格依法进行，不具有自由处分性质，并且处分要受到司法的最终审查。❷

（二）公诉裁量与公诉权滥用

尽管公诉权的基本属性并非司法性，但由于检察机关作为国家机关，其基于公诉权适用法律作出的起诉、不起诉、撤诉等决定对案件程序进行以及当事人权利保护具有重要意义，因此对于公诉权的行使有两个立足点，一是保障公诉权有效实施，二是防止公诉权的滥用，后者为现代公诉权理论的重点。检察院公诉权行使瑕疵的主要原因在于追诉裁量权的不当行使，因此防止公诉权滥用的重点应体现在公诉裁量行使的态度和规制上。

---

❶ 王新环. 公诉权原论 [D]. 北京：中国政法大学，2004.
❷ 胡子君. 公诉权若干基本问题研究 [M]. 长春：吉林人民出版社，2014：39-41；陈卫东，韩红兴. 初论我国刑事诉讼中设立中间程序的合理性 [J]. 当代法学，2004（1）：21-32.

传统大陆法系国家以打击犯罪为刑事诉讼法的唯一价值目标，对于符合法律规定的起诉条件的案件一律提起公诉而不享有裁量权，此即起诉法定主义。随着对刑罚作用认识的深入、对司法资源紧缺型的考量以及考虑到对社会的影响作用，目的刑的观念逐渐为人们所接受，大陆法系国家开始吸纳英美法系起诉便宜主义的思想，在是否提起诉讼方面赋予检察机关一定的自由裁量权，从总体发展来看呈现出公诉裁量权扩大的趋势。公诉权滥用既有积极行使权力的滥用，也有采用消极方式造成的滥用，但基本上应包括不该起诉而起诉、随意变更诉讼和恣意重新起诉等形态。❶ 公诉权滥用对被告人、被害人以及国家司法制度均会造成极大危害，因此有必要从各角度对公诉权的行使进行监督和制约。

（三）公诉权与审判权的关系——法院对公诉权的制约

《刑事诉讼法》将公检法之间的关系界定为"分工负责、互相配合、互相制约"。这种强调分工和制约的司法理念和司法制度本身并没有问题，但却容易产生公检法为同一主体的"一家人观念"，从而对案件的公平审判造成影响，要想改变这种局势，就要从主体关系方面进行调整。随着现代刑事诉讼理念的发展，刑事诉讼愈发强调司法权超越其他部门的权威地位，即审判权对于侦查、起诉的制约，具体到案件中表现为由司法而不是侦查决定案件的命运，这不仅是指法院以中立地位对案件进行审理，还包括司法审查权对案件审判前整个诉讼程序的控制❷，而这当然包括法院对检察院行使公诉权的有关行为的

---

❶ 周长军. 公诉权滥用论 [J]. 法学家，2011（3）：23-36.
❷ 王敏远. 2012 年刑事诉讼法修改后的司法解释研究 [J]. 国家检察官学院学报，2015（1）：131-160.

制约。

加强法院对公诉权制约的另一个重要原因是检察院内部监督的无效性和不公正性。❶ 尽管《刑事诉讼法》规定了上级检察院对下级检察院的工作可以进行领导、指示和命令，并对其工作进行监督，但内部的监督行为往往难以令人信服。在此情况下，外部监督就显得尤为重要，由法官主持对检察官行使公诉权的行为进行审查的方式逐渐为各国所采用。

（四）公诉制度改革方向

根据"以审判为中心的诉讼制度改革"的基本精神，应当充分发挥审判特别是庭审在诉讼中的作用，结合恢复司法性和目的性的理念革新，检察机关在诉讼过程中的作用也有所改变，一方面鼓励不起诉裁量权的适用，另一方面也要对权力进行控制，具体到检察机关的公诉工作中，至少应包括审查起诉制度改革及公诉审查制度强化两个方面。具体来说，审查起诉制度改革涵括建立犯罪嫌疑人认罪协商制度、完善起诉制度；在起诉制度下，完善侦查与审查起诉的衔接机制、完善不起诉制度的适用以及规范撤诉制度是其应有之义；此外，作为庭前准备程序的立案审查机制是诉讼制度改革的重要内容。下文将对以上各项具体制度的改革、完善、强化分别进行探讨。

二、完善不起诉制度

（一）我国不起诉制度立法现状

我国刑事诉讼法规定了四类不起诉情形，包括法定不起诉、

---

❶ 陈卫东，韩红兴. 初论我国刑事诉讼中设立中间程序的合理性 [J]. 当代法学，2004（1）：21-32.

定不服的，有向上一级检察院申诉或向法院起诉两种救济途径。❶
由于并没有规定被害人在向检察院提起申诉后必须等到复查程
序终止才可以自行提起诉讼，如果上一级检察院作出提起公诉
的复查决定，基于检察机关内部领导与被领导的关系，之前作
出的不起诉决定自动失效，检察机关就会重新享有案件的追诉
权，实践中就会产生检察院复核与法院受理自诉案件的公诉与
自诉并行的状况。

（三）被不起诉人异议制度

1. 我国被不起诉人异议制度立法现状

《刑事诉讼法》第 177 条设置了被不起诉人提出异议的方式，
即对于人民检察院作出的酌定不起诉决定，被不起诉人不服的，
可以向人民检察院申诉；《检察规则（试行）》第 421 条对被不
起诉人提出申诉的立案和处理程序作出了具体的规定；此外，针
对专门适用于未成年人的附条件不起诉案件，《刑事诉讼法》第
271 条第 3 款对附条件不起诉中被不起诉人的异议权作出了规定。

一般认为，上述条款体现了被不起诉人对检察机关公诉权
行使的制约，然而这项制度是否真正能够达到制约检察机关或
者保障刑事犯罪中被追诉人的人权的效果则是存在疑问的。本
书认为，被不起诉人作为刑事诉讼案件中重要的一方当事人，
应当赋予其表达自己意愿的途径，且应当贯穿诉讼程序的始终，

---

❶ 《刑事诉讼法》第 176 条规定："对于有被害人的案件，决定不起诉的，人
民检察院应当将不起诉决定书送达被害人。被害人如果不服，可以自收到决定书后 7
日以内向上一级人民检察院申诉，请求提起公诉。人民检察院应当将复查决定告知
被害人。对人民检察院维持不起诉决定的，被害人可以向人民法院起诉。被害人也
可以不经申诉，直接向人民法院起诉。人民法院受理案件后，人民检察院应当将有
关案件材料移送人民法院。"

法律赋予被不起诉人救济方式并无错误，现有制度之所以受到诉病是因其不完备性，应当分析其存在的问题并要求完善措施。

2. 存在的问题

（1）救济途径单一、申诉效果有限。根据《刑事诉讼法》第177条、《检察规则（试行）》第421条的规定，被不起诉人对检察院作出的不起诉决定不服的，唯一的异议表达途径是向检察院进行申诉，相比于被害人的申诉及公诉转自诉的双重救济途径，对被不起诉人的保护明显失衡。更重要的是，异议申诉的提起、立案、复查和决定的作出都是在作出原不起诉决定的检察院内部进行，而内部监督的有效性一直是受到质疑的，毕竟申诉制度是建立在自己否定自己的基础上的，因而很难真正起到纠错的效果，也难以实现被不起诉人所期望的通过申诉达到的目标。

（2）适用案件范围过窄。其一，不起诉决定本身存在问题。我国法律仅规定了证据不足不起诉、酌定不起诉、法定不起诉以及附条件不起诉，但在上述不起诉的类型中，并没有一项是基于被不起诉人确无犯罪情形而作出的。其二，《刑事诉讼法》第177条仅赋予因酌定不起诉的当事人以申诉的权利，而缺少对因证据不足、法定原因作出不起诉决定的当事人的救济，法律针对前述两种不起诉决定赋予了公安机关和被害人申请复议、复核和申诉的权利，但对于刑事诉讼中的重要一方当事人——被不起诉人却没有给予相应的制度保障，当事人之间形成了严重的不平等格局。

（3）《检察规则（试行）》第405条对被不起诉人的不利影响。根据《检察规则（试行）》第405条"人民检察院根据刑事诉讼法第一百七十一条第四款规定决定不起诉的，在发现新的证据，符合起诉条件时，可以提起诉讼"，即检察院对于已经作出证据不足不起诉的案件可以随时重新启动诉讼程序。此条款却对证据不足不起诉的被不起诉人规定了无限的诉讼义务，即只要检察院想要追究，公民就必须奉陪到底且没有任何提出异议的救济途径，从而形成了检察院内部的程序反复，违反了公诉权原理并使被不起诉人处于严重的不确信的心理状态。

（4）检察院的其他权力对被不起诉人权利的侵犯。不起诉决定的作出并不意味着被不起诉人完全免责，《检察规则（试行）》规定了检察院可以根据案件的不同情况，对被不起诉人予以训诫或者责令具结悔过、赔礼道歉、赔偿损失；对于犯罪嫌疑人违法所得及其他涉案财产，需要没收的，应当提出检察建议，移送有关主管机关处理，需要返还被害人的，按照规定处理。更值得注意的是，审判中心主义强调审判权应当对整个刑事诉讼程序应具有掌控力，在被不起诉人存在异议的情形下，检察机关依单方意志作出不起诉决定后实施的类似强制执行的行为本应在法院司法权的引导或监督下进行，但目前法院在此过程中是彻底缺位的。

（四）　不起诉制度的完善途径

1. 明确不起诉的标准，引入犯罪嫌疑人认罪协商机制

完善不起诉制度，至少可以从以下四个方面予以考量：其一，对丁不起诉决定的适用范围问题，本书认为，在现有条件下，要在公正司法的基础上提高司法效率，可以考虑酌定不起诉与简易程序的制度配合，在审查起诉阶段通过对案件类型、量刑程度、犯罪嫌疑人角色等方面的综合考量，与犯罪嫌疑人进行认罪协商，从而作出不起诉或适用简易程序的决定，进而达到案件分流的目的。同时，为实现权力制约，应注重当事人

的充分参与以及法院对检察院所作决定的审查监督。其二，现有的不起诉决定类型不足以涵盖不起诉所涉及的原因，应当在现有的类型基础上增加绝对不起诉，并将证据不足不起诉也应纳入绝对不起诉的范围内。对于侦查机关不能收集到充分证据的事实不清、证据不足的案件，不存在所谓"错放"，而是应当无罪释放，属于绝对不起诉的范围。其三，作出酌定不起诉决定之前应当取得犯罪嫌疑人同意。因此对于当事人不认罪的案件，检察院不能作出不起诉决定，而应当决定起诉由法院进行裁决，这也符合审判中心主义的要求。其四，建立不起诉决定的听证制度，注重被害人意愿在不起诉决定形成中的作用。

2. 逐步废除公诉转自诉制度，建立前置起诉程序

在完善不起诉决定适用法律规范的基础上，可以推定按照法律规定作出的不起诉决定是正确的不起诉决定。因此当被害人向法院申请救济时，法院不再要求被害人对案件事实提出证据进行证明并以自诉人身份参与审理，而是对被害人提交的检察机关的不起诉决定进行审查，审查的对象限于检察机关所作出不起诉决定的行为是否符合法律规定。若决定的作出符合法律规定，法院应当作出驳回被害人申请的裁定；若检察机关的决定是错误或有瑕疵的不起诉决定，法院应当宣布不起诉决定无效，同时针对不同的不起诉决定进行不同处理。

在审查起诉环节应当加大被害人的参与度，充分听取被害人意见，无论案件是否通过法院审查并进入强制起诉程序，都应当提供给确有损害的被害人以填平损害的途径。在强制起诉的案件中经被害人申请可以成为附带民事诉讼当事人参与诉讼；对于被认定为正当的不起诉决定的被害人，可以单独提起侵权之诉寻求救济。

3. 加强对被不起诉人的权利保障

被不起诉人认为检察机关作出的酌定不起诉决定错误的，自己应属无罪的，应赋予其获得法院公平审判的权利。具体制度设计为：可以考虑将被不起诉人的申诉权设置为前置程序，❶经申诉被不起诉人对酌定不起诉仍不服的，可以向作出原决定检察院的上一级检察院申请复查，上一级检察院经过审查作出维持决定、变更为无罪不起诉或决定起诉的决定，被不起诉人对维持决定不服的，得请求检察院提起公诉，检察院收到请求后应当起诉。

4. 确定不起诉决定的程序终结效力

检察机关因承担追诉职能而天然具有采取一切手段查明案件事实倾向，但现代诉讼理念和诉讼制度的运行表明公诉权行使并不是没有边界的。依据公诉权作出的不起诉决定本就应具有终结诉讼程序的效力，其意义之一就在于宣告被不起诉人自此之后脱离刑事诉讼程序的负累。《检察规则（试行）》第405条对证据不足不起诉的反复是对原则的违反，因此在将证据不足不起诉纳入无罪不起诉的基础上，对于已经作出的无罪不起诉决定，检察院不能再对特定案件进行重复追诉。

5. 对另一个极端——检察院全部起诉的应对

目前，起诉裁量权怠用、不起诉率低是我国公诉权运行的现状之一，检察机关使用不起诉裁量权的逻辑是"宁可不用也不能滥用"。对此，可以通过研究设定一个起诉率，与公诉审查制度密切相连，法院可以通过统计数据认定检察机关是否有为

---

❶ 贺洪波. 我国微罪被不起诉人异议权保障完善研究 [J]. 铁道警察学院学报，2015（4）：63-67.

规避不起诉决定而大量提起诉讼的可能性，如果检察院不能对数据作出合理说明，可以认为其构成公诉权的滥用，应当追究检察院的责任。

三、规范撤回公诉制度

（一）撤回公诉制度概述

1. 内涵及必要性

（1）撤回公诉的内涵。撤回公诉是指检察机关向法院提起公诉后，发现起诉并不符合法定起诉条件，要求撤回已经提起的诉讼的法律行为。❶ 现代刑事诉讼法制的发展体现出混合模式的态势，采用起诉法定主义的国家大多出于人权保障、诉讼效率等考虑而吸纳了变更主义的思想，允许检察院在符合条件时撤回已经提起的诉讼。我国目前的刑事诉讼法虽然没有规定撤回公诉制度，但在观念和实践中都是接纳其存在，也有规范性法律文件对其作出规定。

（2）撤回公诉制度的必要性。对于我国是否应当建立公诉撤回制度，存在两种不同观点。本书认为探讨撤回公诉制度建立的合理性和必要性，至少要明晰两个方面的问题：其一，撤回公诉与无罪判决何者更符合诉讼经济的要求，更能保障被告人权益。本书认为，如果确认撤回公诉具有终结刑事诉讼程序的效力，尽早发现不符合起诉条件的案件并作撤回处理较之案件程序继续进行，当然更具有节省司法资源和保障被告人权益的效用。其二，撤回公诉后再起诉是否违背"一事不再理"原则。此项原则适用的前提是生效判决的存在，但公诉撤回发生

---

❶ 刘少军. 也论撤回公诉制度 [J]. 甘肃政法学院学报，2013（3）：56-64.

在法院判决前，在没有生效判决的前提下再起诉并不违背"一事不再理"的原意。

综上，撤回公诉制度有其特殊的制度价值和目标，具有存在的正当性和必要性，但撤诉价值实现的前提是对撤诉适用情形、程序的完善和对效力的确认。

2. 撤回公诉的效力

学界一般认为撤回公诉与不起诉决定一样，其具有终止诉讼程序的效力。❶公诉撤回不是将案件退回到审查起诉阶段，而是整个程序上的终结，原因在于公诉案件一经提起并经公诉审查程序进入到审理阶段，该案件即属于法院的诉讼系属之下，检察院自此不再拥有对案件程序的控制力，在法院控制下撤回的起诉意味着诉讼关系的消灭❷，这与补充侦查不同，在补充侦查的情形下，案件仍系属于法院，诉讼关系并未消灭。❸ 因此，公诉案件一经撤回，即产生终结诉讼关系的效力，应立即解除对人身和财物的强制措施。

（二）我国撤回公诉现状及原因

1. 立法沿革及制度现状

（1）历史沿革。1979 年《刑事诉讼法》第 108 条对撤回公诉制度作出了明确规定，"人民法院对提起公诉的案件进行审查后，……对于不需要判刑的，可以要求人民检察院撤回起诉"；1996 年《刑事诉讼法》修改广泛吸取了刑事诉讼理念发展的成

---

❶ 刘少军. 也论撤回公诉制度 [J]. 甘肃政法学院学报, 2013 (3): 56-64; 张小玲. 试论公诉撤回制度 [J]. 中国人民公安大学学报, 2006 (2): 23-29.

❷ 刘少军. 也论撤回公诉制度 [J]. 甘肃政法学院学报, 2013 (3): 56-64.

❸ 张建伟. 论公诉之撤回及其效力 [J]. 国家检察官学院学报, 2012 (8): 100-108.

果，包括借鉴当事人主义诉讼模式以改变传统的超职权主义，强调法官中立和不告不理，并随之进行了一系列具体制度上的变革，包括废除免予起诉制度，变革公诉审查的实质审查为形式审查等，而"法院要求检察院撤诉"这一带有浓厚的职权主义色彩的制度也一并被剔除出刑事诉讼法之外。❶ 但1996年《刑事诉讼法》在废除超职权主义的撤诉制度后却没有设立新的撤诉制度，但撤诉行为并未因法律上未作规定而废止，结果就是形成了立法上的空白和实践中的混乱。

为规范撤诉行为，2007年最高人民检察院在《关于印发〈关于公诉案件起诉若干问题的指导意见〉的通知》（以下简称《指导意见》）中对撤诉制度的规定进行了细化。《指导意见》相对于"两高"规则有着比较突出的进步，包括区分判决与宣告判决，关注撤回案件后的后续处理等，但其为检察院后续处理预留过大空间以及对"法院建议检察院撤诉"等规定也成为其深受诟病的原因。❷ 面对上述诸多不足，2012年《刑事诉讼法》修改仍未对撤诉制度作出规定，这显然已经不是法律上的漏洞，而是立法者有意地保留。

（2）我国目前撤回公诉制度具体内容。首先，我国撤回公诉制度的启动主体为行使公诉权的检察院，但根据2012年最高人民法院《关于适用〈中华人民共和国刑事诉讼法〉的解释》（以下简称《高法解释》）第243条规定，"审判期间，人民法院发现新的事实，可能影响定罪的，可以建议人民检察院补充或变更起诉"，《检察规则（试行）》第460条也对法院建议检

❶ 王丽梅. 撤回公诉制度研究 [D]. 包头：内蒙古大学，2010.
❷ 朱思思. 检察机关撤回起诉问题评析与完善 [J]. 研究生法学，2012（4）：91-97.

察院补充起诉，追加起诉或者变更起诉撤回起诉进行了确认。其次，《检察规则（试行）》规定的检察院作出撤回公诉决定的时间为人民法院宣告判决前。再次，《检察规则（试行）》对撤回起诉的适用范围列举了七项具体情形，可以分为不存在犯罪事实、犯罪事实并非被告人所为以及不应追究被告人刑事责任三类。最后，撤回起诉的程序，《检察规则（试行）》和《高法解释》对撤诉的程序规定有所不同，《检察规则（试行）》认为撤回起诉时检察院内部决定，只要在判决宣告前以书面方式向法院提出即可，❶ 而《高法解释》则规定法院有权对是否准许检察院撤回起诉进行司法审查。❷

2. 存在的问题

（1）撤诉立法欠缺，撤诉理由不规范。通过上述对我国撤诉制度的规定中可以看出，我国刑事诉讼法对撤回公诉制度作了有意地保留，实践中涉及撤诉的条件和程序主要参照在"两高"中的规定，这种情形违反了程序法定的原则且二者之间的衔接制度并不规范。上述规定造成的后果就是，法院对撤回公诉能够进行制约的场合就仅限于在庭审结束后法院对撤回公诉的决定进行审查并作出宣告无罪的判决，而在此之前法院即使不准撤诉，检察院也可以采取不出庭应诉等消极行使公诉权的方式使诉讼程序无法继续进行，从而事实上达到公诉撤回的效力。

撤回公诉立法欠缺的另一个表现是案件撤回后程序的混乱。

---

❶ 《检察规则（试行）》第461条规定："变更、追加、补充或者撤回起诉应当报经检察长或者检察委员会决定，并以书面方式在法院宣告判决前向人民法院提出。"

❷ 《高法解释》第242条规定："宣告判决前，人民检察院要求撤回起诉的，人民法院应当审查撤回起诉的理由，作出是否准许的裁定。"

《指导意见》对公诉案件撤回后的处理作出了规定，但并没有位阶较高的法律具体对何种情形应采用何种处理方式进行明确，实践中处理方式不一，造成操作上的混乱。除不起诉决定可以引发程序的终结外，❶ 其他的处理仍是在检察院掌控下的程序反复，案件长期搁置后不了了之的现象并不罕见，对于被告人继续羁押或采取变更强制措施等方式继续使其处于检察院控制之下也时有发生，严重侵害了被告人的合法权益。

此外，《检察规则（试行）》对撤回公诉的理由规定了七种具体情形，理论上撤回公诉的适用仅限于不存在犯罪事实、犯罪事实并非被告人所为以及不应追究被告人刑事责任等情形，但在最高检颁布的法律文书样本《撤回起诉决定书》中，撤诉的理由被形式化的定位在"因事实、证据有变化"。❷ 刑事诉讼法对检察机关提起诉讼后事实、证据发生变化从而导致事实查明困境的应对提供了补充侦查、延期审理等救济途径，撤回公诉的效力在于符合法定原因时诉的消灭，以"事实、证据有变化"为理由的撤诉一方面不符合撤诉应有的理由和应当达到的效果，造成了程序适用上的混乱，另一方面为程序上的反复提供了契机。

（2）以撤回公诉代替无罪判决的现象严重，侵蚀法院审判权。在案件审理过程中，检察院发现因证据不足等原因法院可能作出无罪判决的，往往更倾向于主动出击决定撤诉使案件的主导权重新掌握在自己手中；更有甚者法院在庭审接受并经合议庭合议后认为应当宣告无罪的，会与检察院商讨并建议撤诉，

---

❶ 此处不讨论撤回公诉与不起诉决定之间的效力问题。
❷ 朱思思. 检察机关撤回起诉问题评析与完善 [J]. 研究生法学，2012（4）：91-97.

检察官一般也会听从法院的建议作出撤诉决定。这种做法严重侵害了被告人的合法权益，对司法的权威力和公信力造成了极大的危害。从另外一个角度看，撤回起诉制度使得在法院诉讼系属下的案件程序无法顺利进行，检察院的撤诉权处于高于法院审判权的优先地位，使得审判权在一定程度上被架空，权力上的僭越事实构成了对法院权力的侵犯。❶

（3）撤诉程序规定不合理。首先，撤诉时间规定不合理，《检察规则（试行）》对作出撤回公诉决定的时间限制为人民法院宣告判决前。这主要涉及两个方面的问题：其一，此处并没有限定审判的级别，无论一审、二审还是再审，只要是在宣告判决前，检察院都可以作出撤诉决定。我国在二审和再审中对案件既要进行事实审查，又要进行法律审查，是基于一审裁判基础上的全面审查，检察院在此过程中一旦撤诉所牵涉的不仅包括事实问题，还有一审判决中的法律适用，撤诉权延伸到此阶段会造成对审判权的侵犯；❷ 其二，法院在案件庭审结束后一般会择日宣判以便合议庭进行合议，但这就会给上述检法以撤回公诉代替无罪判决提供了时间上的契机。

其次，现有规定中缺少对撤诉次数限制的规定。我国对检察机关提起诉讼证据不足的补充侦查以两次为限，但《检察规则（试行）》第459条规定了撤回起诉的案件可以再行起诉，前提是有新的事实或者新的证据，并对新的事实和证据做了较为严格的规定，即"未指控的犯罪事实"或"足以证明原指控犯罪事实的证据"。上述标准虽严格却不够明确，带有较重的主

<hr />

❶ 张小玲．论我国撤回公诉的功能定位［J］．中国刑事法杂志，2015（1）：98-108.

❷ 王丽梅．撤回公诉制度研究［D］．包头：内蒙古大学，2010.

观性，法律又没有明确规定撤诉后再行起诉的次数限制，极有可能为分批进行指控或分批提交证据等操纵程序的手段以达到变相延长诉讼期限的目的打开方便之门，从而引起"起诉—撤诉—再起诉"的程序上的循环，案件以及被告人长期处于不确定的状态。

最后，撤诉程序的启动主体不应包括法院。根据《检察规则（试行）》和《高法解释》，法院可以"建议"检察院进行撤诉。法院提出撤诉建议后，检察院对法院的建议进行讨论后决定是否撤诉，但实践中法院一旦提出撤诉的建议，检察院一般都会接受建议并撤诉。由此看来，法院也成为我国撤诉程序的启动主体。检察院是专门行使公诉权的国家机关，撤回公诉作为公诉职权的重要内容，唯一的行使主体只能是检察院，法院的建议行为在表面上决定权仍由检察院行使，但从运行来看已经实际上构成了对上述原则和规范的违反。

（4）缺乏制约和救济机制。可以说，我国目前的撤诉制度是由检察院主导的，只要检察院作出了撤回公诉的决定，法院只能同意或默认其决定，被告人、被害人在此过程中也没有有效的参与或救济的方式。另外，检察院的任意撤诉行为一方面可能使被告人承受因程序倒流带来的人身、财产损害，另一方面《国家赔偿法》第17条对刑事赔偿的赔偿范围作出了规定，只有案件受到撤销、不起诉或者宣告无罪判决的，当事人才可以请求赔偿，而不规范的撤回公诉决定会使本应被宣告无罪并获得国家赔偿的当事人因撤诉行为而不能获得应有的公正审判权并请求赔偿。

3. 问题形成的原因

上文对我国目前撤回公诉所存在的问题的分析一定程度上

也反映了撤诉制度运行困境的原因，本书认为除上述撤回起诉制度本身存在的不足外，至少还有下列制度外的原因使撤回公诉成为诉讼制度改革和完善中的顽疾。

（1）不合理的绩效考评标准。影响我国撤诉程序大量适用的一个重要原因是检察机关和法院内部实行的业绩考评机制。在一些区县检察院中，无罪案件的数量成为考评检察官业务的一项重要指标，一旦出现无罪案件便认为是"错案"，从而丧失了评奖评优的资格，从而对无罪案件避而远之。当前刑事诉讼的发展趋势是注重证据的作用和法官的中立地位，在证据标准愈发严格的情况下，检察院因不能完成举证义务而导致败诉的风险增加，出于对工作业绩的追求，无论是检方提出还是法院建议，检察院都有撤回起诉的意愿。对于法院而言，若作出无罪判决可能导致检察院的抗诉，二审法院改判也会形成所谓"错案"，从而对工作考核产生不利影响，故更倾向于建议检察院撤诉。

（2）检法对国家赔偿的规避。无论是检察院还是法院都有通过撤诉以规避承担赔偿责任的动因。首先，对于检察院来说，一旦法院作出无罪判决，就要承担自己作出拘留或逮捕决定的被告人的赔偿责任，因此检察院在审理过程中认为自己的公诉请求可能不能成立的，会更倾向于撤回起诉使案件的主动权重新回到自己手中，并通过程序运行使案件不了了之；❶再者，对于法院来说，对于某些审理后处于模糊地带的案件，判决结果既可能是有罪判决也可能是宣告无罪，但一旦作出有罪判决就可能面临检察院抗诉或通过审判监督程序发动再审的风险，若二审或再审后作出宣告无罪的判决，一审或原审法院就要承担

---

❶ 王花棉. 检察机关撤回公诉制度研究 [D]. 上海：华东政法大学，2006.

赔偿责任，面对这种情形，与检察院协商并建议撤诉成为法院降低责任风险的一种途径。综上所述，规避判决结果可能给自己带来的国家赔偿责任成为检法大量适用撤回起诉的重要原因。

（三）我国撤回公诉制度的完善

撤回公诉的运行和完善是多种制度和程序共同作用的结果，同时还涉及诉讼理念的发展和工作机制的改变，从撤诉制度本身层面来看，撤回公诉制度的完善至少可以从以下几个方面着手。

1. 严格限制撤诉的适用情形

为遏制撤回公诉制度对审判权的侵蚀，应严格限制撤回公诉的适用情形，只有符合法定不起诉条件的案件才可以在审理过程中申请撤回公诉，对于证据存疑的案件，不可以适用撤回公诉，而应当继续审理并在满足条件时作出无罪判决；有其他重大事项变更的，可以申请变更起诉、追加起诉或延期审理，但不能随意撤回起诉。

2. 规范撤回公诉的程序

首先，撤回公诉的启动主体只能是检察院，法院不能通过有关规定或程序变相发起撤诉。其次，建议将检察院申请撤回公诉的时间限定在一审庭审结束前，开庭审理后，人民检察院不得撤回起诉，二审、再审及发回重审不适用撤回起诉。再次，应当确立法院对于检察院撤回起诉的司法审查。检察机关向法院提出撤诉申请，法院经审查作出准予撤诉裁定的，检察院才可以撤回公诉，同时应当赋予检察机关和当事人申请复议的权利。复次，确认撤回起诉具有终结诉讼程序的效力，经法院审查裁定的撤回起诉具有终结诉讼程序的效力，裁定生效之日起即应结束对被告人人身、财产的强制措施；最后，对撤回起诉后的再行起诉标准做严格限制并以一次为限。

3. 撤回公诉的国家赔偿

撤回公诉既然与不起诉决定、宣告无罪一样具有终结诉讼程序的效力，那么就不需要再次作出不起诉决定并以不起诉决定为基础申请国家赔偿，撤回公诉裁定本身就可以作为申请国家赔偿的依据。为一定程度上遏制检察院、法院畏惧国家赔偿而抵触撤回公诉的情形，可以考虑建立国家赔偿基金，对于刑事诉讼程序中的国家赔偿案件，由国家赔偿基金统一支付，从而使国家赔偿不再成为限制程序适用的障碍。

4. 对另一个极端的应对——无罪率与撤诉率的同时下降

无罪率极低现象的产生一个重要原因是撤回公诉程序的大量使用，检察院在工作过程中也意识到了撤回公诉滥用的危害性并对其进行限制，重庆市人民检察院 2010 年度《基层检察院工作目标考核指标》规定："起诉确有错误的无罪判决案件，出现 1 人减 20 分。对起诉确有错误的撤回起诉案件，出现 1 人减 12 分。"将撤诉作为减分指标会极大影响检察机关作出撤诉决定的意愿，但在实践中却带来了更为严重的问题，即调查后发现的撤诉率和无罪率的同时下降。[1] 在短期内的案发情况和办案能力不可能存在迅速提升的情况下，撤诉率和无罪率的同时下降只能是检法合力作出大量有罪判决的结果。对此，不单单要从考评机制上进行改革，考评绩效不能以牺牲当事人利益为代价，探索更为合理的工作考察方式；更重要的是要树立法院在案件实体判决中的独立的、权威的、不受非法律因素干扰的地位。

---

[1] 夏伟. 存异难：检察权与审判权关系之忧——以近十年判决无罪人数走势为视角 [C]. 全国法院系统第二十二届学术讨论会论文集，2011（1）.

四、强化人民法院立案审查机制

重刑和打击犯罪的传统，作出提起公诉的偏向，更应对起诉行为多一道把控，同时为防止法官的预断，庭前审查制度的作用愈发突出，审判中心主义的核心内容之一就是使审前程序受到司法的有效控制。

（一）我国公诉审查制度概述

1. 我国公诉审查制度的立法现状

《刑事诉讼法》第 181 条规定，"人民法院对提起公诉的案件进行审查后，对于起诉书中有明确的指控犯罪事实的，应当决定开庭审判。"《高法解释》第 180 条、第 181 条对提起公诉案件的审查内容以及处理结果作出了规定，同时最高人民法院、最高人民检察院、公安部、国家安全部、司法部及全国人大常委会法制工作委员会六部门《关于实施刑事诉讼法若干问题的规定》第 25 条更是明确了对于人民检察院提起公诉的案件，人民法院都应当受理。这样看来，法院对于检察机关提起公诉案件的审查只是程序方面的形式审查，如案件是否属于本院管辖、证据材料是否齐备等，不能作出驳回起诉或要求更正、补充起诉的裁定。

我国的公诉审查制度几经变迁，1979 年《刑事诉讼法》规定检察院在起诉时应全面移交案卷，法院经过阅卷和庭外调查，认为"事实清楚，证据充分"的，方可启动法庭审理程序，属于典型的公诉实质审查，但这种法院主动追究犯罪的模式不符合现代法治法官中立、不告不理的理念，更为重要的是引发了"先定后审"的严重弊端；随着对抗制的引进以及对被告人人权保护意识的加强，为解决庭审流于形式的问题，修改后的 1996

年《刑事诉讼法》限定案卷移送范围，即所谓"复印件主义"，法院对案件的受理采取形式审查的标准；但立法者的良苦用心并没有解决审判过程中遇到的问题以及法官对于案卷的趋向性，1998 年六部委规定，可以在庭后移交案卷，而这又造成了法官将审判重点放在庭后阅卷的问题，庭审形式化的问题仍没有解决；2012 年《刑事诉讼法》修改，恢复了庭前全部案卷移送的制度，但对于案件的受理仍然采取形式审查的标准。

2. 我国建立公诉审查制度的必要性分析

权力制约、人权保障和节约司法资源是公诉审查制度建立的目的和功能之所在，我国建立公诉审查制度也应围绕上述目标，但在制度建立的必要性上，我国还有着自身特殊的需求。

（1）司法权对积极公诉权的制约。作为我国公诉权行使主体的检察院，对公民的人身和财产自由有着直接的影响力，这种广泛的权力范围也使得公诉权滥用存在现实的危险性：其一，检察机关行使批捕权。在我国检察院是作出批准逮捕决定的主体，而一旦对批捕的案件作出不起诉决定，就会面临国家赔偿的问题，因此检察机关往往会选择起诉来抵消这种风险。其二，对超期羁押防范措施的规避。我国超期羁押问题严重，为此有关机关通过立法等形式对此进行防范，但在司法实践中，通过起诉——审判中撤诉——再起诉反复运作的形式实现超期羁押目的的情形泛滥。其三，对不起诉案件比例的限制。实践中检察机关或个人为追求业绩，倾向于大量提起诉讼，从而造成起诉权的滥用。❶ 我国公诉权的内容范围以及实践中的运行状况决定了要对其进行严格的制约。

---

❶　韩红兴. 刑事公诉案件庭前程序研究 [D]. 北京：中国人民大学，2006.

（2）节省司法资源需要。经济效益最大化是公诉审查程序所追求的重要价值。[1] 当前我国法院案多人少的问题突出，解决这一问题的途径之一就是对能够进入审理阶段的案件进行控制，公诉审查的目的之一就是通过程序分流将不符合条件的案件排除在审判程序的范围之外，从而节省司法资源、提高司法效率。

（3）对被告人人权保障。对于公民来说应对诉讼特别是公诉的压力和成本都是巨大的，这不仅包括应付审判程序的诉累所要付出的时间成本，还有公民被卷入刑事诉讼后所带来的社会上的歧视效应[2]，更为重要的是我国超期羁押泛滥等现实对被告人人身权利的损害。2012 年《刑事诉讼法》明确将"尊重和保障人权"原则写入总则，依法保障被告人的基本人权和诉讼利益，防止被告人受到不当追诉，这是各国设立公诉审查制度的重要考虑，也是强化刑事诉讼领域人权保障的必然要求。[3]

（4）对法官庭前预断的控制。防止法官预断是庭前程序设置的主要原因所在，公诉审查制度的功能之一在于对法官预断的限制，尽管公诉审查在实现对法官有罪倾向心理的防止方面的作用有限，但仍不能否认其作为一项独立的诉讼程序的在控制预断的一定作用，正当的做法应当是通过完善公诉审查制度并与其他诉讼制度协调配合以实现排除预断的目标。

3. 我国目前公诉审查制度存在问题

公诉审查制度都是作为一个独立的诉讼阶段存在的，而我

❶ 刘兆阳. 经济效益视角下的我国公诉审查程序之完善——兼评法国预审程序 [J]. 黑龙江省政法管理干部学院学报，2016（2）.

❷ 王然. 论公诉权司法制约程序——以公诉庭前审查程序和不起诉审查程序为视角 [D]. 北京：中国政法大学，2008.

❸ 罗国良，刘静坤. 强化庭前公诉审查职能确保审判公正 [J]. 法律适用，2013（6）：6-12.

国的公诉审查只是庭前准备程序的一个环节❶，形式化的公诉审查难以实现对公诉权的制约，主要体现为以下两个方面。

其一，表现为法官对公诉权的弱制约性。❷ 根据我国的刑事诉讼法规定，只要提起公诉的案件在起诉书中"有明确的指控犯罪事实"的，法院就"应当决定开庭审判"，法官不能作出驳回起诉或不予受理的裁定，不能够实现案件分流，法官对于检察院提起的不合理的公诉案件不能形成有效制约。

其二，表现为控辩双方力量的失衡。在公诉审查中，法院仅依照检察机关提交的案卷材料作出决定，只要检察院的起诉具备法定的条件就可以开启审判，辩方无法陈述自己的意见或者针对起诉在庭前提出任何有效的抗辩❸，作为本应平等的控辩结构中的一方，对程序的进行无任何影响力。

综上所述，不受控制的滥行起诉权一方面表现为定罪率极高，另一方面表现为撤回起诉的大量适用，但其最终的不利后果都是由被告人直接承担，但最终会对我国的司法制度和司法权威造成不利影响。

(二) 公诉审查的域外经验借鉴

1. 域外公诉审查制度梳理

(1) 法国。检察院提起公诉和审判机关对公诉的审查没有明确的诉讼阶段划分，对于轻罪案或违警罪，由警察对案件进行审查并作出是否起诉的决定，违警罪经检察官申请也可由预审法官

---

❶ 韩红兴. 刑事公诉案件庭前程序研究 [D]. 北京：中国人民大学，2006.

❷ 田力男. 论公诉审查程序中法官角色的改革 [J]. 中国刑事法杂志，2013 (5)：78-85.

❸ 李江华. 论我国庭前公诉审查程序的构建 [D]. 沈阳：辽宁大学，2013.

进行审查；对于重罪案件法律必须经过两级预审，首先由预审法官进行一级预审，预审法官审查完毕认为有必要起诉的，将案件交由地方上诉法院的起诉审查庭进行二级预审，并由审查庭作出是否起诉的最终决定，其审查依据是检察机关所作出的控诉状，审查目的是确定是否达到法律所规定的交付审判的标准。

（2）德国。设置独立的中间程序对检察院提起的公诉进行审查，目的是防止起诉权的滥用。检察院在提起公诉时全案移送证据材料，由中间程序法官组织控辩双方对是否应当起诉进行辩论，并以此为基础作出是否同意起诉的决定，标准为是否有"足够的犯罪嫌疑"。通过建立参审制保障被告人获取信息的权利以及庭审中的直接、言词原则❶，德国诉讼法对法官的预断行为进行了有效的控制。

（3）英国。对于凡正式起诉的罪行，必须先经治安法院预审，由预审法院来审查决定是否有所指控罪名的重大嫌疑，审查标准仅为形式上达到案件的表面成立。❷ 预审后，决定起诉的，全案移送有管辖权的刑事法院进行审理。

（4）美国。重罪案件的起诉书由两种类型：一是大陪审团提出起诉书；二是检察官签名提起起诉书。前者需要检察官向大陪审团提出证据，由大陪审团对是否起诉进行审查。不实行大陪审团的州一切刑事案件都由检察官提起诉讼。另外值得说明的是，美国预审证明标准是指控是否满足合理依据（probable cause）的证据条件。

---

❶ 刘晶. 卷证并送主义下的公诉审查程序之构建 [J]. 河北法学，2014（6）：174-181.

❷ 王然. 论公诉权司法制约程序——以公诉庭前审查程序和不起诉审查程序为视角 [D]. 北京：中国政法大学，2008.

2. 域外公诉审查制度分析

上述对设立公诉审查程序的国家的制度的分析可以看出，预断防止是各国首先要遵循的原则，但由于司法体制等原因，各国排除预断的程度有所不同❶，这些制度的运行很大程度上发挥了保障人权、程序分流、节约司法资源以及权力制约的功能。这些国家预审制度的共同点包括：其一，无论是实行全卷移送主义还是"起诉书一本"主义的国家，都实行实质性的公诉审查；其二，各国对于案件进行分类，一般只有重罪案件才需要经过预审程序的严格审查；其三，审查的方式和标准区别于庭审，除德国以外，各国一般采取开庭审理的方式进行预审，尽管审查标准有所不同，但总体上来说应当低于审判时作出有罪判决的标准；其四，预审法官与庭审法官相分离，德国虽然没有实行分离的制度，但通过其他制度的设置作为预断防止的补充。

（三）解决途径

建立公诉审查制度，首先要树立的观念应当是：试图通过庭前公诉审查程序来完全排除这种法官预断是不具有现实可能性的❷，但预断的排除不应以牺牲公诉审查为代价。

1. 设立预审法庭，对案件进行实质性的公诉审查

设立预审法院对公诉案件进行审查在我国目前的司法框架内不具有可行性，可以考虑在法院立案厅下设置独立的预审法庭，对提起公诉的案件事实进行实质性的公诉审查。公诉审查的启动

---

❶ 韩红兴. 我国刑事公诉审查程序的反思与重构［J］. 法学家，2012（2）：116-130.

❷ 郭华. 我国案卷移送制度功能的重新审视［J］. 政法论坛，2013（5）：151-159.

以检察官向预审法庭提出申请为界；适用公诉审查的范围包括适用普通程序的全部案件；公诉审查标准与提起公诉标准以及审判标准相区分，只对证据的充分性、合法性进行审查；审查的方式以书面审查为主，重大案件或辩护方提出异议采用开庭审查。

2. 公诉审查决定的作出和救济

经过公诉审查，符合《刑事诉讼法》第 15 条规定之情形的，裁定不予受理并终止诉讼程序；认为符合起诉条件的，裁定准予起诉，交付审判；对未达到法定证明标准的案件，可以建议人民检察院撤回起诉，防止事实不清、证据不足的案件进入审判程序，但应有次数限制，可以给予检察机关一次补充证据的机会，期限届满检察院未提交充足证据或消除瑕疵，检察院不得就同一案件事实再次提起公诉，但应听取被不起诉人及辩护律师的意见。检察院对预审法庭的裁定不服的，可以向上一级人民法院的预审法庭申请复议，复议认为不符合开庭审理条件的，维持原裁定；复议认为应当开庭审理的，撤销原裁定并作出准予起诉的裁定，将案件交于原作出裁定的法院审理。

3. 配套制度的支持

无论是法官预断还是庭审形式化，这些问题都不是改革后"公诉审查制度"单项制度所能承载的，它需要相关配套制度的支持。如庭前证据展示制度、主审法官与证据展示法官分离制度、证人出庭作证制度以及审判分流程序制度等。❶ 在完善公诉审查制度的同时，还应当注意公诉审查制度与其他庭前制度的衔接，并在庭审中贯彻言词原则、辩论原则，通过制度之间的

---

❶ 郭华. 我国案卷移送制度功能的重新审视 [J]. 政法论坛，2013（5）：151-159.

协调实现对上述问题的纠治。

问题思考

实践中，由于侦查机关的强大优势，导致检察院在履行公诉职能时处于被动地位。同时，在立案之后侦查终结以前，检察机关无法对公安机关所进行的取证活动进行把关，无法对公安机关收集来的证据能力和证明力进行指导和筛选，由此带来的最大弊端就是证据可能无法在庭审阶段进行有效的质证与辩论从而削弱控诉的力量、达不到起诉和指控的效果。参照域外侦诉模式，并结合我国实际，有学者提出构建"诉侦协作"的大起诉格局，要求侦查机关与起诉机关密切联系，加强合作，在证据收集上严格遵循起诉机关的引导方向，按照庭审的证据要求采取各项侦查措施和开展各项侦查行为。❶ 也有学者提出实行侦检一体化模式，树立侦查职能服务于公诉职能的观念，确立检察在审查程序的主导地位，建立审前程序以公诉为龙头的诉讼结构。这其中最为重要的是，侦查机关所有的行为，特别是证据调查行为，必须服从检察机关的指挥、领导、监督，从而使检察机关真正成为影响侦查、公诉程序的核心力量。❷ 那么，在侦查、起诉程序中如何强调检察官的核心地位，使其发挥监督审查的作用，提高办案质量，从而保证国家追诉权的正确和有效行使，值得我们思考。

---

❶ 樊崇义. "审判为中心"视角下诉侦关系的重构 [A] //以审判为中心与审判工作发展——第十一届国家高级检察官论坛论文集，2015.

❷ 陈卫东. 以审判为中心：当代中国刑事司法改革的基点 [J]. 法学家，2016（4）：9.

| 第三章 |

审判中心主义下辩护制度改革

一、辩护制度概述

辩护制度作为刑事诉讼的重要制度，在一定意义上刑事诉讼法每次修改均是对辩护制度的完善。在当前推进以审判为中心的诉讼制度改革中，对辩护制度的改革是重点之一。以审判为中心的辩护制度改革，注重依法保障辩护人在诉讼过程中会见、阅卷、收集证据和发问、质证、辩论等权利，健全完善诉讼过程中听取辩护人意见制度，能够保障犯罪嫌疑人、被告人的合法权益，能够促进控辩平衡，使得庭审成为解决争议、查明事实、认定证据、公正裁判的地方。

（一）辩护、辩护权与辩护制度

1. 辩护

"何谓辩护，即对于原告之攻击，为被告利益以为防御也。刑事诉讼法于被告自为防御，及代理人、辅佐人为被告为防御，固亦称曰辩护"。❶ 关于刑事辩护，一般根据《刑事诉讼法》第35条之规定，将其解释为，犯罪嫌疑人、被告人及其辩护人针对指控，依据事实和法律，提出证明犯罪嫌疑人、被告人无罪、

---

❶ 陈瑾昆. 刑事诉讼法通义 [M]. 北京：法律出版社，2007：57.

罪轻或者免除其刑事责任的材料和意见，以维护其合法权利的一种诉讼活动。❶ 但是也有观点指出，刑事辩护不仅包括实体上的辩护，还包括程序上的辩护。2012 年《刑事诉讼法（修正案）》也采纳了这种观点，将程序性辩护的因素涵盖在内。随着社会的发展，刑事辩护活动也从审判阶段扩展到整个诉讼程序，包括审前程序、审中程序和审后阶段。在审前程序比如侦查程序中，程序辩护甚至是占主要地位的，实体辩护是辅助性的。

2. 辩护权

辩护权是法律赋予犯罪嫌疑人、被告人针对指控进行辩解，以维护自己合法权益的一种诉讼权利，它是犯罪嫌疑人、被告人各项诉讼权利中最基本的权利，并在各项权利中居于核心地位。❷ 因为辩护权的重要地位和基础性作用，很多国家的宪法中都规定了辩护权。我国《宪法》第 125 条中规定：“被告人有权获得辩护。”

3. 辩护制度

辩护制度，是法律规定的关于辩护权、辩护种类、辩护方式、辩护人的范围、辩护人的责任、辩护人的权利与义务的内容。❸ 辩护、辩护权和辩护制度之间的逻辑关系是：辩护是辩护权、辩护制度的外在表现形式，辩护权的实现需要通过各种辩

---

❶ 王敏远．刑事诉讼法 ［M］．北京：社会科学文献出版社，2005：185；陈卫东．刑事诉讼法学研究 ［M］．北京：中国人民大学出版社，2008：142.

❷ 陈卫东．刑事诉讼法学研究 ［M］．北京：中国人民大学出版社，2008：134；陈光中．刑事诉讼法 ［M］．北京：北京大学出版社，高等教育出版社，2005：129.

❸ 陈光中．刑事诉讼法学 ［M］．北京：北京大学出版社，高等教育出版社，2013：139.

护活动完成；辩护权是辩护、辩护制度的基础，没有辩护权，就没有辩护活动和辩护制度；辩护制度是辩护、辩护权的保障，各项辩护制度均围绕辩护活动和辩护权的实现来设定，以利于保障犯罪嫌疑人、被告人充分、正确行使辩护权。❶

（二）理论基础

辩护制度有其产生和发展的理论基础，有学者将辩护制度的理论基础概括为物质基础和思想基础两个方面。人类为自己辩护的实践自从有了人类社会就开始出现，让被追诉人说话是人类区别于动物的理性选择。但既有辩护权还不能自然产生辩护制度，辩护制度的产生要有物质基础的支持。社会分工和经济发展为刑事辩护的产生奠定了物质基础。我们认为辩护制度的理论基础不包括物质基础，而仅指思想基础。总结起来，有以下几种。

1. 人类本能反应

从本源上看，辩护源于人进行自我保护的一种本能反应，它存在于人类社会关系的各个角落，其基本特征是反驳和辩解，寻求有利于自己的事实、理由。❷ 社会学、心理学的研究表明，任何一个有理性的人在面临刑事指控时，都会有一种进行防御和辩解的本能欲望，并会作出各种申辩行为。❸

2. 无罪推定

《世界人权宣言》第 11 条："凡受刑事控告者，在未经获得辩护上所需的一切保证的公开审判而依法证实有罪以前，有权

---

❶ 汪建成. 刑事诉讼法学概论［M］. 北京：北京大学出版社，2001：142.
❷ 王敏远. 中国刑事诉讼法教程［M］. 北京：中国政法大学出版社，2009：104.
❸ 陈瑞华. 刑事辩护的几个理论问题［J］. 当代法学，2012（1）：5.

被视为无罪。"《公民权利与政治权利国际公约》第 14 条规定：
"凡受刑事控告者，在未依法证实有罪之前，应有权被视为无
罪。"联合国人权事务委员会第 13 号一般意见对无罪推定的含
义进行了详细的解释："基于无罪推定，对控诉的举证责任由控
方承担，对疑案的处理应有利于被指控人。在对指控的证明达
到超出合理怀疑的程度之前，不能推定任何人有罪。而且，无
罪推定暗含着被指控的人享有按照这一原则对待的权利。因此，
所有的公共当局都有义务不得预断审判结果。"❶

3. 人权保障理论

现代意义上的辩护制度，就是从人权理论中推导出来的。
在资产阶级革命前夕，一批著名的启蒙思想家如英国的李尔本、
洛克，法国的狄德罗、伏尔泰、孟德斯鸠等人，就提出"天赋
人权""主权在民""法律面前人人平等"的响亮革命口号，并
在此基础上提出了在诉讼中用辩论式诉讼模式取代纠问式，赋
予被告人辩护权，在审判中实行辩护原则等主张。

4. 程序主体性理论

程序主体性理论是辩护制度发展和完善的又一理论基础。
程序主体性理论旨在强调刑事诉讼中的追诉对象——被指控人
在诉讼过程中与控诉机关、审判机关拥有同等的诉讼主体地位。
只有被指控人的诉讼主体地位确立了真正意义上的控辩分离，
平等对抗的"控辩审"三角构造才能实现。法律赋予犯罪嫌疑
人、被告人辩护权，就是为了保障其诉讼主体地位，防止其沦

---

❶　杨宇冠. 人权法——《公民权利和政治权利公约》研究 [M]. 北京：中国
人民公安大学出版社，2003：257.

为诉讼客体。❶

5. 对立统一规律

对立统一规律是唯物辩证法的根本规律，刑事诉讼程序中的控诉与辩护正是事物矛盾的双方，它们既具有统一性又具有斗争性，两者缺一不可。它们保持统一使诉讼能够高效一致地进行，它们之间又相互斗争，共同推动诉讼发展，既保护当事人的合法权益，又促进案件事实的发现和裁判，保护人权，伸张正义。因此，辩护制度背后深层的哲学基础是对立统一规律。

6. 控辩平衡

控辩平衡是指控方和辩方在刑事诉讼过程中要保持双方诉讼法律地位平等、诉讼权利对等、诉讼机会同等、对抗力量均衡。在刑事诉讼中，犯罪嫌疑人、被告人属于非常弱势的一方。此时，保持和维护控辩平衡就非常重要，而强化辩护权，完善辩护制度就是为了这个目的。它们可以赋予犯罪嫌疑人和被告人更多的权利，并相应地赋予控方更多的义务，保障辩护的有效性。

除此之外，还有相对制度理论、司法公正理念、有效辩护理念、程序正义理论等。各个理论之间也存在着联系和相通之处。在论述辩护权存在的根据时，不管是程序主体理论、人权保障理论、程序正义理论还是控辩平衡理论，只是表述角度不同，本质上是相通的。

---

❶ 宋英辉. 刑事诉讼法学 [M]. 北京：中国人民大学出版社，2007：144.

二、我国辩护制度的立法变迁

(一) 我国古代的辩护状况

从历史的角度来看，我国辩护律师的权利保障经历了曲折的道路。在古代，我国诸法合体，刑民不分，以刑代民，诉讼中没有辩护人和诉讼代理人，只在史料记载有帮助百姓写诉状打官司的人，被称为"刀笔先生"或"讼师"。进入近现代社会以后，律师辩护制度在我国经历了从确立到发展、被否定和恢复重建的曲折过程。

(二) 我国近代的辩护制度变迁

在第二次国内革命战争时期，各革命根据地民主政权的司法机关审理刑事案件时，就赋予了被告辩护权，实行了辩护制度。1932 年 6 月 9 日中华苏维埃共和国中央执行委员会颁布的《裁判部暂行组织和裁判条例》第 24 条规定："被告人为本身的利益。可以派代表出庭辩护。但须得到法庭的许可。"1936 年颁布的《川陕省革命法庭草案》第 12 条规定："工农劳动民众以自己的志愿。经过革命法庭的许可。可以委托一个或几个辩护人。为自己辩护。必须是劳动者有公民权的人才有资格当辩护人。一切剥削分子没有担负辩护人的资格"❶ 抗日战争时期。虽然由于战争环境的限制没有设立专职律师，但在审判上准许被告人委托他的亲属或有法律知识的人出庭为他辩护。人民团体等单位对其所属成员的诉讼，也可以派人员出庭帮助辩护。

---

❶ 陶髦，等．律师制度比较研究 [M]．北京：中国政法大学出版社，1995：18-19.

(三) 中华人民共和国成立时的辩护制度变迁

1. 1949~1978 年时期

中华人民共和国成立后，律师辩护制度随着司法制度的建立得到进一步发展，并逐步开始建立律师组织，建立新的人民律师制度。1954 年 9 月我国《宪法》和《人民法院组织法》规定了被告人有权获得辩护。被告人除自己行使辩护权外，可以委托律师为他辩护，可以由人民团体介绍的或经人民法院许可的公民为他辩护，可以由被告的近亲属、监护人为他辩护。人民法院认为有必要的时候，也可以指定辩护人为他辩护。这就从法律上明确肯定了中国的律师制度，律师参与诉讼的身份和地位得到了法律上的确认。但是，由于观念没有转变，许多人对律师辩护工作缺乏正确的认识，指责非难甚多。加上 1957 年"反右"斗争扩大化，导致刚刚起步的律师辩护制度实质上的夭折。自此，中国出现了 20 多年没有律师的空白时期，这是社会主义法制建设上的一个巨大挫折。在 1962 年 12 月最高人民法院将第六次司法工作会议讨论修改的《关于人民法院工作若干问题的规定》中，涉及辩护制度的内容也少得可怜，"文革"期间，律师辩护制度更是被全盘否定，刚刚建立起来的律师制度遭到夭折。

2. 1978~2012 年时期

党的十一届三中全会以后，在党中央加强民主和法制的方针指引下，开始恢复和重建律师制度。1978 年《宪法》重新确定了辩护制度在国家法制中的地位。1979 年 4 月，全国人大常委会法制委员会成立了专门小组开始起草律师条例，先后修订出十几个稿本。❶ 1979 年 7 月，五届全国人大二次会议通过了《刑事诉讼法》，这部法律除明确规定了"被告人有权获得辩护，人民法院有义务保证被告人获得辩护"原则之外，还对"辩护"作了专章规定。

1980 年 8 月 26 日第五届全国人民代表大会常务委员会第十五次会议讨论通过了《律师暂行条例》，对律师的性质、任务、职责、权利、义务、资格条件及工作机构等做了明确规定。自此，新中国律师辩护制度得以重新建立并进入恢复和发展时期。1982 年颁布的现行宪法将"被告人有权获得辩护"作为一条宪法原则予以确立。为贯彻这一原则，1983 年修订的《人民法院组织法》将"被告人有权获得辩护"作为审判活动的一项基本原则。

1996 年《刑事诉讼法》的重大修改，其目标之一就在于"加强对犯罪嫌疑人、被告人合法权益的保障，提高犯罪嫌疑人、被告人在刑事诉讼中的地位。"2012 年《刑事诉讼法》提前了律师参与刑事诉讼的时间，明确了辩护人的数量、资格，扩大了指定辩护的范围，增加了辩护律师的诉讼权利，中国律师辩护制度获得了令人瞩目的发展。1996 年颁布的《律师法》对律师的执业条件、律师事务所、执业律师权利和义务、律师协会、法律援助、法律责任等作了系统的规定。《律师法》的颁布是我国律师法律制度逐渐完善的重要标志，是中国律师制度发展的重要里程碑。

2007 年 10 月 28 日，第十届全国人民代表大会常务委员会第 30 次会议通过了《律师法（修正案）》。修订后的《律师

---

❶　吴磊. 中国律师制度［M］. 北京：中国人民大学出版社，1981：17.

法》除了对律师制度本身诸多方面进行了修改完善以外，更对律师辩护制度做了若干重要修改，主要表现在：进一步完善了律师的阅卷权；对刑事辩护律师的侦查讯问时在场权和会见时不被监听权做了规定；扩大了律师的调查取证权；规定了律师的言论免责权等，律师辩护制度的立法完善就此又前进了一大步。

2012 年《刑事诉讼法》对辩护律师的诉讼权利进行了"三完善，三增加"，即完善了会见权、阅卷权和调查取证权，增加了保密权、申诉控告权和进行辩护的权利。具体包括❶：其一，完善会见。除了危害国家安全、恐怖活动犯罪、特别重大贿赂犯罪案件需要经过侦查机关许可外，辩护律师持"三证"（律师执业证书、律师事务所证明和委托书或者法律援助公函）即可会见犯罪嫌疑人、被告人，而且不仅会见不被监听而且看守所应当在 48 小时内安排会见。另外，案件自审查起诉后，辩护律师会见时还可以核实证据；其二，完善阅卷权。辩护律师在审查起诉和审判阶段都可以查阅、摘抄、复制本案的案件材料；其三，完善调查取证权。辩护人有权申请调取公安机关、人民检察院收集的有利于被追诉人的证据材料；其四，增加保密权。除特殊情况外，辩护律师对在执业活动中知悉的委托人的有关情况和信息，有权予以保密；其五，增加申诉、控告权。辩护人认为公安司法机关及其工作人员阻碍其依法行使刑事诉讼权利的，有权向同级或者上一级人民检察院申诉或者控告；其六，增加进行辩护的权利。这包括在审查批准逮捕、侦查终结、审查案件、死刑复核时提出意见的权利；申请排除非法证据的权

---

❶ 汪海燕，付奇艺. 辩护律师诉讼权利保障的法治困境［J］. 中国司法，2014（1）：49.

利；申请回避和复议的权利。

针对一些律师违法的现象，《刑法修正案（九）》作出了一些修改，对妨害法庭秩序等危害司法秩序的犯罪增设了新的行为类型，"侮辱、诽谤、威胁司法工作人员或者诉讼参与人，不听法庭制止的"。《刑法修正案（九）》所作出的修改具有一定的争议，因为律师辩护中的过激言论和威胁之间的界限并不清楚，该条容易被滥用。这会使律师对在法庭审理阶段据理力争望而却步。因此，此次《刑法》修改的社会效果还需观望。

最高人民法院、最高人民检察院、公安部、国家安全部、司法部于2015年9月联合出台了《关于依法保障律师执业权利的规定》，这是"两高三部"第一次就保障律师执业权利联合出台规定，规定详细明确了律师执业各个环节的权利，强调司法机关不得阻碍律师依法履行辩护、代理职责，不得侵害律师合法权利。

三、我国辩护制度存在的问题与解决途径

（一）辩护制度在实践中效果不佳

如上文所述，辩护制度在我国也经历了数十年的历程，虽然曲折，但整体是向着赋予被告人、辩护人更多的权利，更注意保障被告人、辩护人的方向前进。但是如今我国司法实践中的辩护制度仍面临着诸多困境，实践效果并不理想。我国刑事庭审中律师出庭辩护率仍然比较低，大约在30%，发达地区略高一些，这样庭审中的程序公正和实体公正是无法实现的。❶ 法

---

❶ 陈光中. 推进 "以审判为中心" 改革的几个问题［N］. 人民法院报，2015-01-21.

律虽然赋予了辩护律师诸多权利，但其中一些一些权利规定得不明确，不能与实践中的情况相切合；有一些权利没有相应的实施程序也导致其被架空；有一些权利没有救济途径，当辩护律师的权利受到侵害却无法获得救济。辩护律师在侦查阶段、审查起诉阶段被束手束脚，不能充分利用自己合法的行动去平衡控辩双方的力量。由于庭审形式化，法官追求效率，就算律师出庭，他充分表达自己观点和意见的权利也常常被压制，因而不能充分地为被告人提供辩护。在旧"三难"之后，辩护律师由遭遇了新"三难"，即申请调取证据难、申请证人出庭难、意见被法官采纳难。❶ 那么，我国辩护制度的困境到底在哪里，究其原因，有以下几点。

1. 思想观念仍守旧

我国相当一部分参与刑事诉讼的执法人员对刑事辩护制度在维护司法公正包括实体公正和程序公正方面的重要意义还缺乏深刻的认识，或者说可以认识到辩护制度对保障人权的价值，却不能认同他在发现案件事实、维护实体正义方面的价值。传统观念上，犯罪嫌疑人是"罪犯"，侦查破案工作重于一切，依法办案、保障人权以及维护程序正义反倒是工作障碍。职权主义的倾向不仅存在于庭审之中，还体现在庭审之外，比如由最高人民法院、最高人民检察院、公安部、国家安全部、司法部会同全国人大常委会法制工作委员会通过的《关于实施刑事诉讼法若干问题的规定》甚至明文禁止检察院、法院向律师签发准许调查决定书。因此若要使《刑事诉讼法》中关于辩护制度

---

❶ 佚名. 律师辩护现"新三难"［DB/OL］.（2014-05-14）［2015-10-25］
http://www.fawan.com/Article/fzfk/2014/05/14/123107241087.html.

的规定得到贯彻落实，司法机关的观念转变尤为重要。只有控辩审三方以及各方的证人都能一定程度上平等地参与到庭审中，才能使得庭审真正成为解决问题、发现真相、实现正义、保护人权的地方，才能保障审判在刑事诉讼中的中心地位。

2. 立法缺陷

在立法改革中上，法律虽然在不断地改革与完善，但一些核心的内容没有涉及，律师的权利保障没有得到质的改变，必然导致改革效果不佳。

我国立法赋予了辩护律师很多权利。若权利实施困难，不能得到保障与救济，那么这些权利也只能停留在纸面上，形同虚设。有学者认为我国《刑事诉讼法》关于刑事辩护制度方面的规定在技术性措施上出现了一些问题：一是实施性条款缺失；二是惩罚性条款缺失；三是救济性条款的缺失。❶ 我们认为这种对我国辩护立法的缺失的总结很有道理。我国辩护制度立法的主要问题不在于权利的设置，而在于权利的保障与救济机制不足。❷ 因此辩护制度改革的重点之一应放在建立和完善辩护权的救济机制，完善辩护权的保障制度。

3. 法律完善的思路有失偏颇

我国《刑事诉讼法》中对辩护制度的完善主要是通过赋予辩护律师越来越多的权利进行的。但是如果法律完善的思路仅仅是赋予一方更多的权利，其效果肯定不尽如人意。体现在立法中，只是各种对权利的宣告，却没有保障与救济，这种权利

---

❶ 潘申明，刘宏武. 论刑事辩护制度的革新——以新《刑事诉讼法》为基点 [J]. 法学杂志，2013（3）：124.

❷ 马鑫，郭奕君. 有效辩护在审判阶段的实现机制研究 [C] //第八届中部崛起法治论坛论文集，2015（11）.

到底能在现实中实现多少？立法者应当开辟更多更全面的完善思路。首先，应当从另一个角度出发，对控方的公权力施加一定的限制。否则，由于司法机关的压力，法律上也会对应地赋予控方更多的权力以对付辩方日益增加的权利和自由，这样会产生辩方的权利被抵消的效果；其次，赋予辩护律师更多权利的同时要对这些权利提供具体实施的可能性，注意制定相应的实施性条款、保障性条款、救济性条款。要对权利的实施设定相应的义务，提供相应的救济途径，这样，这些权利才能跃下纸面，在实践中起到作用。

我们认为，立法效果之所以不显著，主要还在于两点。首先，辩护律师队伍的整体素质不高。不少辩护律师自身业务不精，对法条理解不足，不能很好地使用法律的规定维护当事人和自己的合法权利；甚至有一些辩护律师违反法律的规定和律师的职业道德去行事，在侦查期间就与犯罪嫌疑人核实证据和案情，导致一些信息过早外流，影响侦查工作的正常进行；一些律师怂恿证人作伪证，让犯罪嫌疑人或被告人改变真实的口供；还有一些"死磕派"律师用不合法以及极端的方式与法院对抗。这些辩护律师的行为无疑会加重国家司法机关对辩护律师的不信任，激化双方的矛盾，更不利于辩护制度的落实和发展；其次，法定的权利缺少保障，其中最为重要的是来自法院的权利。法院作为中立的裁判机关，理应维护辩护律师的合法权利，为"弱小"的辩方提供一定的支持。但很遗憾的是，法院的立场并不中立，而是与公安机关和检察院相互配合，倾向于将被告人入罪；对辩护律师权利的保障也不充分，对辩护律师申请调查取证、证人出庭等请求大都拒绝，且缺少救济途径；在法庭上，辩护律师的质证权经常被抑制，其观点与意见不能得到充分表达。因此，在较为完善的法律制度基础下，辩护制度能否在实践中挥发它应有的价值和作用，关键在于：提升作为辩护制度实践基础的辩护律师群体的整体业务水平和职业道德水平；法院亟须转变思想，保障辩护律师的权利，注意维护控辩平衡。

（二）庭外调查

庭外调查制度指的是《刑事诉讼法》第191条规定的内容，庭外调查中的"调查"的含义应与法庭调查中的"调查"相同，其意思并不是指调查取证、收集证据，其重点还是在于核实证据，解决疑点，只不过是由于双方对相关事实证据存在争议，因此将法庭上的法庭调查与质证挪到了法庭之外，但这并不能改变其"法庭调查"的本意，也不应打破其本应在法庭上的三角诉讼结构。对于庭外调查制度，学界有很多批评的声音。之所以招致了如此多的批评，主要是庭外调查制度在实践中被过度滥用，司法工作人员对庭外调查制度的理解有偏差，在实施上没有遵守一定的原则和规则。法官庭外调查证据已非严格意义上的司法裁判活动，而是更多承载了原来属于控方或辩方的取证活动的性质，这与现代刑事诉讼控审分离、法官居中裁判的原则是相悖的。

有学者就提出，庭外调查制度应当废除。因为法官庭外调查与发现实体事实以及维护程序正义都不相适应。法官较控辩双方而言，并不具有天然的查明案件事实的优势。法官之所以有资格去分析判断证据、认定案件事实并作出裁判，并不是因为法官自己能力更高人一等，而是他所处的中立位置使他能够公正地听取控辩双方的举证、质证和辩论，能够通过理性思考和推理作出公正的裁判。若是法官没有处在其应在的位置，而是走下审判席，主动、积极地去调查取证，他便失去了法官的独特意义和能力。法官能够判明真相的根本保证是诉讼所具有的"控辩平等对抗、法官居中裁判"的结构形态。法官的庭外调查取证就使法官走下审判席，打破了三角结构的诉讼形态法官不再是法官，而是查证意向强烈、查证方向基本明确的调查官员。

事实上，纯粹的庭外调查制度是庭审中必须的一个程序。它存在的意义在于：首先，并非所有的争议都可以在法庭之上解决，有些关于证据的疑点要解决，必须走出法庭，去实地核实，没有其他更好的途径；其次，根据《刑事诉讼法》第152条的规定，采取侦查措施收集的材料在刑事诉讼中可以作为证据使用，但是如果使用该证据可能危及有关人员的人身安全，或者可能产生其他严重后果的，应当采取不暴露有关人员身份、技术方法等保护措施，必要的时候，可以由审判人员在庭外对证据进行核实；最后，有些需要保密的证据也不能在庭审上进行核实，只能在庭外进行核实。因此我们需要的不是否定整个庭外调查制度，也不是将其废除，而是对其进行修正与改造，完善其细节，构建庭外的三角结构。具体如下：（1）我国法官庭外调查的范围原则只限于控辩双方已出示的证据，至于控辩双方对特定事实未出示的其他证据，一般不能主动进行职权调查，庭外调查的真正内涵在于"核实"，而非"调查收集"。（2）庭外调查的对象一般只能为实物证据。因为实物证据的证明力在很多情况下特别是产生疑问时需由具有专门技术技能和知识的人来揭示，对科学技术、设备和知识的依赖性较强，而勘验、检查等活动一般又无法在法庭上进行，所以在双方对实物证据产生疑问，控辩双方质证又无法排除，当庭又不能立即作出判断的情况下，法官可以在庭外进行调查核实。（3）庭外调查中，法官应当通知控辩双方到场，双方到场后，法官才能核实证据，要在法庭之外的庭外调查中也构建出控辩双方对抗、法官居中的控辩审的三方诉讼结构，将庭外调查变成法庭之外的又一个"庭审"。在这种制度构建之下，由于控辩双方都在场，在双方的见证之下，证据的核实或得到双方的认同，如果有什么异议，就可以像在法庭上质证一样当场提出。（4）没有控辩双方在场的庭外调查应当作为程序性违法事由，可以在二审时用作发回重审的事由。

（三）辩护人调查取证

有学者将我国《刑事诉讼法》中规定的律师调查核实证据的权利分为两类：一是律师自行调查、搜集证据的权利，包括自行向有关单位或个人调取证据，或者自行要求证人、被害人、鉴定人提供证言或者出庭作证的权利；二是律师申请法院、检察院调查证据的权利，也就是申请法院、检察院向有关单位或个人调取证据，或者通知证人、被害人、鉴定人提供证言或出庭作证的权利。前者被称为"自行调查权"，后者被称为"申请调查权"。❶ 其中完整的申请调查权包括以下三个要素❷：（1）辩护律师要向法院提出调查取证的申请。这种申请既可以是申请法院向有关单位或个人调取物证、书证等实物证据，也可以是申请法院向有关个人进行询问，还可以是申请法院通知证人、鉴定人、被害人等出庭作证。（2）对于辩护律师的调查证据申请，法院要进行审查，以确定是否属于需要法院亲自调

---

❶ 陈瑞华. 辩护律师调查取证的三种模式［J］. 法商研究，2014（1）：73.
❷ 陈瑞华. 辩护律师调查取证的三种模式［J］. 法商研究，2014（1）：77.

查的事项范围。(3) 法院经过审查同意辩护律师的调查证据申请的，会亲自实施调查取证活动。法院可以应辩护律师的要求，亲自向有关单位和个人调取实物证据，向有关个人进行询问，制作询问笔录，或者亲自通知证人、鉴定人、被害人等出庭作证。到了这一步，律师的申请调查也就成功转化为法院的强制调查了。

我国辩护制度中辩护律师的调查取证权还存在诸多争议与缺陷。

其一，侦查阶段辩护律师是否享有调查取证权不明确。《刑事诉讼法》赋予律师在侦查阶段中辩护人的身份，但对符合辩护人职责的调查取证的权利却规定模糊。《刑事诉讼法》第 36 条中对辩护律师侦查期间的权利的规定中没有涉及辩护律师的调查取证权，而且根据第 37 条"自案件移送审查起诉之日起，可以向犯罪嫌疑人、被告人核实有关证据"的规定，辩护律师在侦查期间是不能与犯罪嫌疑人核实证据的，因此辩护律师在侦查期间能否调查取证更加存疑。第 41 条第 1 款规定的申请调查取证的对象是人民检察院、人民法院，第 2 款规定的向被害人一方调查取证时许可的对象亦是人民检察院、人民法院，而人民检察院、人民法院对应的诉讼阶段是审查起诉和审判阶段，由此似乎也可以得出辩护律师在侦查阶段没有调查取证权的结论。但第 40 条规定辩护人收集的"三类证据"应当及时告知公安机关、人民检察院，似乎又暗示着辩护律师在侦查阶段有调查取证权。但是，如果把这条规定作为辩护律师在侦查阶段享有调查取证权的依据，现实中，司法机关可能会将辩护律师在侦查阶段的调查取证权的范围限制在这三类证据内。

其二，辩护律师的调查取证缺少强制力保障。《刑事诉讼法》第 52 条规定，公检法收集、调取证据时，有关单位和个人应当如实提供证据。第 41 条规定辩护律师调查取证时要经过有关单位和个人的同意，向被害人一方调查取证时需要经过"双重同意"，即不仅要经过被害人一方的同意，还需要经过司法机关的同意。证人只对公安司法机关有作证的义务，公安司法机关还有强制取证权，辩护律师的调查取证权没有任何保障。而且司法机关往往会拒绝辩护律师调查取证的申请。《检察规则（试行）》第 52 条第 2 款规定的"认为需要"，《高法解释》第 51 条、第 52 条第 1 款规定的"认为确有必要"，概念模糊，主观性极大，操作性不强，司法机关可以以"不需要""没有必要"为由拒绝辩护律师的申请。因此辩护律师的调查核实证据权与其说是一项法律权利，不如说是一项自然权利，和任何其他非辩护律师身份的人所能做到的并无差别。

其三，辩护律师的调查取证缺乏救济途径。如果自行调查受到阻碍，辩护律师可以根据《刑事诉讼法》第 41 条的规定向检察院、法院申请收集相关证据，自行调查便转化为申请调查，这算是自行调查的一个救济途径。但司法实践中，检察院作为与辩护律师相对应的控方，对辩护律师的申请，当然大多都会拒绝。而法院也常常出于多种原因拒绝辩护律师的申请。当辩护律师的申请调查证据的请求被无理拒绝，辩护律师缺少救济途径。无理拒绝辩护律师调查证据的申请侵犯了被告方的辩护权，违反了法律程序，足以影响公正审判，应当作为二审发回重审的程序性违法事由，但司法实践中，二审法院几乎从没有将其列为"违反法律程序"的情形，更没有以此为依据宣告一

审判决无效的。❶

其四，相关规定尤其是实施性条款有待完善。对辩护律师的调查取证权，我们可以提出以下疑问：在什么阶段可以向什么机关申请；对辩护律师的申请调查取证的请求，其启动是否需要一定的标准，辩护律师是否要提供相应的证据材料或线索；检察院、法院要进行什么样的审核，批准或拒绝的标准是什么；若是检察院、法院无理拒绝，是否有程序上的不利后果，辩护律师能通过什么途径获得救济；在侦查结束，证据固定之后，辩护律师可否查阅证据材料等。这些细节性、实施性的规定需要进一步完善。

我们认为要解决辩护律师的调查取证权所存在的问题，要从以下几点入手。

其一，要细化实施性条款。辩护律师启动申请调查需要满足一定的标准和条件，这样可以提高申请的成功率，减少法院拒绝申请的自由裁量的余地，让同意申请成为常态。有学者认为申请调查取证应具体包括以下几种情形：（1）申请调查收集的证据属于国家有关部门保存、须由人民检察院、人民法院依职权调取的档案材料；（2）涉及国家秘密、商业秘密、个人隐私，而律师无法调取的材料；（3）律师自行无法调取，但却提供了相关的线索或者说明了可以相信的理由，申请检察机关或者法院收集、调取的材料。在申请的对象方面，按照现行法律的规定，律师既可以向检察机关，也可以向法院申请收集、调查。❷

---

❶ 陈瑞华. 辩护律师调查取证的三种模式 [J]. 法商研究，2014（1）：78.

❷ 陈光中，汪海燕. 侦查阶段律师辩护问题研究——兼论修订后的《律师法》实施问题 [J]. 中国法学，2010（1）：132.

其二，设置违反程序的不利后果及救济性措施。应当将法院无理拒绝辩护律师的调查申请看作是违反程序性事由，二审应当作为发回重审的事由。如果检察机关或者法院驳回了律师调查取证的申请，申请人有权向其上级机关申请复议。如果上级机关认为下级检察机关或者人民法院不同意调查取证申请的决定是错误的，上级机关有权进行调查取证。更佳的一种设置是检察院与法院确定专门的部门负责受理辩护人依法提出的申诉与控告，该部门专职受理申诉、控告，与检察机关的控诉职能以及法院的审判职能相分离，当辩护人认为其合法合理的要求未能实现时，可以先向法院的专门的申诉部门申诉，对于申诉部门的回复不满的，可以向上级机关的申诉部门申请复议。

其三，侦查阶段应赋予律师一定的调查取证权。在侦查阶段，律师就可以向侦查机关提出辩护意见，这些辩护意见往往需要相应的证据材料证明或支撑。另外，律师介入侦查除了为犯罪嫌疑人提供法律帮助外，还应当为审查起诉阶段和审判阶段的辩护做准备。律师只有比较全面收集证据、了解案情的情形下，在审查起诉阶段才可以向检察机关提出比较客观、中肯的辩护意见，才能在审判阶段为被告人提供更加有效的辩护。❶

其四，提高法院的权威以及在调查取证中所发挥的作用。法院作为中立的裁判机关，应当在保障辩方权利，平衡控辩双方力量方面发挥更大的作用。不仅在开庭以后，在审查起诉阶段，辩护律师应当可以直接向法院申请调查证据。要在审判前程序中也加入中立的裁判者，即法院，构建司法审查机制，通过一种中立司法工作人员的参与，在涉及限制、剥夺公民基本

---

❶ 陈光中，汪海燕. 侦查阶段律师辩护问题研究——兼论修订后的《律师法》实施问题 [J]. 中国法学，2010（1）：132.

权利的事项上确立一种司法令状主义的审批机制。模仿一些西方国家,设置"藐视法庭罪",增强法院的权威。

其五,将委托调查模式引入刑事诉讼。委托调查是辩护律师向法院提出申请后,法院签发委托律师调查的令状,律师随后手持令状所进行的调查。委托调查相比自行调查和申请调查,有一些优点:(1)律师接受法院的委托,拥有了一定的强制力;(2)委托调查数量的增加,还能为法院节约诉讼成本,减轻了法院的工作压力;(3)委托调查还可以避免法院亲自调查取证导致的不中立。辩护律师手持调查令进行的调查取证活动,对诉讼的进行有利无害。但是,委托调查若要实行,还有很多具体的问题需要完善,辩护律师手持调查令进行调查取证活动仍然可能遇到一些单位的阻碍,因此也需要完善可行的救济途径和保障规定。

辩护律师持法院签发的调查令仍遭到拒绝,救济途径可以是委托调查转化成法院亲自调查。法院无正当理由拒绝向辩护律师颁发证据调查令、证人出庭令的,被告人、辩护人可以以一审法院违反法律程序、影响公正审判为由,提起上诉;二审法院认为一审法院的行为确实存在违反法定程序情形的,应当撤销原判,发回重审,并责令一审法院纠正原来的违法行为,向辩护律师颁发相关令状。❶

(四)辩护律师的充分表达

要实现"以审判为中心"的诉讼制度改革,必须要保障辩护律师能够充分自由表达自己的意见和观点。要保障律师能够

---

❶ 田文昌,陈瑞华.《中华人民共和国刑事诉讼法》再修改律师建议稿与论证(增补版)[M]. 北京:法律出版社,2012:51-52.

在刑事诉讼中充分表达自己意见与观点，重点在于保障辩护律师在各个阶段提出建议❶以及在法庭上质证的权利。要保障辩护人的质证权，其核心在于要求控方证人亲自出庭作证，以便辩护方能够对其进行询问和质证。如不能充分保障辩护律师的质证权，就会出现庭审形式主义。形式主义表现在不管一份证据材料内容的多少和是否复杂，辩方都只能当庭在短短几分钟之内表明有无异议和异议的内容。在这种紧张的法庭气氛下，辩护人无法充分地去审查证据材料，表达意见；辩护方只能对言词证据的书面记录发表意见，无法对言词证据的提供者进行询问。证人不出庭，辩方无法通过当面询问等方式发现漏洞，对于书面形式的言词证据的反驳不能够动摇法官采信证据的倾向，剥夺了律师"武器库"里的一项有力武器；证据辩论不被重视，律师的观点不能得到充分表达。

庭审形式化的原因在于职权主义思想和效率优先意识。职权主义思想令法官将控辩双方视作查明案情的工具，忽视了其主体地位，辩方作为弱势的一方，这种倾向体现得更为严重。因此，质证、辩论都是根据法官的需要去简化，事实不清、证据不明时，法官也往往倾向于自己去调查核实，而非通过控辩双方的质证和辩论。但是，法庭不仅是法官的，也是控辩双方

---

❶　侦查阶段，在人民检察院审查批准逮捕、在案件侦查终结前，听取辩护律师的意见；辩护律师提出要求的，应当听取辩护律师的意见。审查起诉阶段，人民检察院审查案件可以讯问犯罪嫌疑人并听取辩护人、被害人及其诉讼代理人的意见，且应记录在案。辩护人、被害人及其诉讼代理人提出书面意见的，应当附卷。死刑复核案件，辩护律师提出要求的，应当听取辩护律师的意见。人民检察院审查批准逮捕和人民法院决定逮捕，应当讯问未成年犯罪嫌疑人、被告人，听取辩护律师的意见。申请回避、申请变更强制措施、申请排除非法证据、对办案机关及其工作人员阻碍其依法行使诉讼权利的行为以及违法办案行为提出申诉、控告等行为中都要保证和尊重辩护律师的充分表达权。

的；法官在效率与公正之间，更看重效率，为了效率，牺牲公正，将质证程序辩论程序形式化，限制了律师的充分表达。而且法官习惯考虑，法庭审理有专门的辩论阶段，不能让法庭调查拖沓，因此，法官关心的只是辩护方对于控方证据表示有无异议的态度和异议的内容，他们大多只是让举证的公诉人回答一下辩护方提出的问题或者对异议作出简要的解释，而不会让双方如在辩论阶段那样进行实质性的充分的证据辩论。证据辩论的不充分性，又会使复杂的质证过程简单化。❶

(五) 法律援助制度

党的十八届四中全会更是明确强调，建设完备的法律服务体系，推进覆盖城乡居民的公共法律服务体系建设，完善法律援助制度，健全司法救助体系。法律援助制度对提高辩护率，维护以审判为中心更有重要意义。审判中心主义就是要求庭审在实质上成为解决争议、发现事实、伸张正义的地方，实现控辩平衡、形成庭审的三角结构是使庭审实质化的关键之一。完善的法律援助制度有助于提高辩护率，为犯罪嫌疑人、被告人提供有质有量的法律咨询、协助、辩护，整体上维护了控辩平衡，促进庭审实质化，进而有助于审判中心主义诉讼程序的构建。

我国已经建立了刑事法律援助制度，《刑事诉讼法》《法律援助条例》《最高人民法院关于执行〈中华人民共和国刑事诉讼法〉若干问题的解释》等都对法律援助制度作出了较为详细的规定。但是，我国的法律援助制度还存在着一些问题，针对这

---

❶ 李建明. 刑事庭审质证形式主义现象之批判 [J]. 江苏社会科学, 2005 (3): 103.

些问题我们提出来一些解决对策。

1. 法律援助的对象范围还是较小

在实践中的直观体现就是我国辩护率仍然较低。前面也提到，我国辩护权行使状况不佳的重要表现就是辩护率较低，各地律师辩护率为 20%～30%。❶ 委托辩护的比例和公民的经济状况有关，不会特别高，在发达国家也是如此，因此法律援助的比例较低是我国整体辩护率较低的一大原因。法律援助的范围较小原因主要在两方面。其一，法律规定的指定辩护的范围较小；其二，申请辩护常常不被批准。

指定辩护的范围还需扩大。可能被判处 10 年以上有期徒刑的犯罪嫌疑人、被告人没有委托辩护人的，也应当纳入指定辩护的范围。10 年以上有期徒刑会长期剥夺被告人的人身自由和个人权益，不利影响非常严重，是不可逆转和完全消除的。而且仅仅将无期徒刑增加进指定辩护的范围，会在一定程度上提升辩护率，但效果十分有限。将无期徒刑纳入法律援助体系，表面上确实扩大了法律援助范围，但由于无期徒刑事实上已有相当部分获得法律援助、相当部分自己聘请了律师且可以合理判断不会有太多的人改聘免费律师，实质上真正因为条文规定的适用范围扩大而受益的被告人数量不多。❷ 因此，若能将可能被判处 10 年以上有期徒刑且没有委托辩护人的犯罪嫌疑人、被告人纳入指定辩护的范围，对提高辩护率，促进庭审实质化，保护人权将会发挥更为重要的作用。

---

❶ 左为民. 中国应当构建什么样的刑事法律援助制度［J］. 中国法学，2013（1）：80.

❷ 左为民. 中国应当构建什么样的刑事法律援助制度［J］. 中国法学，2013（1）：85.

此外，坚持自己无罪的人也应当为其提供法律援助。这在目前的社会条件下可能比较难以达成，因为这对政府投入的要求较大，但不妨将其作为一个较高的目标，在条件允许的地方先实行，日后在条件成熟时再通过立法进行规定。

申请法律援助常常不被批准，司法机关有时会不履行告知义务。我国法律明确规定，公安机关和人民检察院负有告知犯罪嫌疑人有申请法律援助的义务，犯罪嫌疑人被羁押的，看守所负有向法律援助机构转交犯罪嫌疑人申请的义务和通知其法定代理人或近亲属协助提供相关的证明文件和材料的义务。但是在司法实践中，公安机关和检察机关不切实履行上述义务的情况十分普遍。❶ 以一般犯罪嫌疑人的法律知识水平，不经告知与引导，不会知道自己拥有申请法律援助的权利。没有相关机关配合转告，犯罪嫌疑人也无法接触到法律援助。

2. 刑事法律援助质量不高

法律援助中会存在委派执业年限较短、资历较浅的律师提供刑事辩护，法律援助律师应付差事，不会见、不阅卷、庭审只是走过场。因此要建立质量监控机制，对质量不符合标准的案件承办人不予支付补贴，建立科学的服务质量评价指标体系和评价制度，将律师提供法律援助的情况纳入律师年度考核检查范围，建立健全律师协会等行业协会、法律服务机构对律师等人员提供法律援助的检查考核制度。❷ 还要对刑事法律援助领域的律师资质严格要求。

---

❶ 沈丽飞. 构建和完善我国被追诉人刑事法律援助制度的思考 [J]. 法学杂志，2010（3）：39.

❷ 高贞. 关于加强和完善刑事法律援助制度的几点思考 [J]. 人民司法，2011（6）：104.

3. 法律援助值班律师制度急需建立与完善

法律援助值班律师制度是指由政府出资，法律援助机构指派律师在公安、法院等部门值班，免费为当事人及时提供法律咨询、指导、代理或其他法律服务的司法救济制度，设立法律援助值班律师制度的目的，是为低收入人群提供及时、专业、低成本、高效率、高质量的法律援助。❶ 我国目前已经开始进行试点。辩护律师值班制度有利于节约诉讼资源，保持控辩平衡，在刑事法律援助制度中，刑事值班律师可以回答当事人提出的有关法庭程序、法律援助、犯罪和可能判处的刑罚、辩护等问题，对维护犯罪嫌疑人、被告人的实体权利和诉讼权利有着重要作用。法律援助值班律师制度也可以在一定程度上解决公安机关、检察机关不积极履行告知义务和转告义务的问题。法律援助值班律师部门是独立于公安机关和检察机关的部门，它既可以承担相应的告知和转交义务，也可以督促相关机关履行有关法律援助的法定义务。健全法律援助值班律师参与速裁程序试点机制，使速裁程序中被告人也能及时地得到法律援助。

> **问题思考**
>
> 　2012 年《刑事诉讼法》修改扩大了刑事法律援助的范围，从审判阶段提前到侦查和审查起诉阶段，然而实践中，即使现行法律关于刑事法律援助的规定全部被执行，能够获得刑事法律援助的案件在所有案件中所占的比例仍然是

---

❶ 郑自文，郭婕. 探索建立中国特色的法律援助值班律师制度［J］. 人民司法，2006（12）：76.

有限的。对此，有学者提出当前刑事法律援助面临两个突出问题需要解决：一是对于法律已经作出的规定应当严格执行，保证符合条件的当事人确实能够获得法律援助；二是继续扩大法律援助的范围，使更多的人能够获得法律援助。❶ 因此，在现有司法资源能够提供保障的前提下，如何界定法律援助的范围值得进一步研究。与此同时，还需要明确法律援助是一项扶助弱贫，保障社会弱势群体合法权益的社会公益事业，也就是说援助者具有自愿性，并非强制行为。那么，对于未成年人和可能被判处死刑的被告人未委托辩护律师的情况下为其提供辩护律师，应当是国家的责任，体现国家和政府对公民应尽的义务。据此，将未成年人以及可能被判处死刑的被告人同样列入法律援助对象，是否妥当，值得思考。

---

❶ 顾永忠. 以审判为中心背景下的刑事辩护突出问题研究 [J]. 中国法学，2016（2）：72.

第四章

审判中心主义下的证据制度改革

一、证据制度与审判中心主义的关系

证据制度作为诉讼制度的组成部分和重要内容之一，受到国家诉讼制度的影响。诉讼制度决定了证据制度的样态，有什么样的诉讼制度，就会有什么样的证据制度。当然，证据制度同时也反作用于诉讼制度。因此，就审判中心主义下的诉讼制度改革中，证据制度改革是不可回避的重要一环。

（一）证据制度概说

1. 证据概念

对于证据概念的界定，学界具有几种代表性的观点。

第一种观点为事实说。持该种观点的学者认为，证据是指能够证明案件真实情况的一切事实。对于该种学说，有学者认为在刑事诉讼中，事实分为"客观事实"和"主观事实"。前者是尚未进入办案人员主观视野的先验事实，由于没有办案人员收集，因而不可能成为证据。而后者依赖于实物、笔录等载体，离开了载体，这些信息和事实是根本不存在的。[1] 由此，不论将案件事实定位为哪一种形态，事实说都无法证明"证据就

---

[1] 陈瑞华. 证据的概念与法定种类 [J]. 法律杂志，2012（1）：24-30.

是事实"这一论断。与此同时，有学者认为证据本身没有价值判断的含义，将其定位为事实改变了证据的这一性质。❶ 但不可否认，事实说在我国诉讼法学界具有重大影响力。

第二种观点为材料说，认为证据是证明案件事实的材料。支持材料说的学者认为，材料说显示出对证据运用的常识、经验、规律的尊重，是一种立法上的进步。立法者注重证据表现形式的同时，也注重证据内容和形式的统一，强调证据既是一种材料也要能够证明案件事实。从表现形式而言，证据是各种法定的证据材料；从证据所要证明的内容而言，证据又是能够证明案件事实的材料。因而材料说是一种较为合理的定义。❷

第三种观点为统一说，认为证据是证据内容和证据形式的统一。代表性的观点认为从科学的观点来看，在诉讼证据中，形式和内容是辩证的统一。证据是由内容和形式共同构成的，内容即事实材料，而形式则为证明手段。❸

第四种观点为根据说，认为证据是证明案件事实的根据，也是法院认定案件事实作出裁判的根据。❹ 持该种观点的学者认为证据包含了两种含义：第一，作为证据信息物质载体的含义，即证据资料；第二，利用某种物体和其他形式作为证明案件事实的方法，即证据方法。证据是证明案件事实的依据，经过质证和认证的证据才能成为裁判的根据。因而该种观点实质是对统一说的另一种解释。

2012 年《刑事诉讼法》规定"可以用于证明案件事实的材

❶ 何家弘. 让证据走下人造的神坛——试析证据概念的误区 [J]. 法学研究，1999（5）：102-111.
❷ 陈瑞华. 证据的概念与法定种类 [J]. 法律杂志，2012（1）：24-30.
❸ 陈光中. 证据法学 [M]. 3 版. 北京：法律出版社，2015：142-143.
❹ 张卫平. 民事诉讼法 [M]. 3 版. 北京：法律出版社，2014：187-188.

料都是证据"，从而肯定了材料说之观点。因而，证据是指证明案件事实的材料，其本质上属于材料。但是，需要明确的是，刑事诉讼法对证据的法定形式也予以规定。因而证据是在诉讼中具有法定形式的、能够证明案件事实的一切材料。

2. 证据制度

证据是诉讼的基石，证据制度是否科学、完备及其在司法实践中功能的发挥状况，直接反映着一国诉讼文明和进步的程度，故世界各国无不重视证据立法。❶

英美法系国家和大陆法系国家的证据法都各有一些基本特征，而这些基本特征也在一定程度上反映了两大法系证据法之间的差异。首先，英美法系国家的证据法内容比较具体、复杂。一方面，证据规则数量多，包括传闻证据规则、自白任意规则、非法证据排除规则、毒树之果规则、品格证据规则等。另一方面，英美法系的证据规则多通过判例建立，因而判例是证据规则的重要部分。而大陆法系的证据法内容相对简单，证据规则不多，且证据规则多以立法的形式确定，内容较为固定。其次，英美法系国家的证据法把重心放在审判过程中对证据的筛选或采纳，其主要表现是大量证据规则都与证据资格或证据的可采性有关。而大陆法系国家的证据法则侧重于证据的收集和提取，其主要表现是证据法的大量内容都与证据调查程序有关。英美法系国家的证据制度更符合审判中心主义。

在以审判为中心的诉讼模式之下，侦查机关、公诉机关的活动都围绕将要进行的审判而展开，并受审判机关的制约。因

---

❶ 沈德咏. 中国刑事证据制度改革与发展需要处理好的几个关系 [J]. 中国法学，2011（3）：5-20.

此，在证据制度上也主要以法院的视角进行设计，而避免追诉机关的案卷材料对法院的裁判结论具有决定性的影响。

（二）审判中心主义对证据制度的要求

党的十八届四中全会《决定》中明确提出要"推进以审判为中心的诉讼制度改革，确保侦查、起诉的案件事实证据经得起法律的检验。全面贯彻证据裁判规则，严格依法收集、固定、保存、审查、运用证据，完善证人、鉴定人出庭制度，保证庭审在查明事实、认定证据、保护诉权、公正裁判中发挥决定性作用"。可见，以审判为中心的诉讼制度改革对证据制度提出了明确的要求，即全面贯彻证据裁判规则，严格依法收集、固定、保存证据。

现代法治国家刑事诉讼普遍实行"审判中心主义"，而在对案件事实的裁断上则要求司法人员遵循"证据裁判主义"。证据裁判原则立足于证明案件事实的唯一依据即证据，通过证据对案件事实予以证明，从而实现审判的科学性和合理性。与此同时，证据裁判原则规定了审判的依据，确定了证据是认定案件事实的唯一依据，从而实现了证据的收集、固定、保存围绕证据裁判来进行。不符合证据裁判原则的证据无法得到认可，而案件事实更无法获得证明。可以说，证据裁判原则给刑事审判装上了牙齿，让审判活动具有了更强的约束力。❶ 以审判为中心的诉讼体制改革，要求证据制度改革做到以下几个方面。❷

第一，坚持证据裁判原则。在刑事诉讼中，控、辩、审各

---

❶ 陈卫东. 刑事诉讼基础理论十四讲 [M]. 北京：中国法制出版社，2011：340-342.

❷ 樊崇义. 解读"以审判为中心"的诉讼制度改革 [J]. 中国司法，2015（2）：22-27.

项诉讼职能的行使，要做到以审判为中心，就必然要坚持证据裁判原则。证据裁判原则必须解决三个问题：一是必须紧紧围绕本案证明对象收集证据。证据收集不全将导致应当证明的事实无法获得证明，而关键证据缺失更将影响庭审的顺利进行。二是全面贯彻证据裁判原则。必须严格依法收集、固定、保管、移送、出示、质证、辨认、认证等，以保证证据的证明力和证据能力。三是严格依法裁判证据材料的证据能力，没有证据能力的证据材料不得进入法庭调查。因而，需要强化非法证据排除规则等。以审判为中心的诉讼制度改革的一个重要目标就是确保案件的质量，防范刑事错案。为此，必须坚持非法证据排除规则的贯彻和实施。

第二，完善证据收集制度，坚持依法、客观、全面、科学、及时收集证据。首先，收集证据要全面，不仅要收集有罪、罪重证据，也要收集无罪、罪轻证据。其次，证据收集过程中严禁伪造、隐匿、毁灭证据。再次，收集、移送证据要全面，不得选择性收集和移送。复次，对于特定案件，特别是涉及被害人死亡的案件，收集证据过程中应当录音录像，确保证据收集过程的客观性。最后，对于收集过程有疑问的证据，不能作出合理解释的，不能作为定案的依据。在证据收集这一环节，特别要注重案发后客观性证据的收集。为保证证据确实，一切用以定案的证据都必须在庭审中经过控辩双方质证，查证属实的才能作为定案的根据。

第三，完善鉴定制度。首先，完善鉴定机构的专业体系，加强对鉴定机构的管理。其次，就鉴定启动程序、鉴定专业标准、鉴定意见的实质性审查、补充鉴定、重新鉴定、鉴定人出庭作证、有专门知识的人出庭作证等制度予以细化。最后，针对不同案件规定不同的鉴定要求：对于犯罪现场遗留的证据，应当进行鉴定；对命案，应当通过鉴定确定被害人身份。随着社会发展，案件的复杂程度加强，诉讼程序对科技的依赖程度也在不断提高。而鉴定意见这种由非司法工作人员利用高科技手段便成为诉讼程序必不可少的制度选择。

第四，建立独立的、专门的证据登记保管制度。收集的证据应当由办案人员以外的人员独立进行保管，存放于特定地点，按照保管需要进行统一管理，不得损毁、丢失或者擅自处理。证据经过查证属实才能作为定案的依据，审判中心主义要求只有在庭上经过举证质证的证据才能被采信。证据收集后，需要经过妥善保管，保持本身的物理、化学特征上的客观性，同时也要防止人为的损坏、破坏、改变其特征。因此，有必要就证据的登记保管建立独立的制度。

第五，建立针对刑讯逼供、非法取证的防范机制。为了从源头上防止刑诉逼供、非法取证行为，必须建立体系化的防范机制，从源头上规范办案机关、办案人员的取证行为。具体而言，包括：（1）规范讯问的时间、地点；（2）对讯问过程采取录音录像措施，并逐步实现对所有案件的讯问过程都录音录像；（3）建立讯问时律师在场制度，确保讯问过程的合法性；（4）完善犯罪嫌疑人体检制度，建立犯罪嫌疑人入所、出所期间体检档案，加强检察院对看守所执法行为的监督；（5）完善非法证据排除规则，严格按照排除规则对非法证据予以排除。

第六，健全证人保护和补助制度。（1）对因作证而面临人身安全的证人、鉴定人、被害人及其近亲属，公安机关应当采取专门性保护措施；（2）对针对证人、鉴定人、被害人及其近亲属的违法犯罪行为，应及时处理；（3）完善出庭作证的保护措施、增加出庭作证的方式；（4）建立证人作证补助制度，对补助标准、补助金、补助程序予以规定。证人作证率低是我国普遍存在的现象，而审判中心主义下不得通过书面证人证言等方式作为定案的依据，要求证人证言在法庭上查证属实。因此，如何提高证人出庭的积极性、保护证人的作证行为，成为关键。

二、证据裁判原则及其例外

证据裁判原则是现代法治国家普遍采用的证据原则，大陆法系国家大多通过法律明文规定证据裁判原则，而英美法系国家虽然一般没有直接明确证据裁判原则，但其大量的证据规则也体现出证据裁判原则的精义。英美法系虽未明文规定该原则，但有学者认为英美法系国家的证据法把重心放在审判过程中对证据的筛选或采纳，其主要表现为大量证据规则都与证据资格或证据的可采性有关；而大陆法系国家的证据法则侧重于证据的收集和提取，其主要表现为证据法的大量内容都与证据调查程序有关。在一定意义上讲，前者是以审判为中心的诉讼传统的产物；后者是以预审为中心的诉讼传统的产物。❶

2010 年最高人民法院、最高人民检察院、公安部、国家安全部和司法部联合颁布的《关于办理死刑案件审查判断证据若干问题的规定》（以下简称《办理死刑案件证据规定》）第 2 条明确规定："认定案件事实，必须以证据为根据"，正式确立了刑事诉讼中的证据裁判原则。而 2012 年《刑事诉讼法》第 53 条第 2 款规定"证据确实、充分，应当符合以下条件：（一）定罪量刑的事实都有证据证明；（二）据以定案的证据均经法定程

---

❶ 何家弘，姚永吉．两大法系证据制度比较论［J］．比较法研究，2003（4）：55-68.

序查证属实；（三）综合全案证据，对所认定事实已排除合理怀疑"。2012 年《刑事诉讼法》及其司法解释对证据裁判原则的规定，丰富了证据裁判原则在我国的内涵。

（一）证据裁判原则

1. 证据裁判原则的定义

证据裁判原则是证据规定的帝王条款之一，支配所有犯罪事实的认定。❶ 何谓证据裁判原则，学者具有不同的表述。

陈卫东教授认为，证据裁判原则至少包含以下三方面含义：第一，对事实问题的裁判必须依靠证据，没有证据不得认定事实。没有证据既包括没有任何证据，也包括证据不充分的各种情形。没有证据，或者仅有一部分证据，或者有证据但没有达到法定程度，都不能对事实进行认定。第二，裁判所依据的必须是具有证据能力的证据。第三，裁判所依据的必须是经过法庭调查的证据。❷

陈光中教授认为"证据裁判原则是指认定犯罪事实必须依据证据"❸，而认定无罪的事实不需要通过证据予以证明，否则违反无罪推定原则。

日本学者田口守一认为"证据裁判原则的含义有两层：一是从历史意义上否定所谓的神判，认定案件事实必须依据证据，其他任何东西都不是认定案件事实的根据；二是规范意义，必须根据具有证据能力的证据，而且只有经过调查之后才能认定

---

❶ 林钰雄. 刑事诉讼法 [M]. 北京：中国人民大学出版社，2003：400-401.
❷ 陈卫东. 论刑事证据法的基本原则 [J]. 中外法学，2004（4）：411-440.
❸ 陈光中，郑曦. 论刑事诉讼中的证据裁判原则——兼谈《刑事诉讼法》修改中的若干问题 [J]. 法学，2011（9）：3-12.

构成犯罪的核心内容的事实"。❶

　　尽管学界对证据裁判原则的定义并不一致，但都涉及以下几个方面的要求：第一，认定案件事实必须依据证据，证据是认定案件事实的唯一依据；第二，认定案件事实的证据必须具有证据能力，符合客观性、关联性、合法性；第三，认定案件事实的证据应当依据法定程序进行审查判断；第四，认定案件事实的证据应当达到法定的证明标准，未能达到证明标准的不可认定为犯罪。❷

　　在实行当事人主义的英美法系国家，当事人对诉讼程序具有推动作用，法官在诉讼中处于消极地位，因而并没有明文规定证据裁判原则。但在刑事诉讼领域存在着大量涉及证据关联性、可采性，与证据裁判原则具有相通之处的证据规则。这些证据规则包括：非法证据排除规则、自白排除规则、传闻证据规则、最佳证据规则、意见证据规则等。因此，英美法系进入庭审的证据已经过法官庭前的可采性判断，是具有证据资格的证据。而裁判者，特别是陪审团必须依据在庭上的证据判断案件的事实问题。因而对英美法系国家而言，证据裁判原则不包括对证据可采性的庭前审查，但证据裁判原则中据以作出裁判的证据是经过庭前审查具有可采性并在法庭上出现的证据。

　　学界对英美法系国家制度进行借鉴时，多注重依据庭上证据进行裁判的环节而未涉及对证据是否具有证据资格（证据能力）的裁判环节。而学者对证据裁判原则的定义，是以庭前证

---

　　❶　田口守一. 刑事诉讼法［M］. 刘迪，等，译. 北京：法律出版社，2000：217-219.

　　❷　廖勇，吴卫军. 新刑事诉讼法证据规则评析［J］. 北方法学，2013（5）：124-129.

据资格的审查为基础的。但我国并不存在庭前的证据资格审查程序,对于证据资格的审查只能在庭上进行。因此,对于我国而言,证据裁判原则不仅包括根据庭上的证据进行裁判,同时包括对证据是否具有证据资格的裁判。

综上,证据裁判原则具有两个方面的含义:第一,对进入法庭的证据是否具有证据能力作出裁判,即裁判证据;第二,依据经审查具有证据能力的证据对案件事实作出裁判,即证据裁判。

2. 证据裁判原则的内容

(1) 裁判证据与证据裁判的关系。证据裁判原则包括裁判证据与证据裁判两个方面的内容。裁判证据是对证据是否具有证据能力进行判断;证据裁判是由具有证据能力的证据裁判案件事实。证据裁判建立在具有证据能力的证据上,缺乏证据能力的证据材料不能成为裁判的证据。因此,裁判证据是证据裁判的基础,经过证据裁判具有证据能力的证据材料,才能成为证据裁判的依据。

(2) 裁判证据。"证据能力是贯彻证据裁判原则需要解决的首要问题"❶,证据能力欠缺的证据不能用于案件事实之认定。因而,证据裁判原则首先对证据能力的裁判,即裁判证据。2012 年《刑事诉讼法》第 48 条第 1 款规定:"可以用于证明案件事实的材料,都是证据"。因而证据指以法律规定的形式表现出来的能够证明案件事实的一切材料。❷ 而"诉讼外的某项事实材料如果要进入庭审阶段,在接受诉讼双方的质证之后成为法

---

❶ 宋英辉,李哲. 证据裁判原则评介 [J]. 政法论坛,2003 (4):59-64.

❷ 王敏远. 中国刑事诉讼法教程 [M]. 北京:中国政法大学出版社,2012:137-139.

官认定案件事实的根据，实现由证据材料到证据的飞跃的唯一途径就是必须具备证据能力"❶。因此，证据是具有证据能力的事实材料，而事实材料能否成为证据的关键在于其是否具有证据能力。因此，裁判证据是指对事实材料是否具有证据能力，是否属于诉讼法意义上的证据进行审查判断。在审判中心主义下的证据裁判原则而言，对于证据能力的裁判应当由审判权作出，即应当由控辩双方在法庭上举证、质证，由法官居中对证据材料是否具有证据能力作出裁判。

①证据能力。证据能力解决证据的准入问题，是大陆法系国家的概念，英美法系国家称之为证据的可采性。对于证据能力的概念，学界具有不同的观点。

一种观点认为，证据能力是证据材料成为证据的资格。对此，学者具有不同的表述。有学者认为"证据能力是某一材料能够用于严格的证明的能力或者资格，也就是能够被允许作为证据加以调查并得以采纳的能力或者资格"。❷ 有学者认为"证据能力，即证据适格、证据资格，是指某一材料能够用于严格证明的能力或者资格，亦即其在法律上允许采用的能力，解决的是证据资格问题"。❸ 这种观点认为，证据是具有证据能力的材料；只有具有证据能力的材料才能成为证据，才能被允许在法律上被采纳；这种证据材料是可以用于严格证明的。

一种观点认为，证据能力指证据能够在法庭上出现的资格。陈瑞华老师认为："证据能力又称证据的可容许性或证据的法律

---

❶ 陈卫东，付磊 . 我国证据能力制度的反思与完善 ［J］. 证据科学，2008（1）：3-15.

❷ 卞建林，刘玫 . 证据法学案例教程 ［M］. 2 版 . 北京：知识产权出版社，2012：8-11.

❸ 王敏远 . 刑事诉讼法学（上）［M］. 北京：知识产权出版社，2013：272-273.

资格，一般是指那些允许证据出现在法庭上的资格和条件。"❶
这种观点认为证据能力解决哪些证据可以作为庭上证据的资格。
因此，证据能力是指证据具有证据能力。换言之，可能存在无
证据能力的证据。❷

一种观点认为，证据能力是指证据的载体形式即证据方法
能够被提出的资格，每一种证据方法都存在有没有证据能力的
问题。❸ 持这种观点的学者认为，证据方法是证据的载体，并非
所有的证据方法都能够进入法庭。因而证据能否进入法庭，取
决于证据载体是否具有证据能力。

由此可见，分析各种观点的核心在于，证据能力究竟针对
证据材料、证据、还是证据方法而言。我们认为证据能力是针
对证据材料而言，是使证据材料成为证据的资格。证据裁判原
则下，裁判证据是对证据能力进行裁判，是为证据裁判提供证
据基础。因而，证据能力是指证据的证据能力，是通过对证据
材料是否具有证据能力判断其是否属于诉讼法意义上的证据，
进而具有在法庭上使用的资格。因此，第一种观点更符合证据
能力的内涵，即证据能力是某一材料能够被允许作为证据加以
使用的能力或者资格。

对于证据能力可以从以下几个问题进行深入理解。

第一，证据与定案证据。在我国，除有一般的证据概念外，
还存在一个极具特色的定案证据概念。❹ 所谓定案证据是指那些

---

❶ 陈瑞华. 刑事诉讼的前沿问题 [M]. 北京：中国人民大学出版社，2005：
377-379.

❷ 万毅. 论无证据能力的证据——兼评我国的证据能力规则 [J]. 现代法学，
2014（7）：131-145.

❸ 陈卫东. 论刑事证据法的基本原则 [J]. 中外法学，2004（4）：411-440.

❹ 肖建国. 证据能力比较研究 [J]. 中国刑事法杂志，2001（6）：80-92.

经过查证属实的证据材料。定案证据首先是证据，其次从审判的结果而言属于裁判所依据的证据。因此，定案证据一定属于证据，但证据不一定属于定案证据。证据能力是证据材料成为证据之资格，而非成为定案证据之资格。法官判断证据能否证明案件真实情况是在法庭调查结束之后面临的问题，而证据材料是否具有证据能力是法官在法庭调查开始阶段解决证据的准入问题。❶证据成为定案证据，需要通过法庭质证、认证，并由审判机关对证据证明力、证明标准、全案证据综合判断后决定作为定案依据的证据。证据是在证明过程中使用的资格，是以双方当事人举证、质证以及职权主义诉讼模式下法官的法庭调查为着眼点，强调证据可以成为这些行为的对象。作为定案依据的证据，则是以法庭审理终结之后，裁判者的证据评价活动为着眼点，强调诉讼中对案件事实的最终认定应当依据证据。❷因此，证据是接受法庭调查的资格，而非作为定案依据的资格。

第二，审判中心主义要求案件的审理各环节都受到审判权的制约，而证据裁判原则下对证据能力的判断也应当由审判权作出。因而，在不区分审前程序和审判程序的大陆法系国家，也应当具有证据能力判断的独立程序。换言之，在法庭上应当对证据材料是否具有证据能力、能否作为证据使用进行判断。这种判断不同于对定案证据的判断，而是对进入法庭举证、质证的资格予以确定，解决证据材料作为证据在庭上使用的准入问题。

---

❶ 陈卫东，付磊. 我国证据能力制度的反思与完善 [J]. 证据科学，2008 (1)：3-15.

❷ 沈德咏，宋随军. 刑事证据制度与理论 [M]. 3版. 北京：高等教育出版社，2014：313-314.

目前，我国对证据能力的审查判断与定案证据的审查判断具有较大的混淆。一方面，司法实践对证据能力的关注不多，法庭调查缺乏对证据能力的独立判断；另一方面，无证据能力的证据材料进入法庭导致对法官自由心证的负面影响。在审判中心主义视野下的证据裁判原则，必然要求对证据能力的判断，具有证据能力的证据才能成为裁判依据，也只有审判权才能对证据能力予以判断。因此，完善我国证据能力制度可以从以下三个方面出发：第一，完善证据能力规则，包括积极规定证据能力和消极否认证据能力的规则；第二，建立审判权判断证据能力的规则、程序，要求按照法定程序在法庭上对证据能力进行辩论和判断；第三，规定违反法定程序、规则进行证据能力判断的程序性后果，明确否认该类证据的证据能力。[1] 从纵向的诉讼程序而言，审判中心主义要求诉讼程序受到审判权的规制，因而证据能力的审查判断程序应当在法庭上作出，应当明确法庭在审理案件时应当首先对证据材料的证据能力予以判断；然后具有证据能力的证据进入法庭调查、接受当事人的质证；最后由法院依据证明标准、综合判断全案证据，依据具有证据能力的证据裁判案件。

②口供规则。对于口供的概念，学界具有不同的观点。争议的焦点集中在供述、辩解、攀供上。

第一种观点认为，口供包括犯罪嫌疑人、被告人的供述和辩解，供述即犯罪嫌疑人、被告人对自己实施犯罪行为的坦白、自首、供认；辩解即否认自己被指控的犯罪事实，或者虽然承认自己犯了罪，但提出具有从轻、减轻、免除、不追究刑事责

---

[1] 陈卫东，付磊. 我国证据能力制度的反思与完善 [J]. 证据科学，2008（1）：3-15.

任的理由。❶

第二种观点认为，口供是犯罪嫌疑人、被告人就有关案件情况，向办案人员所做的陈述，包括承认、辩解和攀供。承认是指犯罪嫌疑人承认对他指控的犯罪事实，并向司法机关讲清犯罪的全部事实和情节，具体表现为自首、坦白和承认。辩解是指犯罪嫌疑人、被告人否认犯罪行为，或者虽然承认但提出有不应追究刑事责任以及为从轻、减轻或者免除处罚等所做的申辩和解释。攀供是指犯罪嫌疑人、被告人在承认自己罪行后，检举共犯或者举报他人有犯罪行为；也可能否认自己的罪行，而举报他人犯罪。❷

第三种观点认为，口供仅包括犯罪嫌疑人、被告人的供述，不包括辩解和攀供。❸

以上三种观点的核心在于犯罪嫌疑人、被告人的辩解和攀供是否属于口供。通说认为，口供包括犯罪嫌疑人、被告人的供述、辩解，而不包括攀供。对于何谓攀供，学者也有不同的观点。一种观点认为攀供即指犯罪嫌疑人、被告人揭发、检举同案其他犯罪嫌疑人、被告人的犯罪行为。另一种观点认为攀供包括对同案犯罪嫌疑人的揭发，也包括对非同案犯罪嫌疑人、被告人的检举揭发或者同案犯罪嫌疑人、被告人与检举揭发者共同犯罪以外的罪行的检举揭发。我们认为攀供应当是对他人罪行的揭发，既包括与检举揭发者共同犯罪部分，也包括被检举揭发者实施的其他犯罪。对于口供的界定是必要的，通说的

❶　陈兴良. 刑事诉讼中的公诉人 [M]. 北京：中国政法大学出版社，1999：145-146.

❷　樊崇义. 刑事诉讼法学 [M]. 3 版. 北京：法律出版社，2013：207-209.

❸　纪敏. 证据全书 [M]. 北京：中国民主法制出版社，1999：511-514.

观点与《刑事诉讼法》规定的犯罪嫌疑人、被告人的供述和辩解作为法定证据相一致。❶

口供是犯罪嫌疑人、被告人的供述和辩解，不论是大陆法系还是英美法系判断口供是否具有证据能力都是通过自白任意规则实现的。根据自白任意规则，在刑事案件中，只有基于被追诉人自由意志而作出的自白，才具有证据能力；缺乏自愿性或具有非自愿性怀疑的自白，不论原因是什么，均不具可采性。自白任意规则的立足点在于确保自白必须出于自愿，防止通过暴力、胁迫、欺骗等不正当行为获得的自白或者在不自由状态下获得的自白作为证据使用。需要明确的是自白任意规则体现了对口供的任意性要求，其获取方法的非法性是判断任意性的依据。因而大陆法系和英美法系严格以自白是否具有任意性作为判断证据能力或者说证据可采性的标准，不正当取证行为是违反任意性的一种形式。

在我国，对口供的证据能力的判断主要是通过非法证据排除规则实现的。不同于国外对犯罪嫌疑人、被告人自白的任意性要求，我国对口供的排除主要基于不正当取证行为对犯罪嫌疑人、被告人人权产生损害之原因。因而，我国对口供证据能力的判断，需要判断非法取证行为是否存在、损害人权的程度等，而不是对作出口供的自愿性的判断。基于非法取证而排除口供的方式，忽视口供的任意性，其是取证行为违反程序性规定而产生的程序性后果。我国刑事诉讼法是以对犯罪嫌疑人、被告人的权益保障为价值基调的，同时明确规定"尊重和保障人权"，因而对于口供问题可以借鉴国外对自白任意性的判断

---

❶ 谢安平，郭华. 刑事证据的争鸣与探索——新刑事诉讼法证据问题的展开 [M]. 北京：法律出版社，2013：173-177.

标准。

目前，我国口供适用非法证据排除规则，规定"采用刑讯逼供等非法方法收集的犯罪嫌疑人、被告人供述应当予以排除"。以刑讯逼供等非法方法收集的口供，采取绝对排除的态度。因而对口供是否具有证据能力，具体而言可以通过对是否存在刑讯逼供等非法收集方法予以判断。但是，对于何谓"刑讯逼供"界定并不清楚。如何界定"刑讯逼供"以及"等非法方法"的内容未得到统一的回应。因而，有必要对这些概念进行进一步界定。

总之，审判中心主义下的证据裁判原则，要求对证据材料是否具有证据能力进行判断，而对口供也不例外。对口供的证据能力的判断，需要以非法证据排除规则为手段，对是否存在"刑讯逼供""等非法方法"需要辩论与调查，从而由审判机关居中作出口供是否具有证据能力的裁判。

③非法证据排除规则。对于非法证据排除规则中的"非法"一词，学者具有不同的观点。

广义说认为，非法证据是合法证据的对称，凡是包含违法因素的证据就是非法证据，反之就是合法证据。证据合法性有三个不同层面的要求，不符合其中任一层面，即含有违法因素，就构成非法证据。证据合法性三个不同层面的要求如下：一是符合宪法的要求，如搜查取证必须严格依法进行，严禁刑讯逼供和以威胁、引诱、欺骗以及其他非法的方法收集证据；二是符合实体法的要求，主要指证据在表现形式上符合实体法律规范所要求的证据的特殊表现形式（如书面证据、专家证据等）以及证据本身应当满足实体法的要求；三是符合程序法律关于收集证据的要求，包括执法办案程序的原则规定和具体规定。

狭义说认为，"非法"二字可以理解为违反刑事诉讼法"严禁刑讯逼供和以威胁、引诱、欺骗以及其他非法方法收集证据"的规定，从更广泛的意义上讲，还应当包括在取证过程中违反宪法中保障公民权利的有关规定以及其他法律法规的规定。

折中说认为，非法证据是执法人员违反法律规定的权限、程序或采用其他法律所不允许的不正当方法收集的证据。据此，非法证据被进一步具体界定为来源于以下违法取证行为所获得的证据：一是以暴力、威胁、引诱、欺骗、违法羁押等非法方法取得的被告人供述、被害人陈述、证人证言等言词证据，具体包括以暴力方法取证，以胁迫方法取证，以欺诈方法取证，以违法羁押的方法取证，以饥饿、疲劳、声光刺激、冻晒、精神折磨等软的刑讯逼供的方法和以使用麻醉剂、违法窃听等非刑讯的方法取证；二是以违反程序的方法取得实物证据，包括违反法定程序扣押的物证、书证等实物证据，违反禁止进入私人住宅的时间限制等法定程序而进行勘验、检查而取得的物证、书证等证据，非法主体取得的物证、书证等证据。

排除非法证据的禁止行为是一种程序禁止，针对的是非法取得的证据。❶ 就非法证据排除规则而言，非法证据应当以折中说为基础，并将"法"限定为刑事诉讼法及其相关法律法规、司法解释。因而非法证据指违反刑事诉讼法的法定程序或者采取非法方法或者手段获得的不合法证据。需要明确的是非法证据不合法，但不意味着不合法证据就是非法证据。某些不合法证据，例如言词证据因瑕疵而不符合法定形式的，可以通过补

---

❶ 谢安平，郭华. 证据法学 [M]. 2 版. 北京：法律出版社，2014：152–153.

正的方式解决，无须排除。

　　大陆法系和英美法系普遍采用非法证据排除规则，不同的是英美法系的排除规则，法律先设定排除证据材料的一般规则，然后再列举若干例外；而大陆法系国家的证据排除，则一般是在承认证据材料一般具有证据能力的前提下，对个别情况予以特殊规定，从而排除该个别情况下证据材料的证据能力，并不规定一般排除规则。

　　2010 年 6 月，"两高三部"发布了《关于办理刑事案件排除非法证据若干问题的规定》（以下简称为《非法证据排除规定》）和《办理死刑案件证据规定》。其中，《非法证据排除规定》对排除非法证据的问题作出了系统的规定，《办理死刑案件证据规定》主要涉及在死刑案件中审查判断证据的规则，但也包含着不少排除非法证据的内容。这两部具有司法解释效力的法律文件的颁行，标志着我国非法证据排除规则的框架结构已经初步形成。2012 年《刑事诉讼法》及其司法解释，对非法证据排除规则内容予以完善，标志着我国非法证据排除规则进入了一个新的高度。此外，《最高人民法院关于执行〈中华人民共和国刑事诉讼法〉若干问题的解释》第 61 条；《检察规则（试行）》第 65、68、187、197、565 条都对防范刑讯逼供作出了规定。鉴于刑讯逼供的严重性，最高人民检察院又下发了《关于严禁将刑讯逼供获取的犯罪嫌疑人供述作为定案依据的通知》。

　　目前，我国刑事诉讼中应当排除的非法证据有两类。

　　第一类是采用刑讯逼供等非法方法收集的犯罪嫌疑人、被告人供述和采用暴力、威胁等非法方法收集的证人证言、被害人陈述，即采用非法方法收集的言词证据。"刑讯逼供"是指使用肉刑或者变相肉刑，使当事人在肉体或精神上遭受剧烈疼痛或痛苦而不得不供述的行为，如殴打、电击、饿、冻、烤等。"等非法方法"是指违法程度和对当事人的强迫程度达到与刑讯逼供或者暴力、威胁相当，使其不得不违背自己意愿陈述的方法。对以上述非法方法取得的言词证据，规定应当严格地予以排除。

第二类是收集程序不符合法定程序的物证、书证。"不符合法定程序"包括不符合法律对于取证主体、取证手续、取证方法的规定，如由不具备办案资格的人员提取的物证，勘验笔录没有见证人签字的物证，未出示搜查证搜查取得的书证等。违法收集物证、书证的情况比较复杂，物证、书证本身是客观证据，取证程序的违法一般不影响证据的可信度。而且许多物证、书证具有唯一性，一旦被排除就不可能再次取得。本条统筹考虑惩治犯罪和保障人权的要求，规定对于收集物证、书证不符合法定程序，可能严重影响司法公正的，应当予以补正或者作出合理解释；不能补正或者作出合理解释的，对该证据才应当予以排除。

然而，2012年《刑事诉讼法》实施后，许多学者都对非法证据排除规则的实践情况进行了研究，普遍认为非法证据排除规则的实践存在实施难的问题❶，就具体实践情况而言，非法证据排除规则存在以下几个方面的问题❷：第一，缺乏法院依职权

---

❶ 吴宏耀. 非法证据排除的规则与实效——兼论我国非法证据排除规则的完善进路 [J]. 现代法学, 2014 (4)：121-130；王超. 非法证据排除规则的虚置化隐忧与优化改革 [J]. 法学杂志, 2013 (12)：100-108；王超. 非法证据排除调查程序难以激活的原因与对策 [J]. 政治与法律, 2013 (6)：142-151；孙长永，王彪. 审判阶段非法证据排除问题实证考察 [J]. 现代法学, 2014 (1)：72-83.

❷ 左卫民. "热"与"冷"：非法证据排除规则适用的实证研究 [J]. 法商研究, 2015 (3)：151-160.

启动非法证据排除程序的情形。当法官发现指控证据有问题时，其第一反应不是启动非法程序排除程序，而是要求控诉方补正。第二，依被告方申请启动非法证据排除程序的情形稀少。首先，被告方提出非法证据排除申请的比例极低；其次，虽然法官依申请对证据合法性进行调查的比例尚可，但合法性调查后证据被排除的比例较低；最后，非法证据排除后对案件处理基本没有影响。

党的十八届四中全会《决定》提出要加强人权司法保障，健全落实罪刑法定、疑罪从无、非法证据排除等法律原则的法律制度。而《最高人民法院关于全面深化人民法院改革的意见》指出要严格实行非法证据排除规则，进一步明确非法证据的范围和排除程序。对此，可以从以下两方面对非法证据排除程序适用难予以解决❶：第一，采取措施转变法院态度，例如诉讼制度改革、全面清理各类司法考核指标、坚决取消有罪判决率等措施，从"不愿排""不敢排"转向"主动排""敢于排"，落实非法证据排除制度；第二，从技术层面完善非法证据排除规则及其适用程序，包括进一步明确非法证据的排除范围、调整非法证据排除规则适用中的证明制度。首先，明确辩方申请非法证据排除不以提出非法取证的线索为必要条件，线索属于可以提出的范围，而不是必须提出；其次，法院启动非法证据排除的调查程序以辩方的申请为条件，即只有辩方提出申请，法院必须启动调查程序；最后，适当提高控诉方对合法取证行为的证明标准，只要控诉方的证明不能达到既定的证明标准，从而不能排除非法取证可能性的，原则上应该排除相关证据。就

---

❶ 左卫民．"热"与"冷"：非法证据排除规则适用的实证研究［J］．法商研究，2015（3）：151-160．

立法趋势而言，2014 年 12 月左右，最高院就严格执行非法证据排除细则征求意见。该细则的意见稿共计 40 条具体内容，涉及非法证据的范围扩大、疲劳审讯、超期羁押的被告人供述是否排除等问题。该细则的制定由最高人民法院牵头，公安部、司法部、最高人民检察院、国家安全部等部门共同参与。❶

非法证据排除规则的核心就是解决证据的证据能力问题，旨在维护证据真实性的同时来充分保障人权。但是非法证据排除规则排除的证据材料本身是否具有证据能力，学者具有不同的观点。

一种观点认为，非法证据排除规则排除的非法证据本身具有证据能力，但由于排除规则需要排除。这种证据材料具有证据能力，但是由于证据材料的收集、运用程序非法而导致其缺乏证明力，因而被排除在定案依据之外。❷ 此种观点在承认非法证据的证据能力的同时，否认其证明力，从而否定其作为定案依据的资格。

另一种观点认为，为刑事证据法的重要组成部分，"非法证据排除规则"所要规范的不是证据的证明力问题，而是证据能力问题；该规则也不对一般意义上的证据适用问题加以限制，而主要涉及公诉方证据的法庭准入资格问题。

可见，学者的观点集中在非法证据规则排除的证据材料是否具有证据能力上。我国与大陆法系国家相似，并未规定普遍适用的证据排除规则，而是承认证据材料一般具有证据能力。但这种承认并不意味着证据材料都具有证据能力，而是体现我

---

❶ 参见最高法正征求意见 "非法证据排除" 有望出细则［EB/OL］. http://www.legal.china.com.cn/2014-12/08/content_ 34255186.htm，2015-12-08.

❷ 肖建国. 证据能力比较研究［J］. 中国刑事法杂志，2001（6）：80-92.

国对证据能力问题的关注较为薄弱。即使是这样，在个别情况下规定排除规则，并非是对具有证据能力的证据材料予以排除，而是否认其证据能力。因此，非法证据排除规则是对非法证据材料的证据能力的排除，而非对证明力或者对具有证据能力的证据的排除。从审判中心主义下的证据裁判原则而言，非法证据排除规则是证据裁判原则的重要部分，其从对非法证据材料的证据能力的判断出发，巩固了证据裁判原则的适用。

非法证据排除规则对证据能力的审查中还需要对重复供述问题予以进一步考虑。重复供述是指侦查人员在采用刑讯逼供等非法方法获取犯罪嫌疑人、被告人供述后，在随后的讯问中又通过合法方法获取的犯罪嫌疑人、被告人的重复供述。那么，在侦查人员使用非法方式获取了被告人的第一次供述，后来侦查人员没有再使用非法方式，但被告人作出了重复的供述时，是否应当排除之后的重复供述呢？我国 2012 年《刑事诉讼法》及其司法解释对重复供述未作出规定，有学者认为这是我国关于非法证据的规制中最为突出的问题。❶ 对于重复供述问题，目前存在三种应对模式：直接适用非法证据排除规则模式、"毒树之果"模式、证据使用禁止的放射效力模式。❷ 直接适用非法证据排除规则主要为我国台湾地区所选用，是指侦查人员以刑讯逼供等非法方式获取被告人供述后，如果先前非法方法致使被告人肉体或精神上产生痛苦，强制状态持续到之后的讯问，便直接适用非法证据排除规则，将之后所获取的重复供述予以排

---

❶　龙宗智. 我国非法口供排除的"痛苦规则"及相关问题 [J]. 政法论坛，2013（5）：12-24.

❷　吉冠浩. 论非法证据排除规则的继续效力——以重复供述为切入点 [J]. 法学家，2015（2）：61-74.

除。而"毒树之果"主要由美国所采用，侦查人员非法获取的证据为"毒树"，由该非法证据所派生的证据为"毒树之果"，不得作为定案根据。证据使用禁止的放射效力是指一证据适用禁止之效力亦可深达间接取得之证据上。❶ 国内学者对这三种模式的优劣观点不一，对采用何种方式解决重复供述问题的观点也较为多样。此外，还有学者提出非法证据排除规则的继续效力之观点。因而，对于重复供述问题的探讨，还将持续下去。

证人、鉴定人出庭制度。证人是指知道案件情况并提供证言的人。❷ 在大陆法系国家，证人是陈述自己观察的第三人，不包括当事人和鉴定人。

证人作证是"对自己感官直接感知或者体验的与案件情况有关事实所做的陈述，这种陈述应当是证人对案件事实的直接体验，不能是其对案件情况的看法、推测或者分析性意见。"❸ 证人出庭作证是指诉讼中，知晓案件情况的证人出庭作证，以言词的形式就自己所了解的案件事实向法庭如实陈述并接受双方当事人的质证，或者法官以询问的方式进行审查的诉讼制度。一般认为鉴定人和证人的区别在于证人具有不可替代性，而鉴定人具有可替代性。但是在诉讼中，鉴定人一旦确定并进行鉴定，其作证义务与证人无异。鉴定人出庭作证是鉴定义务的继续和延伸，是其以诉讼参与人的身份参加案件审理活动的内在

---

❶ 克劳思·罗科信.刑事诉讼法 [M].吴丽琪，译.北京：法律出版社，2003：223-224.

❷ 王敏远.刑事诉讼法学（上）[M].北京：知识产权出版社，2013：272-273.

❸ 郭华.法学原理与案例讲堂——证据法 [M].北京：北京师范大学出版社，2014：74-76.

需要，也是法庭质证、认证以及当事人双方行使质证权的要求。❶

司法实践中，我国证人出庭作证率一直较低，证人的证言往往是在庭外作出的。2012 年《刑事诉讼法》实施后，学者对证人出庭作证问题的实证研究显示：在"是否会主动要求证人出庭的问题"上，全部法官都选择"一般不会主动要求"，在检察官参与的公诉案件中，全部检察官都选择"在审判时法官一般不会主动要求证人出庭作证"；在统计"强制证人出庭作证的落实情况"时，64% 的法官选择无法落实、缺少配套机制，35% 的法官选择即使强制证人出庭，也达不到预期的出庭效果，只有 1% 的法官选择少数案件能够强制证人出庭。❷ 对于证人作证制度难以获得实践的原因，学者普遍将其与案卷笔录中心主义的刑事诉讼模式相联系，认为案卷笔录中心主义的刑事诉讼模式是证人出庭作证难的根本原因。❸

鉴定人出庭制度对于落实直接言词原则，全面贯彻证据裁判规则，保障当事人的合法权益，辅助查明案件事实方面有着重要作用。❹ 但长期以来我国鉴定人出庭制度并未获得较好的实践效用。据浙江省司法厅统计，2013 年该省办理涉及诉讼的司

---

❶ 谢安平，郭华．刑事证据的争鸣与探索——新刑事诉讼法证据问题的展开 [M]．北京：法律出版社，2013：177-180.

❷ 叶扬．新刑诉实施后的证人出庭作证问题研究 [J]．社会科学家，2014 (9)：111-115.

❸ 何莉．新刑诉法视角下证人出庭制度失灵问题的解决建议 [J]．河北法学，2015 (6)：186-191．另见胡星昊．从职权启动到诉权驱动——论证人出庭模式之转变 [J]．政法论坛，2015 (4)：75-85.

❹ 樊崇义，李思远．以审判为中心诉讼制度下鉴定人出庭制度研究 [J]．中国司法鉴定，2015 (4)：1-7.

法鉴定 36 832 件，鉴定人出庭作证只有 167，出庭率仅为
0.45%。超过四成（占 41%）的被调查者认为最主要的原因是
鉴定人不愿意出庭；认为是"当事人不了解程序"和"鉴定意
见争议少不需要出庭"的，分别占总样本数的 23.2% 和 20.3%；
认为主要原因是法官不愿意鉴定人出庭的人数最少，占总样本
数的 8.9%。就职业分布而言，有六成的法官认为最主要原因是
鉴定人不愿出庭，但是选择这一项的律师只有 40.1%，选择这
一项的鉴定人则低至 30.4%。而在认为法官的意愿是导致鉴定
人出庭人数较少的人中，有 63% 的人是律师，19.6% 的人是鉴
定人，法官只占到 8.7%。另外，40% 的鉴定人认为主要原因是
当事人不了解程序，选择此项的鉴定人数量（占 45%）超过了
选择此项的法官和律师人数的总和（占 36.1%）。❶ 就学界观点
而言，许多学者认为鉴定人权利与义务的不对等，特别是诉讼
法对鉴定人出庭的人身保障与出庭经济补偿的缺失，造成了鉴
定人出庭少的问题。❷

　　证人、鉴定人出庭制度是审判中心主义的必然要求，也是
从侦查中心主义转变为审判中心主义的核心要素之一。审判中
心主义下，审判权制约诉讼各程序，庭审是其中的关键环节，
要求证据裁判原则首先对证据能力进行裁判。因而证人证言、
鉴定意见是否具有证据能力需要通过当事人双方在法庭上辩论、
调查的方式进行，由法官判断某一证据是否具有证据能力。而

---

❶ 俞世裕，潘广俊，林嘉栋，余晓辉. 鉴定人出庭作证制度实施现状及完
善——以浙江省为视角 [J]. 中国司法鉴定，2014（5）：7-16.

❷ 樊崇义，李思远. 以审判为中心诉讼制度下鉴定人出庭制度研究 [J]. 中国
司法鉴定，2015（4）：1-7. 高明生，李丽丽. 论鉴定人出庭制度如何走出实践困
境——以民事诉讼为视角 [J]. 中国司法鉴定，2015（2）：9-17；郭华. 《刑事诉
讼法》有关鉴定问题的修改与评价 [J]. 中国司法鉴定，2012（2）：12-16.

从证据裁判原则来说，确定证人证言、鉴定意见的证据能力要求证人、鉴定人当庭作出证言并接受双方的质询。

总之，审判中心主义下的证据裁判原则，证人所作陈述、鉴定人的鉴定意见是否具有证据能力，要求证人、鉴定人应当出庭作证，并在庭上接受双方当事人的质证，并由审判机关居中对证人证言是否具有证据能力予以确认。

（3）证据裁判。证据裁判原则的第二层含义是证据裁判，裁判者不得以自己所感知的具体事实径行作为裁判的依据，而只能以具有证据能力、经过法庭调查查证属实的证据裁判案件。证据裁判是证据裁判原则的核心，是刑事诉讼活动的关键。证据的证据能力及证明力只有经过庭审程序依法定调查程序进行严格审查，此证据方能作为裁判的依据；而证据应达到法定的证明标准，否则不能作出不利于被告的裁决。对证据裁判的理解，可以通过以下几个方面来理解。

①待证事实。待证事实又称证明对象，是指当事人双方争议的且需要通过证据予以证明的、能够产生法律效果的具体事实。诉讼中当事人所主张的事实中有些需要通过证据予以证明，而另一些则无须证明。前者为待证事实，后者则为无须证明的事实。因此，待证事实是相对于无须证明的事实而言的。待证事实作为裁判者认识案件事实的对象，理论上应是过去发生的客观真相。但在具体案件中，不论对于经历者还是裁判者而言，在认识主体与被认识的客体中间隔着一条无法逾越的时间间隔。真正作为裁判者认识对象的"事实"，已经不是当事人主张的生活意义上的具体纠纷事实，而是经过实体法律规范"格式化"之后的案件具体事实，是在实体法律规范要件事实涵摄下的案件相关事实的法律命题表现形式。

确定诉讼上的待证事实应当符合以下条件:❶ 第一,在诉讼上被确定为待证事实的,应当是为一方当事人所主张,并且在当事人之间存在争议的事实或者事项,或者当事人之间虽无争执但属于法官依照职权应当查明的事实或者事项;第二,在诉讼上被确定为待证事实的应当是具有法律意义的事实,这种事实由立法者预先在法律规范中采用抽象的逻辑思维加以规定,并由法官通过主观判断其所确认的事实,是法律对日常生活中出现的符合法律规范的事实行为加以调整的产物;第三,待证事实应当是有必要查明或者证明的,需要当事人证明、对诉讼过程具有价值,区别于免证事项的事实;第四,待证事实是能够通过证据认定其真实而使法官获得心证的事实。

待证事实在诉讼中具有限定功能。首先,其限定了当事人收集证据的范围。在待证事实的规范下,当事人只需要收集证明待证事实的证据。虽然有关待证事实的规定并不禁止当事人收集与待证事实有关的证据,但是也对当事人收集证据的范围有了引导作用。其次,待证事实限定了举证的范围。诉讼证明是围绕待证事实展开的,当事人的举证活动应当以待证事实为核心,与待证事实无关的材料都应当被排除在诉讼之外。因而,证据材料与待证事实之间的关系划分了当事人举证、质证的界限。最后,待证事实约束裁判者的裁判对象。在诉讼证明中,裁判者不能超越诉讼证明所获得的认识而就其他问题作出裁判。在诉讼上,诉外裁判,对当事人不具有法律上的约束力。❷

待证事实包括实体法上的事实和程序法上的事实,不包括

---

❶ 毕玉谦. 证据制度的核心基础理论 [M]. 北京:北京大学出版社,2014:2-3.

❷ 张建伟. 刑事诉讼法 [M]. 2 版. 北京:高等教育出版社,2014:216-217.

证据事实。证据事实是指证据本身记载和反映的事实。通说认为证据事实不属于待证事实，而学界普遍认为证据裁判原则适用于严格证明，即是对实体法事实进行认定时所遵守的原则。严格意义上的证据裁判适用于实体法事实的认定，不包括程序法事实。❶ 程序法事实虽然也需要证据予以证明，但证据裁判原则并不适用于程序法事实的证据过程中。

刑事诉讼中证据裁判原则调整的实体法事实包括但不限于以下事实。

第一，被告人的身份情况。包括被告人的一般履历，即姓名、性别、年龄、民族、文化程度、家庭出身、个人成分、工作经历、工作单位、职务、原籍和现址、政治面貌，一贯表现，是否有前科或受过处分等。

第二，犯罪事实是否存在。它包括犯罪行为是否已发生，是否属于正当防卫、紧急避险等排除社会危害性的行为，实施犯罪行为的时间、地点、方法、工具、过程、环境和条件等，以及实施犯罪行为的后果。

第三，被告人有无刑事责任能力。犯罪实施者是谁及其是否达到责任年龄、有无责任能力，不仅影响案件审理，同时也对原被告双方具有重大影响。

第四，被告人的罪过（故意和过失）情况以及犯罪的目的、动机。只有被告人在故意或过失的情况下实施了犯罪行为，才负刑事责任；同时故意和过失的具体情况关系到确定犯罪性质和社会危险性的大小。

第五，有无从重、从轻、减轻刑罚的事实；有无不追究刑

---

❶ 陈卫东. 刑事诉讼法学 [M]. 北京：中国人民大学出版社，2013：153-154.

事责任的情形等。

②证据认定事实与证据裁判。证据认定事实是指证据能够证明案件事实。证据是可以证明案件事实的材料，因而具有证据能力的证据材料就可以证明案件事实。证据材料具有证据能力、证明力，符合客观性、关联性、合法性就可以认定事实。因而，可以认为证据认定事实，是证据本身的属性，法官通过对证据材料是否属于证据的判断即可实现证据认定事实之效能。但证据对事实的认定，可能并非只以某一单个证据为依据，可能是某一证据群。但不可否认的是，证据认定事实是从单个事实而非整个案件而言的，证据认定事实并不意味着证据认定了案件全部事实。因此，证据认定事实强调了证据具有的证明功能，只有证据对全案待证事实都予以证明时，才能作出不利于被告的裁判。

证据裁判涉及证明标准问题。证明标准是指在诉讼上用以衡量或者评判法官就个案中的待证事实是否获得内心确信的尺度或者程度。❶ 诉讼中，待证事实是运用证据加以证明的问题，而证明标准是对待证事实进行证明所要达到的程度。❷ 证据裁判是从全案证据角度而言的，只有案件的每个待证事实都有证据证明，全案证据达到证明标准时，才能使用证据裁判。证据裁判往往建立在证据群上，而证据群往往证明着不同的待证事实。证据裁判暗含着一种情形，即综合全案证据后不能得到法定的证明标准时，即使某些待证事实有证据予以证据，也不能适用

---

❶ 毕玉谦. 证据制度的核心基础理论 [M]. 北京：北京大学出版社，2014：196-199.

❷ 卞建林. 刑事诉讼法学 [M]. 2 版. 北京：中国政法大学出版社，2012：212-213.

证据裁判。而适用证据裁判，要求案件达到证明标准，在刑事诉讼中即要求：第一，每一案件事实都有证据证明，没有证据证明的事实，都是不成立的，不能作为定罪量刑的根据；第二，单个证据具备证明力和证据能力，要求每一个定案的证据均已经法定程序查证属实；第三，证据相互印证，两个以上的证据能够证明的案件事实出现交叉或者重合；第四，全案证据形成完整的证明体系；第五，直接证据得到其他证据的补强，对于包含较为完整的犯罪构成事实的直接证据而言，只要该直接证据的真实性得到了其他证据的印证，则该直接证据所包含的全部事实信息的真实性也就得到了验证；第六，结论的唯一性和排他性，"结论的唯一性"是指根据全案证据得出的结论是唯一的，不能有两种以上的结论，"排他性"是指综合全案证据来看排除了不是犯罪或者不存在犯罪的可能以及犯罪行为不属于被告人所为的可能。[1]

由此可见，证据认定事实和证据裁判一个注重微观、一个注重宏观。证据裁判要求证据认定事实，但证据认定事实不意味着证据裁判。只有达到证明标准时，才能够通过证据裁判对案件进行裁判。

③证人证言的采纳。证人证言是指当事人以外了解有关案件事实情况的人，就其感知的有关案件事实，向公安司法机关所做的与案件有关事实的陈述。[2] 此处的"证人"是指对某一事实的全部或者部分事实有所感知并向公安机关陈述该事实的当事人以外的第三人。对于"证人"的概念，需要了解的是，在

---

[1]　陈瑞华. 刑事证明标准中主客观要素的关系［J］. 中国法学，2014（3）：177-195.

[2]　陈光中. 证据法学［M］. 3 版. 北京：法律出版社，2015：166-168.

一些国家，证人包括两种类型：第一，"事实证人"，即就自己感知的有关案件事实进行陈诉的证人；第二，"专家证人"，即根据自己掌握的专业知识就案件涉及的专门性问题提出意见的专业人士，这类证人又被称为"意见证人"。我国诉讼中的证人相当于前述"事实证人"，与此同时，我国还具有"有专门知识的人"参加诉讼的制度，但其仅能对鉴定人的鉴定意见发表意见，不同于国外的"专家证人"。在如何判断和认定案件中的专门性事实问题上，英美法系和大陆法系国家分别采取了专家证人和司法鉴定两种不同的模式。❶ 大陆法系国家为了解决诉讼中产生的技术争议，采用司法鉴定制度和"专家辅助人"制度之设计。我国目前主要是通过鉴定制度与"有专门知识的人"参与诉讼活动来解决的。❷ 而对于"有专门知识的人"，学者普遍认为属于"专家辅助人"。❸

证人证言作为言词证据，其具有生动、形象、具体、丰富的特点，能够对案件审理产生积极作用。但与此同时，证人证言的可靠性往往受到外界影响。一般来说，影响证人证言可靠性的因素主要有两类：一类是主体因素，如证人的年龄、性别、情绪等；第二类是主体外因素，如光线、距离、暗示等。❹ 与此同时，证人提供的证言往往由于各种原因也存在虚假可能性，因而，对于证人证言需要对其证据能力进行探讨，而对证人证

---

❶ 汪建成. 专家证人模式与司法鉴定模式之比较 [J]. 证据科学，2010 (1)：17–28.

❷ 胡震远. 我国专家证人制度的建构 [J]. 法学，2007 (8)：92–97.

❸ 谢安平，郭华. 刑事证据的争鸣与探索——新刑事诉讼法证据问题的展开 [M]. 北京：法律出版社，2013：283–285.

❹ 杨伟伟，罗大华. 国外心理学关于证人证言的研究及其启示 [J]. 证据科学，2007 (15)：61–68.

言的采纳上更需要慎重。

3. 证据裁判原则的功能

就证据裁判原则的核心功能而言，应当是对法官进行证据取舍而对案件事实予以裁判的自由裁量权的限制。在这个方面，我国和英美法系国家存在联系也具有较大区别。英美法系国家区分事实问题与法律问题，法律问题由法官进行裁判，事实问题则可能由陪审团予以判断。对陪审团而言，只有在法庭上出现的证据，才能成为其认定案件事实的依据。因而，对英美法系国家而言，证据裁判原则是对陪审团如何认定案件事实的限制。而对大陆法系国家而言，证据裁判原则目的在于限制法官在裁判案件过程中对证据的自由取舍。自由心证的证据制度将法官从法定证据制度下机械适用法律规定的束缚中解放出来，赋予法官自由裁量权，使法官能够按照自己的理性和良知来判断证据和认定事实。

证据裁判原则的功能在英美法系国家和我国的差别，主要是原则所限制的主体不同，这种差别与诉讼模式相关联。但不难看出其中具有的联系之处。不论是英美法系国家还是我国，其目的都是抑制评判证据的过程中不正当的心证的形成，以保证诉讼结果的公正性。❶

4. 违反证据裁判原则的法律后果

违反证据裁判原则的法律后果，主要是针对法官而言的。由于证据裁判原则最核心的目的在于限制法官滥用自由裁量权而恣意取舍证据，因而法官违反证据裁判原则而作出裁判的，

---

❶　陈卫东．刑事诉讼基础理论十四讲［M］．北京：中国法制出版社，2011：311-312.

应当承担相应的责任。

(二) 证据裁判原则之例外

对于证据裁判原则之例外，学者具有不同的表述。

第一种表述区分程序法事实和实体法事实，证据裁判原则适用于实体法事实，因而证据裁判原则的例外包括两部分：程序法事实、不需证据证明的实体法事实。

第二种表述为证据裁判原则之例外一般涉及众所周知的事实、公证的事实、预决的事实、推定的事实、当事人诉讼上自认的事实等无须当事人举证证明的事实。❶

第三种表述为自然规律和定理、法律规定及其解释、司法职务应当知悉的其他事实等，无须运用证据予以证明，属于证据裁判原则的例外。❷

第四种表述为民事诉讼中当事人的自认、司法认知、推定证明、拟制的事实为证据裁判原则之例外。❸

证据裁判原则适用于对实体法事实的证据，因而证据裁判原则的例外应当是不需运用证据予以证明的实体法事实。具体而言，证据裁判原则的例外包括以下四种类型。

第一，免证的事实。免证的事实是指当事人无须举证证明的事实，包括众所周知的事实、自然规律及定理、已为生效法律文书确认的事实、公证的事实、仲裁确认的事实、自认的事实。对于免证的事实，当事人无须举证证明，法院可以直接采纳。但若当事人对除了自然规律及定律外的免证的事实存在异议，有相反的证据足以推翻的，法院应当在当事人质证后确认

❶ 谢安平，郭华. 证据法学 [M]. 2 版. 北京：法律出版社，2014：230-234.

❷ 陈卫东. 论刑事证据法的基本原则 [J]. 中外法学，2004 (4)：411-440.

❸ 张建伟. 证据法要义 [M]. 北京：北京大学出版社，2009：53-55.

是否认证。当事人推翻免证的事实，需要通过证据证明，因而在该种情况下，适用证据裁判原则。自认的事实也属于免证事实，这里的自认是指对案件实体事实的自认，并不包括对诉讼请求的自认（即认诺）。在刑事诉讼中，不能将被告人的自认作为定案的唯一依据，特别是不能作为确认其有罪的唯一根据。

第二，推定的事实。推定是指根据事实之间的常态联系，当某一事实存在时，推引另一不明事实存在。❶ 目前，各国普遍承认推定是一种有效的事实认定机制。通说认为推定包括法律推定和事实推定。❷ 法律推定是在法律上明确规定，当存在已知事实的情况下，推定某一未知事实的存在。事实推定是在诉讼过程中，司法工作者依据两个事实的常态化联系，在存在已知事实时，推定某一未知事实存在。刑事诉讼严格限制适用推定，反对有罪推定的同时注重无罪推定。

第三，法律拟制的事实。法律拟制是根据实际需要，把甲事实看作乙事实，使甲事实与乙事实发生同一的法律效果，不能用反证来否认，因而不涉及举证责任由谁分担的问题。❸ 当存在法律拟制规范的情况下，甲事实存在时，则拟制其发生与乙事实相同的法律效果，当事人不能通过反证的方式否认发生与乙事实相同的法律效果。但当事人可以对甲事实的存在与否产生争议。在法律拟制中，一方当事人主张的是产生乙事实的法律后果，但双方争议并需要证明的是甲事实。因而法律拟制不影响举证责任的分担。

第四，涉及举证责任的事实。举证责任实际上包含两方面

---

❶ 陈光中．证据法学（修订版）［M］．北京：法律出版社，2013：448-449.

❷ 陈一云．证据学［M］．北京：中国人民大学出版社，2010：164-165.

❸ 陈光中．证据法学（修订版）［M］．北京：法律出版社，2013：448-450.

的含义：行为意义上的举证责任与结果意义上的举证责任，前者指就自己的主张向人民法院提供证据的责任，后者指当自己主张的事实最终得不到证明时，承担不利诉讼结果的责任。● 当当事人提出的证据不能证明自己的主张时，承担证明责任的一方需要承担不利的诉讼后果。对于该不利后果，另一方当事人不需根据证据予以证明。因而举证责任中，承担举证责任的一方不能证明其主张时所承担的不利责任，另一方当事人不需运用证据予以证明。因此，在这种情况下举证责任也是证据裁判原则的例外。

目前，我国三大诉讼法分别对证据裁判原则之例外进行规定。三大诉讼法的规定虽有些不同，内容上涵盖了以上所诉四个具体方面的证据裁判原则之例外。

三、证据制度改革具体内容

（一）完善证据的收集制度

证据收集是指办案机关、律师、当事人及其法定代理人、诉讼代理人，依照法定程序、手段、方法，发现、固定、提取以及调取与案件有关的各种证据的活动。❷ 所谓证据收集过程的固定，指在收集与案件事实有关内容材料的同时，要将收集过程及有关程序问题以适当方式加以记载或反映。审判中心主义下，证据的证据能力将受到更大的关注，因而证据的收集、固定需要以审判为中心。对于证据的收集、固定要按照法定程序进行，否则将承担违反程序的程序性制裁后果。这种后果包括

● 柴发邦，李浩．两种含义举证责任之比较［J］．中国法学，1993（4）：91-95.

❷ 谢安平，郭华．证据法学［M］．2版．北京：法律出版社，2014：238-240.

证据材料缺乏证据能力、被作为非法证据予以排除、不能作为定案依据等。与此同时，还可能引发对证据收集、固定主体的责任追究问题。因而，在审判中心主义下，更要注重对证据的收集、固定问题。

证据收集、固定作为一项诉讼活动，具有以下特点。首先，证据收集是依照法律规定进行的活动。对于办案机关而言，证据收集是一项职权行为，法律在授予其职权的同时也为其规定了严格的程序和限制性条件，并规定违反程序的程序性制裁后果。对于当事人而言，证据收集、固定是一项诉讼权利，其行使权利也要受到一定限制。其次，证据的收集、固定具有复杂性，包括涉及的主体复杂、程序复杂、考虑因素复杂。再次，证据收集、固定是具有诉讼目的的行为，其旨在发现案件事实、支持己方主张。最后，证据的收集、固定是案件事实得以认定的基础，案件事实必须经过对证据的举证、质证、审查判断后才能作为定案的依据。而对证据的审查判断是建立在收集、固定证据之上的，若没有收集、固定证据，则没有证据审判的可能，而若证据收集、固定过程具有非法、瑕疵情形，将反过来影响对证据的审查判断。

对于证据的收集、固定问题的探讨，在侦查中心主义中，法庭审判实际上前移到侦查阶段，尤其是对证据的判断转移为侦查机关进行。侦查机关收集、固定的证据材料，往往直接成为定案依据。而近年来，随着关于依法治国的决定中以审判为中心的诉讼体制改革的推进，证据收集、固定受到审判权的制约，不符合证据裁判原则的证据将无法获得证据能力、不能作为定案依据。因而，证据的收集、固定要以保持证据能力、最大程度成为定案依据为目标。具体而言，审判中心主义下证据的收集、固定需要遵守以下要求。

1. 证据收集、固定必须依法进行

首先，证据收集主体应当为法定主体。刑事诉讼中办案机关被授予收集、固定证据的职权，既是一项权力也是一项职责。没有证据收集权的主体不得行使该项权力，否则将导致证据材料缺乏证据能力。其次，证据收集应当采用合法方法，不得通过非法方法获取证据。办案机关在收集、固定证据时不得采取法律禁止的方法。特别是应当改变"口供至上"的观念，禁止使用肉刑或者变相肉刑，或者采用其他使被告人在肉体上或者精神上遭受剧烈疼痛或者痛苦的方法，迫使被告人违背意愿供述的，禁止刑讯逼供等非法方法收集的犯罪嫌疑人、被告人供述。同时禁止暴力、威胁等非法方法收集的证人证言、被害人陈述。最后，收集的程序应当符合法律规定。法律对证据的收集程序有规定的，应当严格按照规定进行，防止出现证据瑕疵。

2. 应当客观、全面收集证据

收集证据应当从不同角度去收集证明案件事实的证据，既不要夸大也不要缩小。对于国家机关而言，收集证据更要注重全面、客观，在追究犯罪嫌疑人、被告人的刑事责任的同时，也要收集有利于犯罪嫌疑人、被告人，可能从轻、减轻、免除刑罚的证据。因而既要收集犯罪嫌疑人有罪、罪重证据，也要收集无罪、罪轻证据。此外，全面收集证据还要求不得选择性收集证据。办案机关对于可收集的证据应该全部收集，而不得就其中部分证据进行收集。国家机关通过全面、客观收集证据，实现追诉权和人权保障的平衡，切不可先入为主、以偏概全。

3. 收集证据应当主动、及时

证据虽然是客观存在的事物，但其在不断的运用中。随着时间的推移，证据的客观性、证明力会减弱，甚至消失。以证人证言为例，证人的感知、记忆力等会随着时间的推移而模糊，其证言的可靠性将大大降低。与此同时，证据还可能受到外界的恶意破坏、毁灭，造成难以恢复的结果。一旦错过收集、固定证据的时间，将难以获得再次收集的机会。因而，收集证据应当主动、及时，切不可拖延。

4. 证据收集应当保证收集质量

一方面收集、固定的证据越多越好；另一方面证据需要能对诉讼活动产生实际作用。因而，收集、固定证据时要深入案件实际中，从广度、深度上扩宽证据来源，挖掘隐藏在表面下的证据。与此同时，收集、固定证据还需要具有科学性，即采用的方法具有科学性、过程应当具有可靠性、参与主体专业性、结果具有有效性。从而保证证据在证据能力、证明力、证据属性方面的优势。此外，应当完善适应各类证据特点的证据收集指引，规范办案人员收集证据的程序，提高证据收集质量。

5. 不得伪造、隐匿或者毁灭证据

证据收集中，还要防止发生对证据的不法行为，保证证据的真实性、合法性。伪造、隐匿、毁灭证据的行为不仅扰乱了办案机关、办案人员正常的取证过程，同时严重扰乱了追究被告人刑事责任的整个过程。对于收集证据过程中发生的伪造、隐匿、毁灭证据的行为，应当及时追究行为人的不法行为。

6. 建立特殊案件的证据收集纪录制度

对于被害人死亡、严重暴力犯罪等案件，应当对勘验、检查、搜查等证据收集过程进行录音录像。命案、严重暴力犯罪等案件中，被告人罪行严重、社会危害性大，需按重罪追究其刑事责任。因而，对定罪证据的证明标准的把握更为严苛。此外，被告人对于取证过程有异议的，也需要法庭就取证过程进行调查、控辩双方进行辩驳。而对办案机关、办案人员而言，其收集证据的行为的录音录像可能提交法庭、受到法庭和辩方的监督，其取证行为将更为规范、合法。因此，对证据收集过程进行录音录像，不仅能促进取证行为的合法性，还有助于辩方就证据的收集过程提出质疑的意见。

7. 对证据的收集过程有疑问，收集机关不能作出合理解释的，不得作为定案的根据

证据的收集过程直接影响证据的合法性、真实性问题，一旦存在质疑，且收集主体不能作出合理的解释的，无法消除对证据合法性、真实性的疑问，因而应当被排除出定案依据范围内。就所谓合理解释而言，对于取证过程的录音录像过程可以作为解释的依据，当然还需要收集人员出庭接受控辩双方的询问。

（二）完善鉴定制度

司法鉴定是指"在诉讼活动中鉴定人运用科学技术或者专门知识对诉讼涉及的专门性问题进行鉴别和判断并提出鉴定意见的活动"。❶ 鉴定行为本身不能对诉讼过程产生影响，但鉴定的成果即鉴定意见可以作为证据证明案件事实。审判中心主义要求所有证据都需要在法庭上接受举证、质证过程，鉴定意见也不例外。而这就间接要求鉴定机构、鉴定人出庭作证就鉴定的标准、鉴定过程、鉴定技术等进行说明、接受控辩双方的询

---

❶ 郭华. 刑事技术、刑事技术鉴定与司法鉴定关系之考量［J］. 现代法学，2010（6）：182-191.

问，否则将遭受不利益。因此，实际上审判中心主义下的诉讼体制改革要求鉴定制度作出以下几方面的完善。

1. 完善鉴定管理制度

审判中心主义下，鉴定意见能否成为定案的依据，关键在于鉴定程序是否具有合法性、科学性，鉴定是否符合鉴定标准等实质性涉及鉴定意见的方面。因此，完善鉴定行业管理应当侧重于鉴定质量的控制，具体而言包括，建立统一的鉴定机构资质认定和认证认可体系，司法鉴定实验室的能力验证体系以及司法鉴定机构质量保证体系。此外，还需要建立鉴定机构和鉴定人退出机制：可借助鉴定人出庭获得的反馈信息，对鉴定机构和鉴定人的诚信与鉴定能力进行评价，建立鉴定机构和鉴定人的信誉评价机制，并借助淘汰机制使达不到鉴定要求的鉴定机构和鉴定人不断被淘汰，从消极的层面来解决鉴定能力低下的问题，进而降低鉴定意见异议的发生率，不断提升鉴定质量，促进鉴定向科学性发展。[1] 除了对鉴定机构的管理外，还需要对鉴定机构的类型予以丰富，对于某些需要鉴定的、却缺乏法定司法鉴定机构的专门性问题，应当尽快建立专业司法鉴定机构，做到专门问题由专门鉴定机构进行鉴定。最后，明确不同鉴定的鉴定专业标准，对同类专门问题的鉴定确立统一鉴定标准，从而提高鉴定意见的质量。

2. 规范鉴定相关程序、制度

审判中心主义对证据的要求严格，鉴定意见作为法定证据类型之一，其形成过程受到严格限制。但目前，针对鉴定的启

---

[1] 郭华. 健全统一司法鉴定管理体制的思路转向 [J]. 中国司法鉴定，2015（1）：1-7.

动权、送鉴程序、补充鉴定程序、重新鉴定程序规定不足，鉴定过程程序性不强，不能满足审判中心主义对证据制度的要求。因而，应当规范和完善鉴定相关程序、制度。

从审判中心主义出发，对鉴定启动权的完善可以从以下四个方面入手。第一，启动鉴定的条件。是否需要鉴定，应当符合"必要性"条件❶：一是相对作为普通人的公、检、法的司法人员或者当事人需要鉴定的事项超出了普通人的知识范围，对于需要鉴定的主体来说因无能为力而必不可少；二是鉴定的事项属于"专门性问题"，这种专门性问题应当是科学技术或者专门知识能够解决的问题，这一问题不得仅仅依靠个人知识和经验作为判断标准；三是鉴定的事项对案件事实的认定是必不可少，否则，案件事实无法予以认定，不得已而为之。第二，规定关键证据的强制鉴定制度，对于认定关键性的案件事实的专门性问题，一律进行鉴定，否则视为程序违法或者纳入事实不清的范围。一般来说，公安机关、人民检察院、人民法院对于下列事项应当决定鉴定：人身损伤程度、死亡原因、当事人精神状况、其他必须借助特殊专门知识的情形。第三，公诉案件中，在保留控方鉴定启动权的基础上确立"备鉴"规则，建立控方鉴定启动权的制约机制；在维持犯罪嫌疑人、被告人申请"补充鉴定""重新鉴定"权利的基础上赋予其申请鉴定的权利；在取消鉴定启动权对被害人限制的基础上赋予其独立启动鉴定的权利；在限制法院自行积极地启动鉴定权力的基础上赋予其拥有"重新鉴定"独有权和消极的"初次鉴定启动权"。法院消极的鉴定启动权仅适用于控方没有启动鉴定而法院认为

---

❶ 樊崇义，郭华. 论刑事鉴定启动权制度 [J]. 中国司法鉴定，2010（1）：1-6.

需要鉴定或者控辩双方或者一方没有申请法院启动鉴定程序的情形。对法院依职权启动的鉴定程序，控辩双方享有选择鉴定机构和鉴定人的权利。第四，自诉案件中，应当赋予当事人在必要时自行启动鉴定程序的权利。同时也应维持法院自行启动鉴定的权力，同时对于法院启动鉴定的权力予以一定的制约。这种制约机制可以通过当事人对法院决定鉴定享有鉴定机构和鉴定人的选择权来实现。建立这种启动鉴定权制度可以消除法官自行启动鉴定后出现不利于当事人一方或者双方的结论引发法官与当事人对立的现象。

目前对送鉴程序、补充鉴定程序、重新鉴定程序不明确，而审判中心主义下势必需要予以明确。就"有专门知识的人出庭作证"而言，《刑事诉讼法》第192条第3款规定："第二款规定的有专门知识的人出庭，适用鉴定人的有关规定。"专家辅助人是否有资质的限制不应仅仅局限于"适用鉴定人的有关规定"，还要从刑事诉讼法对专家辅助人在庭审的所有规定及其功能上予以考虑。从《刑事诉讼法》对有专门知识的人的规定来看，侦查机关进行勘验、检查的过程中，"专门知识的人"进行的活动本身具有从属性，不需要专门的资质限制；另外，并非任何人均可作为专家辅助人，就专家辅助人称谓而言，其应当是专家或者有专门知识，不同于一般人或者普通人，否则与专家辅助人的称号不符，也无法帮助公诉人、当事人和辩护人、诉讼代理人行使对鉴定意见提出意见的权利。因此，专家辅助人应当具有专家的证明文件或者能够说明其经验技能的证据，尽管无须像鉴定人那样具有法定的执业资质。也就是说，公诉人、当事人和辩护人、诉讼代理人提出申请时，应当在其申请中载明专家辅助人的姓名、所属单位、相关资格证明及联系方法等基本情况，以便法庭确定是否需要通知其出庭。但法庭不得对有专门知识的人作出不合格的评断或者为申请人另行指定其他人，更不能以此为由剥夺或者限制公诉人、当事人和辩护人、诉讼代理人的申请权。❶

3. 规定强制鉴定制度

对于在现场遗留的可能与犯罪有关的指纹、血迹、精斑、毛发等证据，应当鉴定；对于命案，应当通过鉴定等方式确定被害人身份。由于现场遗留的证据是证明案件事实重要的证据，且往往与案件有较高的关联性，其证明的事实对整个案件的审理具有重大影响。此外，这些证据往往易灭失，难以固定，或即使固定也难以维持其客观性。因而，应当通过鉴定的方式，对证据予以固定，从而留下对证据的客观分析。而在命案中，被害人身份是案件审理的核心之一，只有确定被害人身份才能对被告人定罪量刑。而通过鉴定方式确定被害人身份较其他方式具有可靠性，应当强制规定通过鉴定方式确定被害人身份。

（三）建立健全证据登记保管制度

证据经过查证属实才能成为定案的根据，而收集证据后一定期限案件才能进入诉讼程序。因而，在证据进入法庭之前的保管变得尤为重要。若证据未能获得妥善保管，则进入法庭的证据将失去其客观性，甚至灭失的证据将无法进入法庭，更无法成为定案的依据。审判中心主义下，不但要注重证据的收集过程，同时证据的保管具有同样的重要性。

证据的保管制度，核心包括由谁保管、在何地保管、保管

---

❶ 郭华. 刑事诉讼专家辅助人出庭的观点争议及其解决思路 [J]. 证据科学，2013（4）：428-436.

行为的限制、保管证据的查询等。具体而言，应当从以下几个方面来构建证据保管制度。明确独立的保管制度，由办案人员以外的专人登记保管，存放于专门保管场所。由专人登记保管、存放于专门场所，既可以保证证据的安全，维持其收集时的原貌，也可以降低办案机关的负担。因此，应当由专门的人员在专门场所进行保管。

（四）建立健全刑讯逼供、非法取证防范机制

我国近年来所曝光的若干重大冤、错案件，如杜培武案、佘祥林案、赵作海案等，导致错案的共同重要成因就是刑讯逼供。刑讯逼供与刑事错案之间存在密切的联系，而把刑讯逼供获得的口供作为定案根据往往是造成错案的重要原因之一。❶ 有学者通过对我国的刑讯逼供案件进行考察，大致得出以下结论：第一，几乎所有的刑讯逼供案件，都存在长时间连续讯问的疲劳战术；第二，地点上均发生于基层公安机关，主要是派出所；第三，参与者上除了讯问人员和被讯问人员之外，没有第三方在场。在最新修订的《刑事诉讼法》增强庭审的质证和证据裁判过程，一定程度上体现了审判中心主义，有利于发现刑讯逼供行为。因而应当加强对刑讯逼供、非法取证的防范机制，从源头上遏制刑讯逼供、非法取证行为。

对此，可以从以下几个方面予以完善。第一，规范讯问。刑讯逼供的防范，应首先就讯问环节进行明确，规范讯问的场所和时间。对防范刑讯逼供而言，还具有完善的空间。应当对讯问的地点予以明确规定，在规定的地点讯问，指定地点讯问

---

❶ 何家弘，何然. 刑事错案的证据分析——实证研究和经济分析［J］. 政法论坛，2008（2）：3-19.

时应当将讯问地点置于相对公开的环境中。而就讯问时间，除了规定司法机关最晚讯问时间外，还应当对每次讯问的时间进行规定。具体而言，可以参考《刑事诉讼法》对传唤的规定。第二，扩大讯问录音录像案件范围。从刑讯逼供的防范而言，一方面需要严格依照法律规定，对几类必须案件进行录音录像。另一方面，应当推动有条件的地区率先就所有案件的讯问过程录音录像。第三，建立值班律师在场制度。在对犯罪嫌疑人进行讯问时，允许律师参与，从而确保程序的合法性。被讯问人有权获得律师帮助。因此，讯问前应告知犯罪嫌疑人有权委托律师，如果不能支付律师费用，可为其指定一名律师。犯罪嫌疑人拒绝律师在场的，应当允许。根据犯罪嫌疑人的涉案性质或罪行的严重程度，可以规定特定案件下的强制值班律师在场制度。第四，完善看守所提讯登记和入所体检制度。刑讯逼供案件往往发生在看守所内，因此应对提讯人员、何时对何犯罪嫌疑人进行讯问、讯问地点、讯问的时间、在场人员信息等予以登记。此外，入所体检制度可以为证明是否存在刑讯逼供行为提供间接证据。检查结果必须由医生签名或者医院盖章。看守所凭法律文书、新收押人员体检报告予以收押。第五，加强检察院对侦查措施的监督。检察院作为法律监督机关，应当对侦查过程中侦查机关使用的侦查措施进行监督。严格限制侦查机关的侦查行为，防止侦查机关借侦查措施侵害犯罪嫌疑人的人身、财产权益。第六，严格实行非法证据排除规则，规范非法证据排除程序。严格实行该规则将对刑讯逼供、非法取证行为起到防范作用，有助于规范取证行为。此外，规范非法证据排除程序，明确非法证据的范围和认定标准，从而提高非法证据排除规则适用的可靠性和权威性，提高非法证据排除程序的合法性。

(五) 建立健全作证保护和补助制度

1. 完善证人作证保护制度

证人出庭作证，特别是作出不利于被告人证言的证人，往往受到来自被告人的威胁，而出现不敢作证的情形。对此，各国普遍建立了对证人及其近亲属的保护制度。

各国为保障证人能够于审判期日"敢于"出庭作证，指控被告人，都规定了对证人的保护措施。对于证人的保护，一般涉及立法、保护机构、保护的对象及条件、保护手段五个方面。❶

就英美法系国家而言，普遍制定了关于证人出庭作证的法律。以美国为例，1970 年美国国会通过《有组织犯罪控制法》；1971 年出台《证人安全法》；1976 年美国律师协会刑事司法部创设了被害人委员会，在其努力下，1982 年美国国会通过了《被害人和证人保护法》，1984 年通过《被害人法》《证人安全改革法》，对联邦证人保护程序进行了修正。

证人保护机构而言，英美法系国家对证人的保护包括官方、民间两方面。以英国为例，证人保护的官方组织主要是警察部门，在侦查阶段出现警察机关和检察机关共同对证人进行保护的局面。而英国对证人的民间保护，经历了从仅保障被害人权利后扩展到证人范围的过程。在美国，对证人的保护起初由政府委托私人机构负责，即主要由全美被害人援助联盟等组织负责；后逐渐设立官方保护机构进行保护，由隶属于检察官办公

---

❶ 王永杰. 两大法系证人保护制度的比较与借鉴 [J]. 犯罪研究，2011 (2)：31-37.

室的检察官执法办公室负责证人保护计划的审批和管理。

当然，对证人并非不加区别地进行保护，英美法系国家对证人保护设置了适用条件和内容。英国证人保护包括对证人及其亲属，证人要受到保护必须满足一定的条件，即其有可能遭受到犯罪行为的侵害。而在美国，仅对人身权利有可能受到侵害、符合法律规定条件的证人才有必要对其进行保护。例如美国1970年《有组织犯罪控制法》规定的证人保护计划，对证人保护条件进行了规定：参加人为特定案件进行中或大陪审团诉讼进行中或进行后的合格证人；有证据足以证明证人或其家人的生命处于现实的危险中；有证据足以证明保护证人或其家人符合联邦政府利益。

对于证人保护的手段，美国包括：保护证人免受胁迫恐吓、骚扰；提供有关医疗机构、社会扶助、政府补偿的信息以及提供咨询、治疗等必要援助的计划；通知被害人及证人有关犯罪的调查以及起诉情形；交通及住宿的安排；在法庭待审时提供安全的场所；作为证据的财产物的归还；对雇主或债权人的调解通知书；儿童照护援助；对于性侵犯案件的被害人提供受害检验费用及其他权利、服务注意事项通知。英国对证人的保护主要包括对证人身份进行保密、变更证人住所和身份、派专人对证人进行保护以及采取隐蔽作证方式进行作证。

相较于英美法系国家的证人保护制度，大陆法系国家专门制定证人保护法的情形较少，且证人保护的范围一般较窄。德国有专门针对证人保护的法律，1998年制定了《证人保护法》。证人保护由官方机构负责，德国的联邦刑事警察局是证人保护的主要机构，负责对证人的人身、财产等权利进行保护。对因出庭作证而遭受人身、财产等权利不利益的证人及其亲属进行保护。证人保护的具体方式有：（1）审理不公开，对于在公开审理可能损害证人的私生活、商业秘密、发明秘密或者税务秘密的情况下，审理可以不公开；（2）保密身份，向官方机构和人员报告犯罪情况的证人有权利只告诉其工作单位，而不必透露家庭住址；（3）变更作证方式；（4）律师帮助，如果证人在接受询问时不能亲自实施其权利，经检察官同意，可以为其指定一个律师等；（5）其他关于证人保护的手段，还包括身体安全保护、变更身份、住所等。

　　我国也对证人保护作出了一定的努力。首先从立法而言，我国《宪法》第41条第2款规定："对于公民的申诉、控告或检举活动，有关国家机关必须查清事实，负责处理，任何人不得压制和打击报复。"《刑事诉讼法》第61条、第62条对证人及其近亲属进行保护，特定犯罪案件中对因出庭作证而面临危险的证人及其近亲属采取措施予以保护。《刑法》第307条、308条对妨害作证行为和打击报复证人行为作出了规定。由此可见，我国已树立证人保护理念、初步构建证人保护制度。但比较域外国家证人保护制度，我国证人保护还存在以下问题：第一，对保护的具体机关、保护的启动、程序、执行等均没有作出规定。目前立法笼统规定在诉讼中由人民法院、人民检察院和公安机关采取措施对证人予以保护，并未明确具体的保护机关、保护的具体程序等细节，导致在实践中对证人保护实际"无法可依"，甚至架空证人保护制度。第二，证人保护制度的保护对象范围狭窄。目前，从立法而言，我国仅对特定案件的证人及其近亲属进行保护，而未将被害人纳入证人保护制度的保护对象中。第三，采取证人保护措施的案件范围狭窄。在危害国家安全犯罪、恐怖活动犯罪、黑社会性质的组织犯罪、毒品犯罪等案件中可对证人及其近亲属采取具体保护措施，对其他案件未规定对证人及其近亲属的具体保护措施。

借鉴国外对证人保护的经验，我国应当从以下几个方面对证人保护制度予以完善。第一，扩大证人保护对象范围，将证人及其近亲属、被害人都纳入保护对象范围内。第二，扩大证人保护的案件范围，应当逐步扩大到所有犯罪案件。第三，对证人保护机构予以明确，可以借鉴英美法系国家和德国的经验，将公安机关作为保护的主体，检察院、法院不负责对证人的保护。第四，明确证人保护的启动主体、启动程序，证人可以主动向公安机构申请，公安机关也可自行采取保护措施。第五，完善专门性保护措施，建立证人信息保密制度，允许证人在特定情形下申请变更作证方式，建立远程视频作证程序。第六，对威胁、辱骂、殴打或者打击报复证人等违法行为及时调查、依法处理。对于该种违法行为应当及时调查，防止证人及其近亲属遭受更多不利益，也防止对审判产生不利影响；同时，也要依法处理，不得恣意加重对违法者的处罚。

2. 完善作证补助制度

目前我国《刑事诉讼法》第63条对证人作证补助进行规定"证人因履行作证义务而支出的交通、住宿、就餐费等费用，应当给予补助。证人作证的补助列入司法机关业务经费，由同级政府财政予以保障"。第2款规定"有工作的证人作证，所在单位不得克扣或者变相克扣其工资、奖金及其他福利待遇"。此外《检察规则（试行）》规定："证人在人民检察院侦查、审查起诉阶段因履行证人作证义务而支出的交通、住宿、就餐等费用，人民检察院应当给予补助。"具体而言制度内容包括：第一，应当对证人作证进行补助；第二，补助的事项包括交通、住宿、就餐等费用；第三，补助资金有司法机关同级政府财政支出，但由谁管理并不明确；第四，规制证人所在单位克扣证人工资福利行为，保障证人正常的工作福利。但是，对比域外国家的证人补助制度，我国证人补助制度中程序问题规定并不明确，特别是补助费用申请程序、批准机关、计算方法、发放方式等。

因而我国证人补助制度应当就以下几个方面进行完善：第一，建立证人作证补助经费。随法律规定证人作证的补助列入司法机关业务经费，由同级政府财政予以补偿。应当就证人补助经费设立专门账户，作为司法机关业务经费的一部分，由同级政府予以专款支持。该账户与司法机关其他业务经费账户相互独立，账户内金额专款专用，不可移作他用。具体而言，可以由法院负责对补助经费的管理，在法院设立专门的证人作证补助办公室。第二，规范证人补助发放程序，明确证人作证补助的申请主体、申请时间、受理主体、批准标准、补助标准、发放方式。由于证人补助经费由司法机关管理，因而证人作证后持相关证明文件向法院提出申请，法院在审核证明文件后以转账或者现金形式发放补助。具体而言，司法机关在证人作证时应当向其发放证明已作证文件，而证人应当就其交通、就餐、住宿费等提供收据或发票，法院在补助发放标准下结合证人提供的证明文件裁量具体的补助金额。对于经济困难的证人，可以在作证前先行提供一定的经费。第三，对违法发放补助、怠于发放补助的司法机关工作人员，对克扣证人工资福利的单位，追究责任。对司法机关工作人员进行内部批评，对单位可以妨害证人出庭作证为由，追究相应责任。

问题思考

　　健全证据规则体系和证据调查程序并加以严谨适用，是解决庭审流于形式不可忽视的对策。对此，有学者提出应当确立传闻证据规则，规定证人在庭审过程以外进行的陈述，除法律另有规定的以外，不得在法庭提出和作为定案的根据。证人对事实的了解来源于他人时，应当传唤最初提供有关案件情况的人作证。这一规则的确立，为证人出庭作证建立一个基本前提。对法庭审判中使用证人在审判前进行陈述的笔录应当加以限定，规定在法庭审判中，证人表示不能回忆起某项事实时，需要帮助其回忆的；或者证人提供的证言与其在审判前进行的陈述有矛盾，不能以其他方法确定的，可以宣读证人在审判前进行陈述的笔录。其中，对于后一种情形，有证据表明证人在审判前进行的陈述真实可信的，可以采纳该项笔录作为定案的证据。❶

　　另外，在以审判为中心的诉讼制度改革过程中，有学者提出应当区分定罪证据规则和量刑证据规则，在量刑证据规则中，针对被告人的量刑情节进行区分。例如品格证据即被告人的人格调查报告问题。❷ 量刑前报告的目的是将

----

❶　张建伟. 以审判为中心的认识误区与实践难点 [J]. 国家检察官学院学报，2016 (1)：52.

❷　田建国，常杰，孟睿. 以"审判为中心"的诉讼制度改革对我国现行证据规则体系的影响和完善 [A] //以审判为中心与审判工作发展——第十一届国家高级检察官论坛论文集，2015.

被告人的详细情况呈献给法官，以便帮助法官了解被告人再犯的可能性，并据此作出量刑。这种量刑前报告制度实际上能够促使量刑信息的全面与准确，然而是否适合我国司法实践还有待研究。

第五章

审判中心主义下的直接言词原则

一、直接言词原则

（一）直接言词原则概述

直接言词原则，包括两项具体的原则，即直接原则和言词原则。其基本含义是：法官必须在法庭上亲自听取被告人、证人及其他诉讼参与人的陈述，案件事实和证据必须以口头形式向法庭提出，调查须以控辩双方口头辩论、质证的方式进行。❶

直接原则，又称直接审理原则，是指审理案件的法官、陪审员只能以亲自在法庭上直接获取的证据材料作为裁判依据的诉讼原则。要求参加审理的法官必须亲自参加证据审查、亲自聆听法庭辩论。该原则强调审理法官与判决法官的一体化，注重"审"与"判"的合一。与之相对应的是间接审理，即判决法官将其他法官审理所得判决结果作为判决依据。❷

言词原则，又称言词审理原则，要求当事人等在法庭上须用言词形式展开质证辩论的原则。该原则是公开原则、辩论原则和直接原则实施的必要条件。与之相对应的是书面审理，即

---

❶ 樊崇义．刑事诉讼法学［M］．北京：中国政法大学出版社，2002：257.

❷ 郭华．证据法学［M］．北京：北京师范大学出版社，2011：237.

根据书面材料和证据来认定案件事实。❶

目前，大陆法系国家普遍将直接言词原则作为一项重要的审判规则。直接言词原则的优点是非常明显的，著名证据法大师威格摩尔表示，在检验人类陈述的保障上，没有书面能与交叉询问提供的保障相媲美。证人出庭，通过接受交叉询问的方式提交证言，其真实性保障远远强于静态的"证言笔录"，有利于保障刑事司法的实体公正和程序公正。

(二) 言词原则与语言的关系

通过语言所表达的事实是言词证据的核心，没有语言所表达的事实，语言就无以为证据。语言对事实的表达要经过表达人的认知、表达人的讲述与他人的理解三个过程，这其中各个过程都可能对事实的还原产生一定的影响。对同一案件事实，由不同的表达人、不同的语言进行表达时，都有可能会产生差异，甚至还原出完全不同的案件事实。这也是言词证据不稳定的特点的表现，樊崇义教授就曾经提出言词证据缺乏稳定性，是证明力非常脆弱的一种证据形式，因此提出了淡言词证据的运用，实行物证本位的观点。

而语言包括口头语言与书面语言两种形式，口头语言有着书面语言所不能比的优势，它是流动的、立体化的，它不仅通过表达的内容反映案件事实，还以表达时的语调、语速、手势、表情等语言之外的行为传递信息。而书面的语言是静止的，平面化的，它往往经过措辞的斟酌，与口头语言相比可能更为精确，但这种经过深思后的精确反而更有可能会掩盖大量的真实信息，不利于还原案件事实。所以在通常情况下，口头语言较

---

❶　郭华. 证据法学 [M]. 北京：北京师范大学出版社，2011：237.

之书面语言能够提供更多的案件事实信息。因此，书面形式的言词证据与口头形式的言词证据相比，从对案件事实反映的角度来看，前者是无法与后者等量齐观的。

（三）直接言词原则与审判中心主义的关系

实施审判中心主义，首先需要审判人员在庭审中自行审查证据，而不是依赖侦查阶段形成的案卷材料，这就需要遵循直接言词原则。

直接言词原则有助于实现审判在刑事诉讼程序中的中心地位。按照直接言词原则，侦查机关或者检察机关提交的案卷材料不能作为审判阶段认定案件事实的依据，只有经过审判人员以直接审查的方式审查的证据才能作为定案的依据。直接言词原则使庭审不能依赖侦查和审查起诉阶段形成的案卷材料，从而使案卷材料失去对审判的预决效力，使审判阶段成为刑事诉讼中认定案件事实的中心。

第一，直接言词原则有利于审判人员发现事实真相。直接言词原则要求法官在各个诉讼主体均在场的情况下，对案件进行直接审理、直接采证。在直接言词原则的作用下，庭审方式不再是法官阅卷审判，而是控辩双方面对面的交锋，法官居中裁决。直接言词原则要求法官与控辩双方直接接触，与证人、鉴定人等其他诉讼参与人直接接触，与控辩双方提交和出示的证据材料直接接触；同时，法官能够有机会听取控辩双方的意见，防止了偏听偏信，还可以通过对证人、鉴定人亲自询问，尽释疑问；在此过程中，法官能够现场观察证人和其他诉讼参与人在法庭上的表情、态度，这也有利于法官对证人证言及其他证据进行审查，有助于法官正确心证的形成。在此情况下，法官能够依据自己的判断对案件作出判决，从而实现庭审和审判为中心。

第二，直接言词原则有利于实现控审分离，实现法官居中裁判。控审分离是法官中立、庭审中心的前提条件，如果没有控审分离，法官的内心多数情况下会指向控方。这是因为在庭审之前，控方移送的案卷材料对法官造成了一种先入为主的影响，使得刑事审判程序成为一种流程化的治罪程序，控审双方进行的是一种接力赛式的定罪模式。而直接言词原则淡化了控方案卷材料对法官的影响，为法官居中裁判和实现庭审为中心创造了条件。

第三，直接言词原则有利于实现控辩平等，保障被告人诉讼权利的充分行使。直接言词原则能够给控辩双方提供正面交锋的机会，辩护方也有机会对控方的证据提出异议并要求其作出合理说明，被告方的诉讼权利由此能够得到充分行使，从而在根本上改变控方对法官判决的影响，实现控辩平等，改变了侦查中心的模式，是实现庭审中心和审判中心的必然要求。

二、我国直接言词原则司法现状

(一) 证人不出庭作证

在我国的审判实践中，"证人不出庭"无疑是一个普遍现象。有学者统计，在刑事审判中，被列入证人名单、庭前也接受过调查询问的证人，出庭率不超过5%。❶

证人不出庭已成为制约我国刑事诉讼制度发展的瓶颈。2012年《刑事诉讼法》在证人保护制度、经济补偿、询问程序

---

❶ 张仁平．证人出庭：不同千呼万唤 ［N］．检查日报，2014-03-26；叶扬．新刑诉法实施后的证人出庭作证问题研究 ［J］．社会科学家，2014 (9)：112.

以及强制出庭等方面作出了新的规定，是我国刑事诉讼立法上的一大进步。但是，2012 年《刑事诉讼法》实施至今已 4 年有余，证人出庭和书面证言适用存在的问题并没有得到根本解决，甚至出现某些规定事与愿违，刑事诉讼法加强证人出庭制度的立法意图没有得到有效落实。

证人不出庭作证有以下三方面的危害。

第一，证人不出庭作证损害了对被告人的对质诘问权和辩护权的保护。如果证人不出庭作证，那么被告人的对质诘问权则失去了对质诘问的对象，辩护权也失去了"攻击"的对象，必然使被告人的实体权利难以得到保障。正如有学者指出，辩护是针对指控而言的，指控是以证据来证明的。如果证人不出庭作证，被告人及其辩护律师无法对证人进行询问，辩护也难以进行。

第二，证人不出庭作证影响了对抗式庭审的实现。对抗式的庭审需要对抗式的规则，证人出庭作证制度是为实现对抗式庭审目标一个主要设置。但是，如果证人不出庭作证，法庭调查流于说明形式，质证程序也会流于形式，控辩双方也难以进行真正的对抗，对抗式庭审的基本功能也会全部落空。

第三，证人不出庭作证影响了审判人员对案件事实的查明。因为证人不出庭作证，法庭审理因此成为对书面证言的审理，无法通过控辩双方的对质诘问来发现证言的真伪，实现查明案件事实的目的。

证人不出庭的根本原因包括：第一，证人笔录具有与证人出庭相同的效力。我国《刑事诉讼法》第 157 条导致证言笔录具有与证人出庭作证同样的法律效力。这样一来，必然会出现控方和证人方对于证人出庭同样缺乏动力，证人不出庭的现象得不到根本的改善。

我国《刑事诉讼法》在证人出庭的规定上是有缺陷的，其第187条规定："人民法院认为证人有必要出庭作证的，证人应当出庭作证。"第190条规定："对未到庭的证人的证言笔录、鉴定人的鉴定意见、勘验笔录和其他作为证据的文书，应当当庭宣读。"以上规定赋予了法庭来决定证人是否出庭的权力，且承认了未到庭证人的证言笔录的证据能力，这是导致当前证人出庭率难以提高的致命原因。

第二，职权主义模式成为证人出庭的桎梏。我国沿袭大陆法系国家的传统，采用了职权主义诉讼模式，在这种诉讼结构中，审判机关和追诉机关之间有着共同的目的，表现在实践中，控方提交的证言笔录，一般不会遭到审判机关的质疑，而被告方提交的证言笔录却证据来源、制作程序、证言的真伪等方面的怀疑。而对于审判机关而言，我国长期以来形成的"打击犯罪"的司法观念依旧深入人心，法院极少会站在被告方的角度，去欢迎辩护律师积极推进证人出庭，为被追诉人"开脱"。如备受关注的夏俊峰案中，辩护方提出的6位证人在一审、二审程序中均未被获准出庭，从中可以看出法院在刑事审判中对待证人出庭的态度。如果审判机关不能站在中立的立场去组织控辩对抗，那么证人出庭在实践中必然得不到落实。

（二）鉴定人不出庭作证

在司法实践中，作为法定证据种类之一的鉴定意见因其具有专业性和科学性的优势，一旦经法庭查证属实，往往成为定案的关键。《刑事诉讼法》对鉴定人出庭制度做了较大改进。但在实践中，鉴定人出庭制度的运行状况并不理想。据浙江省司法厅统计，2013年该省办理涉及诉讼的司法鉴定36 832件，鉴定人出庭作证只有 167 次，出庭率仅为 0.45%。2012 年《刑事诉讼法》对于促进鉴定人出庭的努力收效甚微。

阻碍刑事司法鉴定人出庭作证的因素有以下方面。

第一，刑事司法鉴定人出庭体制不健全。我国刑事诉讼法中虽然作出了关于司法鉴定人出庭作证的相关规定，但这些规定目前看仍属于原则性要求，缺乏规范鉴定人出庭作证、接受质证的具体规则。而在审判实践中，鉴定人未出庭的，其鉴定意见经常通过书面宣读的方式进行审查认定，并未直接否定其证据效力。我国法律对刑事司法鉴定人的人身权和财产权的保护，仍然缺乏具体的操作和实施细则，对刑事司法鉴定人的人身权和财产权的保护难以实现。体制的不健全严重制约了刑事司法鉴定人出庭。

第二，刑事司法鉴定人出庭经费保障制度不健全。出庭作证不应单纯强调鉴定人的法律义务，还必须提供无损甚至有益于刑事司法鉴定人的经济利益保障。《刑事诉讼法》第 63 条对证人出庭作证的费用负担问题进行了规定，但关于司法鉴定人的出庭费用究竟由谁负担在得不到及时支付时应由谁垫付等问题，法律尚未作出具体明确的规定。这在很大程度上阻碍了鉴定人积极出庭作证的积极性。在现有法律规定缺失的情况下，司法实践中的各机关如果发生互相推诿的现象，刑事司法鉴定人出庭的费用负担问题将无法解决，这有可能增加司法鉴定人的个人经济负担，而且由于法律准许"重新鉴定、补充鉴定"的规定以及"打官司就是打鉴定"理念的深入人心，刑事司法鉴定人多年知识的积累在诉讼实践中得不到必须的尊重，也势必会挫伤鉴定人出庭的积极性。

第三，法官不愿意鉴定人出庭。首先，法院案卷中心主义的观念仍然存在，法官以书面材料作为判决依据的情况屡见不鲜。其次，鉴定人出庭"会给法庭带来更多的不确定因素，容易导致鉴定意见再次出现争议，使法官采纳鉴定意见产生困难"，将加剧庭审分歧，提高采信难度，给法官采信鉴定意见带来更大的责任和压力，法官往往并不愿意让鉴定人出庭。而且由于鉴定意见一般是左右判决的关键证据，鉴定意见的质疑与争议即意味着结案之日遥遥无期。在我国现下的法官评价体系当中，结案数量与案件改判率是比较重要的指标，疑案难结可能会影响到法官的个人职业问题。因此，法官倾向于将案件简单化，不愿意鉴定人出庭，以免使案件复杂化，难以及时审结。

（三）侦查人员不出庭作证

《刑事诉讼法》规定"现有证据材料不能证明证据收集的合法性的，人民检察院可以提请人民法院通知有关侦查人员或者其他人员出庭说明情况；人民法院可以通知有关侦查人员或者其他人员出庭说明情况"。但是在实践中，以北京为例，2013 年上半年全市各级法院共受理刑事案件10 958件，结案9 692件。在审理刑事案件过程中，1~6 月全市法院共审理涉及侦查人员出庭的案件 65 件 93 人次，约占受案比例的 0.6%，整体数量居于低位。

阻碍侦查人员出庭作证的因素有：

第一，侦查人员出庭的动力不足。《刑事诉讼法》第 57 条第 2 款明确了侦查人员出庭说明情况的义务，即"经人民法院通知，侦查人员应当出庭"。但该款未规定"应当出庭"而不出庭的不利法律后果，从而使该条文的规定没有了任何约束力。此外，在刑事诉讼中，侦查人员如果违反法律规定的程序收集证据，根据行为性质及严重程度，可能需承担民事责任、行政责任，甚至是刑事责任。因此，关于侦查人员出庭，一方面，法律并没有明确规定侦查人员不出庭说明情况应承担的不利后果；另一方面，出庭又有可能使侦查人员承担相应的法律责任。在此情况下，侦查人员出于现实利益的衡量，必然没有出庭的意愿。

第二，侦查资源的相对匮乏。根据调查数据显示，改革开放30年，公安机关所受理的刑事案件数量增长幅度高达570.56%，从890 281件一路飙升到5 969 892件。从1981~2010年这30年间，我国公安机关队伍从71万人发展到了194万人，增长了173.24%。有学者调查对比发现，同发达国家和地区相比较，我国大陆地区的警力人数比例相对较低。这就意味着侦查机关工作人员进行侦查工作的工作量十分巨大，不仅导致侦查人员自身的健康受到影响，更使整体办案效率难以提升。而如果坚决执行侦查人员出庭作证制度，侦查人员在本就繁忙复杂的工作中还需要专门的时间在法庭接受控方和辩方的讯问以及质证，将他们的工作期间从侦查阶段延长到了庭审结束，大幅地加重了侦查人员的工作量。此外，侦查资源的需求也在不断地增加，随着科技的发展，违法犯罪的手段也在更新，所以侦查机关必须及时更新技术、设备甚至是理念。与此同时，随着法制的发展，办案标准也不断在提升，且伴随着犯罪分子的反侦查能力的提高、辩护意识和职能的增强，再加上跨区域甚至是跨国的犯罪行为越来越普遍，侦查资源的需求越来越大。侦查人员数量不足而需求加大，必然导致侦查资源的严重短缺，侦查人员难以出庭作证的问题短时间内不会得到有效的解决。

第三，思想认识上的不足。首先，在司法实践中，"以侦查为中心"这一观念长期存在于司法机关当中，侦查人员通常会以公、检、法系统中"老大"的地位自居。● 当侦查人员走入法庭，面对着法官、控方甚至的辩方的讯问及质证，需要向庭上各方证明其侦查过程中讯问被告人、实施拘留、逮捕等措施的合法性，无疑会让侦查人员的"自尊心"受挫，感觉到自身的"地位"降低了，有损他们的"威严"，认为这样的行为会不利于往后的询问犯罪嫌疑人等一系列侦查工作的开展。其次，实体重于程序这一思想长期存在于我国社会当中，自古以来，屈打成招、刑讯逼供的案例比比皆是。近年来，赵作海、佘祥林、杜培武等一系列极具社会影响力的冤假错案，这些案例更加直观地体现出了侦查机关在侦查的过程中，重实体、轻程序的传统观念。这样的思想无疑就会使得侦查人员觉得上法庭作证是一种"多此一举"的行为。这样的观念完全忽略了程序的独立价值，导致侦查人员出庭意愿不高，出庭率低也会成为必然事实。

三、完善我国直接言词原则之建议

（一）彻底贯彻"直接言词原则"

在我国，直接言词原则还没能建立起来。

在 2012 年新修订的《刑事诉讼法》中，对于证言笔录的排除仅限于："经人民法院通知，证人没有正当理由拒绝出庭或者出庭后拒绝作证，法庭对其证言的真实性无法确认的，该证人证言不得作为定案的根据。"据此可以看出，立法者对于排除证言笔录仍然持谨慎的态度，并不必然的排除不出庭证人的证言，

● 霍世英. 新刑诉法视角下证人出庭率低的原因及对策 [J]. 行政与法，2013
(5)：23.

而是在证人不出庭时，首先由法庭对证言的真实性进行确认，如果法庭确认了该证言的真实性，则该证言笔录依然可以具有与出庭的证人证言同等的证据效力。

《刑事诉讼法》第187条规定可理解为，必须在各方对证人证言有异议、证人证言对案件事实认定有重大影响、法院认为证人有必要出庭这三个条件同时具备的情形下才要求证人出庭，这条规定实际上就是将证人是否出庭的决定权交给了法院，一旦法官认为没有必要，则证人根本无须出庭。

《刑事诉讼法》第190条规定产生了不出庭的证人证言在当庭宣读后具有与出庭的证人证言相同效力的结果，这使得法庭审理中证人不出庭是常态，而证人出庭成为例外。

立法上的此种规定不可能使得实践中证人出庭率低的困境有所改观。要真正实现审判中心，就必须贯彻直接言词原则。然而，立足于我国的司法实际，全面落实直接言词原则存在困难，因此只能逐步推进，在当下贯彻相对的直接言词原则，即在保证关键证人出庭作证的同时，允许法庭在一定情形下采用经过当庭审查的书面证言。为此，法律应当明确在以下几种情形下证人必须出庭：（1）公诉人、当事人或者辩护人、诉讼代理人对证人证言有异议，且该证人证言对案件定罪量刑有重大影响，辩方申请证人出庭的，法院就应当通知证人出庭，并在必要时采取强制措施保证证人及时到庭；（2）可能判处死刑，即使辩方并未对控方提出的书面证言提出异议，法院也应当通知证人到庭，以有利于法院辨别证人证言的真伪；（3）法院认为证人有必要出庭的其他案件，如社会影响重大或涉外案件等。

也有学者表示，以审判为中心与直接言词原则并非唯一对应关系。人们在谈到"以审判为中心"的诉讼制度改革时，往往谈及直接言词原则之确立，似乎直接言词原则与"以审判为中心"存在唯一对应关系。实际上，确立直接言词原则与是否采行"以审判为中心"并无必然联系。换句话说，就是不采行以审判为中心，也无疑义地应该确立直接言词原则。❶

（二）要强化证人出庭作证的义务

党的十八届四中全会《决定》提出，推进以审判为中心的诉讼制度改革，要完善证人、鉴定人出庭制度。证人是否出庭是审判能否成为中心的决定性因素之一。证人不出庭，举证质证在法庭、事实调查在法庭、控辩争论在法庭就无法得到落实。因此，推进审判中心主义的诉讼制度改革，必须着力解决当前证人不出庭的困境问题，探索贯彻直接言词原则。

2012 年《刑事诉讼法》修改时将提高证人出庭率视为亟待解决的核心议题之一，并采取了多种措施。遗憾的是，从三年以来的实践情况看，此次修改并未能达到预期目标。

作证义务主要来源于以下几个方面。

（1）经济方面。证人作证涉及利益衡量问题，在此过程中经济利益无疑是需要着重考虑的。在市场经济快速发展的今天，经济学上的理论支持对证人义务观的确立是不可或缺的。

古典经济学的代表人物亚当·斯密认为：人类的行为是受利益左右的，也就是说从经济学的角度来看，所有人的所有行为，都会从利己的角度出发。亚当·斯密认为个人的私利行为最终也会导致群体利益的提升。当代著名经济学家肖特则以超博弈的方法，证明人们会为了长期利益采取合作的策略。从经

---

❶ 张建伟. 以审判为中心的认识误区与实践难点 [J]. 国家检察官学院学报，2016（1）：48.

济人假说的角度来看，一个人在面对是否作证的选择时，如果与他有直接利害关系，作证理所当然的符合自身的利益，他会选择作证；如果案件并不直接涉及他的利益，他可以不作证，但是当他自身遭遇不法侵害时，他也有可能面临他人拒绝为自己作证的不利情况，因此作为一个经济人，不管案件是否与他有直接利害关系，他都会选择作证。从理性人假说的角度来看，理性人并不仅仅考虑自己的个体利益，如果一个证人拒绝了作证，他有可能面临遭受国家机关惩罚的不利后果，当他选择作证，则会收到受害人以及国家的正面评价，所以理性人在也会选择作证。可见在真正理性的社会，人们会为了自己长期利益而选择合作的策略，承担作证的义务，最终导致一个社会契约的形成。

（2）道德方面。我国自古以来很注重礼教和道德的作用，注重内心的修养和提升。即使社会在变，时代在变，制度在变，但是作为人生存之本质上应有的"人性"始终是恒定的。虽然中国古代有消极避世的各种学说，但是作为人性中一个重要元素的"义"对于作为一个人比"消极避世"更具有现实之积极意义。可见在中国的传统文化中，对于"义"与"厌诉""息事宁人"的取舍方面，显然是更为强调"义"之重要性，强调证人出庭作证，还案件一个真实，还世间一个清白的道德义务。

但是，当前中国是一个高度熟人化的社会，每个人都处于一个熟人网之中，这就使得谁都不愿意冒风险去做可能破坏这张关系网的事情，在中国确立证人义务遇到了很大的阻碍。现代法律很大程度上主要适用于城市社会、工商社会、陌生人社会。新的诉讼文化的进行和人们观念意识的改变需要一定的推动力。面临这种状态的一个重要的改革方式就是制度先行，实行政府引导的模式，"重症需下猛药"，把证人作证规定为一种义务并确定不履行的否定性后果，使证人在知情后慎重考虑是否出庭，并使这种心理状态慢慢地潜移默化并最终转化为道德的自律，从而形成自觉出庭作证的根深蒂固的社会观念。

（3）社会契约方面。公民作证的义务与其他所有公民义务一样，产生于公民与国家的最初之约定。每个人都有可能目睹刑事案件的发生，每个人亦都有可能成为刑事案件的受害者。当我们任何一个人受到刑事不法侵害时，我们都希望有足够多的证据来证明被追诉者的犯罪行为，都需要曾目睹案件发生的他人为我们作证。而作为社会中的"我"，并非仅是单一个体，更是整体的一部分。"我"在需要帮助的同时，也应付出一定的义务，当他人需要"我"的证言时，"我"亦有义不容辞的责任提供真实证言来帮助他人。因而，为了"维护个人利益"的唯一目的，作证的权利在国家成立之初时，便作为一种公民义务被人们交付于国家。由此可知，一个人并非是在目睹了某一刑事案件时才成为证人，证人的身份一直隐藏在公民的身份中。目睹刑事案件发生，只是将隐藏的抽象的身份明显具体化了，成为实际可以执行或履行的义务。

（4）法理方面。证人作证义务是来自权利义务相一致的原理。毫无疑问，证人也是生活在一个特定社会中的人，他总是要在一定的社会空间中生活、工作或学习，而国家所提供的司法保护为包括证人在内的每一位社会成员的这些活动提供了良好的环境。因此，当国家为恢复一种被刑事犯罪所破坏的法律秩序而进行刑事诉讼时，了解案件真实情况的人就理所应当负起作证的义务，因为法律秩序的恢复绝不是一个与证人毫不相干的问题。

以上论述了证人有作证义务，但如果证人不履行这种义务，是否可以强制其作证呢？这种强制是否合理和具有正当性呢？

首先，法律从一定程度上说是国家意志的体现，法律最终是要靠国家强制力来保障和实现的。刑事诉讼以保护社会正常秩序为目标，诉讼中立的一方是代表国家意志的法官，诉讼结果不可避免地带有国家意志的色彩，法律强制性就是国家意志的表征。在刑事诉讼中，犯罪行为造成的社会危害性要求国家必须要对其进行追究，法官需要借助各种证据对案件事实进行认定，其中证人的作用具有特殊意义，是不可代替的，证人作证对于推进刑事诉讼的顺利进行极其重要。因而，刑事诉讼中的证人作证义务就具有一种明确的国家强制性。证人此时只是客观地陈述自己所知晓的事实，证人参加作证从根本上说，不是为当事人提供法律服务，而是为了保证审判机关查明事实，其义务也是对国家的义务。

其次，强制证人作证有利于查明案情，实现诉讼公正。强制证人作证，即必须要求证人进行口头陈述，因为口头陈述具有书面证言不可比拟的优点。证人口头证言的真实性更容易得到检验。此外，通过强制证人出庭作证，可以实施传阅规则、关联规则、交叉询问规则等制度设计。只有强制证人出庭作证，才能给控辩双方提供平等的诉讼地位，进行质证和交叉询问等。只有强制证人出庭作证，当事人的质证权等才能得以充分实现，从而也使得诉讼程序和设计更加科学，有利于实现审判中心主义和推进诉讼的文明进程。

综合借鉴我国早期和国外相关的立法规定，证人强制作证的方式应体现为以下几个层次：首先，经合法传票传唤，无正当理由而拒绝作证的证人，法院可以采取拘传措施，强制其出庭作证，并由其承担由此造成的费用。其次，证人无正当理由不出庭作证，导致庭审不能正常进行的，可以对其处以一定数额的罚款或一定期间的拘留。最后，如果是关键证人拒绝出庭作证或因为其拒证而严重影响司法公正的，可以对其判处藐视法庭罪，依照刑法规定处以罚金、管制、拘役或相应的自由刑处罚。

当然，我们在强制证人出庭作证的同时，也应强化证人的合法权益保护机制。首先，保证证人的人身安全，公安、检察机关和法院应相应的建立一套完整的证人保护制度，保障证人的人身及财产安全。其次，保证证人的经济利益不因出庭作证而受损。经济补偿应注意适度原则，以避免出现用金钱购买证言的现象。对此《刑事诉讼法》第 63 条已经有相关规定，但是在具体的司法实践中应如何操作，还应进一步明确。

（三）强化鉴定人出庭义务

党的十八届四中全会《决定》提出，推进以审判为中心的诉讼制度改革，要完善证人、鉴定人出庭制度。鉴定人出庭对于审判有着一系列好处，主要表现在以下四个方面。

（1）有利于加强对司法鉴定人的监督，保证鉴定意见的权威性。司法鉴定人是司法鉴定活动实施的主体，2012 年《刑事诉讼法》将"司法鉴定结论"改为"司法鉴定意见"，从字面上将司法鉴定书的证据效力更直观地表现出来，司法鉴定意见书在司法实践中是可以被推翻的证据。但是，司法鉴定意见在中国长期的司法实践中的地位是仍然难以动摇，毋庸置疑它在刑事诉讼的进行过程中还是起着重要的作用，所以司法鉴定人对司法鉴定意见的真实性和有效性应该负起相应的责任。《刑事诉讼法》第 187 条的修改，加强了对司法鉴定人的监督，不仅使司法鉴定人认识到自己对司法鉴定的职责性，也强化了司法鉴定对于案件的真实意义。司法鉴定人作为证据之一的司法鉴定意见的实施主体，就应该担负起自己职业的责任，加强自我监督和群众监督体系建设，保证司法鉴定意见的权威性。

（2）有利于保证案件的公平审理。在刑事诉讼中，为了保障被告方的合法诉讼权利，司法鉴定人出庭作证，被告人及其辩护人通过交叉询问或者其他方式询问司法鉴定人，可以保障被告方行使其质证权。司法鉴定人出庭作证，诉讼各方在庭上对鉴定意见中存在的问题进行交叉询问，可以保证案件的公平审理，使被告人进行充分质证，维护自己的合法权利，防止冤假错案的产生。

（3）有利于减少再鉴定率，提高办案效率，节约司法资源。适当的重复鉴定可实现当事人之诉权，有利事实查明；然而过度重复鉴定，却削弱了刑事鉴定的信誉、颠覆了程序定纷止争的功能、给当事人造成了难以估量的各种压力。[1] 司法鉴定人出庭作证，法官、诉讼双方在法庭上当庭询问，解决对司法鉴定意见的疑问，发现司法鉴定意见的不足之处，避免暗箱操作，可以减少司法鉴定过程对案件审理时间的拖延，同时也解决了同一个案件中出现多次鉴定和多方鉴定的问题，降低再鉴定率，提高办案效率，节约办案时间和司法资源。司法鉴定人的司法鉴定意见并不一定是完全正确的，对于有疑问的问题可邀请专家辅助人与司法鉴定人进行商讨，也可以保证案件的真实性和有效性。这对于完善庭审方式，维护当事人的合法权益，提高审判机关的权威，实现社会公平正义都具有十分重要的作用。

---

[1] 陈如超，涂舜. 中国刑事重复鉴定现象的改革——基于司法实践中 50 例案件的实证研究 [J]. 中国司法鉴定，2013（6702）：15—21.

（4）有利于完善庭审方式。我国现阶段的庭审方式是控辩式庭审方式，法官以中立、客观、公正的裁判身份参与到案件的审理过程。在这种庭审方式中，司法鉴定人就自己所做的鉴定意见接受质证，是法官判断鉴定意见的效力的一个主要方式。司法鉴定人出庭作证，接受诉讼双方及辩护人的交叉询问以及质证，是"控辩式庭审模式"宗旨的体现，同时也有利于我国司法制度的改革和发展。

解决我国鉴定人不出庭难题，可从以下几个方面入手。

（1）没有法定的事由，司法鉴定人不出庭质证，应该承担相应的法律责任。我国司法鉴定人不出庭质证的惩罚性措施主要限于行政处罚性质，且规定较笼统，未能详细区分拒绝出庭的不同情形，特别是未注意到刑事诉讼领域和民事诉讼领域鉴定人不出庭引起的后果差异。对于刑事诉讼，司法鉴定人不出庭质证可能会使得犯罪事实无法查明，犯罪嫌疑人的合法权利可能因此无法得到保障，因此应该完善司法鉴定人强制出庭质证的措施，使司法鉴定人在没有法定事由拒绝出庭的情形下，承担比民事诉讼更为严重的法律责任。

（2）制定对于威胁、侮辱、恐吓司法鉴定人的行为缺乏有效的保障措施。我国缺乏有效的庭上和庭外保护机制，也是司法鉴定人不愿出庭参加质证的一个重要原因之一。对于司法鉴定人出庭参加质证的司法保护应延伸到法庭之外，应对司法鉴定人实行全面保护原则。在司法鉴定人的申请下，根据可能遭受危害的不同情形应采取不同程度的保护措施。例如，对于发生威胁、恐吓司法鉴定人的情形，依司法鉴定人申请应立即实施保护，必要时还需要更加全面的保护，如可将司法保护的对象扩展至司法鉴定人的家属，保护时间也可延至犯罪嫌疑人出狱后等。除了对司法鉴定人实施积极的人身安全保护措施外，在刑事法中还须对威胁、恐吓、打击报复司法鉴定人及其亲属的犯罪嫌疑人实施更加严厉的惩罚措施，以增加犯罪成本，威慑潜在的犯罪分子，杜绝此类犯罪的发生。

（3）积极利用现代技术。司法鉴定人不愿出庭质证，还需要考虑的一个重要问题就是经济成本问题。部分鉴定人不出庭质证是由于出庭不便造成的。而通过改变现有的出庭质证机制，可以在一定程度上改善司法鉴定人出庭率低的问题。例如，可以通过现代科学技术手段，消除路途遥远、不便出庭因素。

利用现代录像技术，路途遥远、出庭不便的司法鉴定人可对所涉司法鉴定证据的整个鉴定过程进行描述，并就鉴定意见形成的依据进行详细的阐述，同时可以展示鉴定过程中相关的鉴定资料、图片、录像，从而使法官有机会了解整个鉴定的形成过程，能够对鉴定过程是否科学、客观作出判断。

解决鉴定意见的质证问题，不能仅仅采用现代录像技术，还需要利用计算机网络技术。通过互联网技术、语音处理技术、图像处理技术等科学技术可以使司法鉴定人不出庭也可以参加质证程序。这些技术中最关键的是实时视听传输技术。在庭审质证程序中，当传司法鉴定人出庭质证时，司法鉴定人与虚拟审判庭实际连接，在司法鉴定人计算机上能够显示庭审的实况。同时，在法庭的大屏幕上也能显示司法鉴定人的情况。如果案件特殊，需要保护司法鉴定人隐私时，法院在核实了司法鉴定人的身份后，在法庭大屏幕上可以对司法鉴定人的五官进行技术处理，使得犯罪嫌疑人或者被害人无法识别司法鉴定人的真实面容，必要时还可以对司法鉴定人的声音进行技术处理。这样通过现代科学技术对司法鉴定人的人像或语音进行技术处理，可以消除司法鉴定人心理上害怕出庭的问题。这为我国司法鉴定人出庭质证难的问题提供了一种较为合理的解决方案。

利用实时视听传输技术可以直接减少因司法鉴定人出庭而增加的诉讼成本。使用实时视听技术当事人可以减少司法鉴定人因出庭而发生的交通费用和住宿费用，司法鉴定人也减少了花费在路途上的时间和费用，减少了误工补贴。利用实时视听技术也可以解决因交通过于不便或司法鉴定人行动不便而难以出庭的现实困难。司法鉴定人只需随身携带能够联网的计算机，就可以在工作场所、住宅等场所参加法庭质证。利用实时视听技术还可以解决司法鉴定人出庭质证的人身安全担忧，因为技术上完全可以解决司法鉴定人被当事人认出的风险，这种远程质证在一定程度上可以保障其安全。

（四）强化侦查人员出庭的义务

党的十八届四中全会《决定》提出，推进以审判为中心的诉讼制度改革，要完善侦查人员出庭制度，侦查人员出庭作证的意义主要表现在以下几个方面。

1. 查明案件事实真相

在我国，侦查人员进行侦查活动的过程和结果均以书面形式提交给法庭。在进行这些侦查活动的过程中，以及在把这些侦查活动转化、固定为书面形式的过程中，由于并没有有效的监督，以及侦查人员的职业倾向、个人倾向、工作疏忽等原因，可能会使书面材料不够详尽或者与事实有出入，从而导致与案件事实有所偏差。公诉人和法官在庭审中对于这些书面材料有疑问时，就有必要要求侦查人员出庭对这些问题予以说明，以便根据侦查人员陈述来解决疑问，查明案件事实。

2. 抑制违法侦查行为

在当前依法治国重要方略的大背景下，侦查人员出庭对于防止刑讯逼供、避免冤假错案有着重要作用。[1] 如果侦查人员能够出庭作证，将大大降低这种事情的发生，让被告人与侦查人员当庭质证，法官通过这样的过程形成心证，将非法取得的口供予以排除，从而起到抑制违法侦查与刑讯逼供的效果。由于刑事侦查的隐秘性，侦查机关在侦查案件时往往是封闭的，依据举证能力的强弱，侦查机关应当对其侦查行为合法性作出证明。规定侦查人员出庭作证制度，侦查人员的非法取证行为在庭审过程中就有可能被暴露，非法取得的证据就不会被采信，对于被告人的保护和抑制违法侦查行为都有着重要作用。

3. 提高诉讼效率、节省司法资源

庭审中，被告人尤其是经验丰富的律师对于对案件事实有重大影响的证据，往往称这些证据是侦查人员用非法的方式取得的，从而使得关键证据的证据效力处于不确定的状态，由于公诉人并不是证据的直接收集者，所以对于此问题不能直接回应，在此情形下，法庭只能宣布延期审理，等待公诉方提交相应的证据来进行证明证据合法性。如果有了侦查人员出庭作证制度，公诉方就可以在庭审中申请侦查人员出庭作证，使得法庭能够更及时准确的审理。对控诉方而言，侦查人员出庭也有利于诉讼的顺利进行，因为侦查人员出庭可以强化控方所掌握证据的证明力。

---

[1] 董兆玲，李小玎，李东荟. 侦查人员出庭作证制度实务研究［A］//国家检察官学院、中国人民大学法学院. 以审判为中心与审判工作发展——第十一届国家高级检察官论坛论文集，国家检察官学院，中国人民大学法学院，2015：10.

4. 加强审判的对抗性和实现程序正义

我国刑事诉讼中法官一般不主动收集证据，证据是由控辩双方自己向法庭提供，法庭只对证据予以认定，如果证据不足则法官只能作出无罪判决。在这种对抗模式下，被告人的有效辩护必须基于对控诉内容的全面把握和理解，并且要求有机会以直接的方式对抗控告，从而才能使辩护活动起到影响裁判结果的作用，进而才能维持司法程序的公正。对抗的特点就要求侦查人员必须出庭，参加证据质证，从而影响法庭判决。

对于侦查人员出庭，也可以从以下几个方面予以改善。

（1）明确不出庭说明情况的程序性后果。经人民法院通知，侦查人员应当出庭而没有出庭的，应当明确要求其承担相应的不利后果。我国可按照证据收集的违法程度不同依序对侦查人员拒不出庭确立不同的程序性后果：一是侵犯公民基本权利的违法取证行为，二是一般的违法取证行为，三是技术性的违法取证行为。对于第一种，侦查人员不出庭说明情况，就无法排除侦查人员采用刑讯逼供等非法方法收集犯罪嫌疑人、被告人供述和采用暴力、威胁等非法方法收集证人证言、被害人陈述之嫌疑，应当确立绝对排除规则。对于通过不符合无证搜查条件的无证搜查所获取的物证、书证而言，同样应适用绝对排除规则。第二种，对于一般的非法取证行为，即没有明显违反宪法和侵犯公民的生命健康权等基本权利，但侵害了公民的一般实体性权利和程序性权利，对于此类证据，应建立自由裁量的排除规则，即由法官根据侦查取证行为的严重程度和危害后果，作出全部排除、部分排除或者不排除的决定。第三种，对于技术性违法取得的物证、书证，原则上应当肯定其证据能力，即原则上不必排除，经过一定的技术处理之后仍具备证据能力。

因为这些证据通常只涉及一些技术性、细节性要求，如有瑕疵，进行适当的完善即可使其具备证据能力。

（2）设定出庭说明情况的原则和范围。刑事诉讼法只是笼统规定了侦查人员应当出庭说明情况，但是对于出庭的情形和范围却没有予以细化，司法实践需要在法律法规层面加以完善，从而提高可操作性。第一，对于侦查人员出庭说明情况，可以设定穷尽其他一切手段原则和范围有限原则，从而相应地减少侦查人员出庭的数量，保证侦查人员出庭的质量。这不但符合当前侦查资源紧张的现实，而且对侦查人员也是一种保护。第二，应限定侦查人员出庭的人数。基于节约侦查资源、提高诉讼效率的考量，应当选择全程参与案件侦破的1~2名主侦人员出庭说明情况即可。还应限定侦查人员出庭的情形，侦查人员出庭情形应当限于审判人员对证据收集的合法性产生怀疑，并且这种怀疑影响到案件的定罪量刑的情形，其他情形下侦查人员无需出庭说明情况。

（3）完善侦查人员出庭的保障。第一，安全保障。安全保障应当分为事前的预防性保障和事后的救济性保障。事前的预防性保障包括在侦查人员出庭作证之前，相关的个人信息，如身份信息、联系电话、住址，法院都有保密的义务，不得向其他无关人员透露，涉及重大的特殊恶性犯罪案件，可以允许侦查人员以录音、录像等其他的方式，加以技术处理之后在法庭上播放。事后的救济性保障是在侦查人员出庭作证之后，由于身份暴露等原因遭到犯罪分子一方的威胁、恐吓等打击报复行为时，应当采取一定的措施保护侦查人员及其近亲属的安全，比如调换工作岗位、改变身份、派专人保护等方式。此外，对于侦查人员因出庭作证而导致其本人或者近亲属遭受人身或财产侵害的，除依照相关法律法规对于实施报复的犯罪分子予以处罚之外，还应给予一定的经济补偿。第二，经济保障。应当明确将证人出庭费用问题同样适用于侦查人员出庭作证，由司法机关补偿侦查人员作证相关费用，并由同级政府财政予以保障，且侦查机关不得克扣出庭作证侦查人员的相关工资待遇。从另一个角度看，出庭作证也成为侦查人员的一项本职工作，同进行侦查活动一样，应当由司法机关来承担费用。第三，职务保障。当侦查人员在法庭上为证据收集的合法性进行证明时，只要其实事求是、客观公正地进行了陈述和答辩，即使最后出现了不利于控方、不利于本人所在机关而有利于被告人一方的结果，侦查人员所在单位也不得因此对该侦查人员作出处罚，甚至在工作或待遇上给予不公正处理。如若确实查证侦查人员在侦查活动的开展中的确使用了非法手段获取证据，那么也应当另案处理，重新调查，不应当仅凭侦查人员出庭的陈述直接对其定性处罚。

（五）完善我国口供补强规则

我国《刑事诉讼法》第53条规定，案件中只有被告人供述的，不能据以定罪处罚。所以，对于只有被告人供述的案件，应当适用口供补强规则。

刑事诉讼的过程首先是运用证据认定案件事实的过程，可以说证据问题是实践办案的核心。近年来发生的比较有社会影响的多起起冤错案件，每一起案件的致错原因不尽相同，但一个最主要的共同之处就是每起案件都在运用证据认定案件事实的过程中存在问题，而其中与口供相关的问题居首位。

概括而言，上述存在的口供问题本质上是口供补强法则没有得到充分贯彻。在口供补强规则没有得到落实的情况下，部分法官办案时先入为主、习惯有罪推定、盲目推崇犯罪嫌疑人、被告人供述的证明作用，将口供作为定罪量刑的主要依据。由于口供补强法则的不完善，法官在庭审过程中倾向于相信侦查机关、检察机关提交的被告人有罪供述，不重视被告人的当庭无罪辩解，对被告人口供与全案其他证据的矛盾，不认真调查核实，轻信控方提供的口供系合法取得的说明性材料，从而导致误判。这些都要求我们完善刑事诉讼中的口供补强规则。

(1) 明确适用口供补强规则的案件范围。第一，适用口供补强规则的口供应当是能够单独据以定罪量刑的口供，这类口供应当是被告人对全部或主要犯罪事实的有罪供述。第二，在我国，虽然没有区分庭内自白和庭外自白，但是口供并不因在法庭上作出就一定具有真实性，司法实践中，被告人在审判中也常作出前后不一的供述。因此，为确保口供的真实性，防止错判发生，对口供的补强不应有审判外和审判内之分，无论于何种诉讼阶段作出的口供，只要其能单独定罪，就有补强的必要。

(2) 明确补强证据的对象。我国刑诉法并没有关于补强证据能力的相关规定，实践中具体操作也不尽统一。但总的原则是，补强证据首先应当独立于被补强的口供。其次补强证据必须具有证据能力，即可采性；最后补强证据必须能够对口供的真实性能够证明。满足上述三个条件的证据可以作为补强证据。因此，应当在平衡犯罪控制和保障人权价值的基础上合理设定补强口供的对象，具体如下：

第一，对犯罪的客观要素，如犯罪主体、犯罪行为、手段、损害结果等必须要有证据补强。补强法则目的是防止单纯使用自白来认定犯罪，而犯罪构成要件中客观要件事实属于重要的部分，为防止出现架空的犯罪认定，对于客观事实的认定必须要求具备补强证据。

第二，对犯罪的主观要素，如故意、过失、动机、目的等一般都通过客观行为进行推断无需补强。因为犯罪的主观方面以被告人的内心状态为探讨对象，除口供以外没有其他证据存在是比较平常的事情，如果要求犯罪的主观方面也必须有补强证据显然过于苛刻。

第三，对犯罪构成要件要素以外的一些事实，如果不存在犯罪阻却事由，就不需要补强证据，但是对是否构成累犯，应当予以补强。

（3）明确补强证据的范围。我国刑事诉讼法对补强证据的证据能力没有作出规定，但无疑用以补强的证据必须符合证据法对所有证据的一般要求，即具备客观性、关联性和合法性。同时，鉴于补强证据的特殊性，在具备一般证据能力的前提下，还应当具备独立性，即与被补强的口供有实质性的区别。首先，被告人的前后多次口供之间不得互为补强，即使这几次口供内容略有出入；其次，记载有口供内容的讯问笔录、犯罪嫌疑人、被告人亲笔书写的书面口供以及对口供的录音、录像等不能被用作补强证据；最后，犯罪嫌疑人、被告人在刑事诉讼外的场合作出的有罪供述也不能用作补强证据。

（4）明确补强的程度。补强证据需要对口供达到何种证明程度，我国对于补强证据的证明程度，在理论上和实践中主要有三种观点：一是要求补强证据对犯罪事实证明达到排除合理怀疑的程度；二是要求补强证据大体上能独立证明犯罪事实的存在；三是能保证有罪供述的真实性，与口供相结合达到排除合理怀疑的程度。事实上，补强证据运用的目的是防止口供的虚假，保证口供的真实性，所以要求补强证据达到能独立证明犯罪事实存在的程度显然没有必要。补强证据属于补充证据，只要与供述一致，能够证明口供的真实性，与口供共同达到排除合理怀疑的程度即可。因此将补强证据与口供联系起来进行考虑，以补强证据印证口供，这是补强证据的初衷所在。所以，补强证据的证明程度应当以能够保证口供的真实性为标准。

问题思考

　　以审判为中心的诉讼制度改革强调证人、鉴定人、侦查人员以及专家辅助人等出庭作证，并且控辩双方可对其进行询问，然而，实践中仅仅依靠传召出庭就可以保障直接言词原则的实现吗？对此，有学者认为，证人、鉴定人出庭作证制度的建立，仅仅在部分案件中贯彻了言词审理原则的要求，却没有真正贯彻直接审理原则。无论证人、鉴定人是否出庭作证，公诉方提交的证人证言笔录、鉴定意见的证据能力都始终没有受到否定，承载这些"传闻证据"的案卷笔录一直成为法院认定案件事实的基础。这是我国贯彻直接和言词原则的最大制度障碍，也是我国实现以审判为中心的诉讼制度改革的基本困难。❶ 并提出切实有效地推进以审判为中心的诉讼制度改革，就必须将公诉方的案卷笔录阻挡在法院的大门之外，并且否定公诉方所做的证言笔录、被害人陈述笔录、侦查人员情况说明等书面

---

❶ 陈瑞华. 什么是真正的直接和言词原则 [J]. 证据科学, 2016 (3)：268.

材料的证据能力。否则，仅仅依靠言词审理原则的表面贯彻，是根本无法实现直接审理原则的。

另外，在已经确立了证人、鉴定人以及侦查人员出庭作证的制度条件下，若证人、鉴定人、侦查人员拒不出庭作证时，法庭又应该如何处理他们的庭外证言、陈述和说明材料，这也是存在问题的。假如法院仍然像以往一样，对公诉方提交的书面证言、陈述和说明材料不加区别地一律采纳为定案的根据，那么，证人、鉴定人、侦查人员出庭作证的制度设计，也许将变得无法实施。

| 第六章 |

审判中心主义下的刑事一审程序改革

一、刑事一审程序改革的理论分析

审判中心主义作为法治国家公认的一条基本刑事司法准则，不仅在公正解决政府与个人之间利益冲突与矛盾方面发挥着重要作用，对刑事诉讼进程中的立案、侦查、起诉、庭审、上诉程序以及执行等各阶段亦有不可言喻的重大影响。从审判中心主义到刑事一审程序，需要从理论上结合审判相关基本原理和重要原则把握一审程序的程序特质，了解中国刑事审判在司法管理体制和司法权力运行机制等方面的现实情形，厘清中国当前刑事审判模式的改革重点与方向。同时还需要对国际刑事司法准则有关审判程序的规定，特别是公正审判权的基本内涵和重要精神有所认识。

在当前司法体制改革的时代背景下，我国刑事诉讼法学界通说认为，以审判为中心的诉讼制度改革的重点在一审程序。"强调审判阶段尤其是第一审程序中的法庭审判在整个刑事诉讼程序中的中心地位，强调把事实认定和证据采信限定在审判阶段，并通过制度提升法院的权威，保证判决的终局性。"❶ 在定

---

❶ 樊崇义，张中. 论以审判为中心的诉讼制度改革 [J]. 中州学刊，2015 (1)：54-60.

义审判中心主义的问题上，有学者认为其包括两层含义：一是在整个刑事程序中，审判程序是中心；二是在全部审判程序当中，第一审法庭审判是中心，其他审判程序都是以第一审程序为基础和前提的，既不能代替第一审程序，也不能完全重复第一审的工作。❶ "由于一审程序是最为完整的诉讼程序，因此应当强调一审程序在整个程序体系中的地位。"❷

刑事一审程序主要内容有庭前审查、庭前准备、法庭审判、延期和中止审理等诉讼阶段。❸ 一般来说，以审判为中心的诉讼制度改革主要涉及刑事公诉领域。因为只有在刑事公诉中才分立案、侦查、审查起诉、审判、执行等诉讼阶段，才存在以哪个阶段为中心的问题。❹ 故而，在此讨论的刑事一审程序专指人民法院审判第一审刑事公诉案件所适用的程序。

为了规范人民法院审判刑事案件，解决庭审形式化、虚置化的问题，2013 年 10 月第六次全国刑事审判工作会议文件提出"审判案件以庭审为中心，事实证据调查在法庭，定罪量刑辩论在法庭，裁判结果形成于法庭，全面落实直接言词原则，严格执行非法证据排除制度"，被学界概括为"庭审中心主义"。所谓庭审中心主义，主要是解决审判机关内部如何进行审判活动进而对被告人定罪判刑以及决定其他有关诉讼事项的活动原则，而审判中心主义主要解决刑事诉讼过程中审判活动与侦查、起

---

❶ 孙长永．审判中心主义及其对刑事程序的影响［J］．现代法学，1999（4）：93-97．

❷ 陈卫东．以审判为中心推动诉讼制度改革［N］．中国社会科学报，2014-10-31．

❸ 王敏远．刑事诉讼法学（下）［M］．北京：知识产权出版社，2013：754．

❹ 樊崇义，张中．论以审判为中心的诉讼制度改革［J］．中州学刊，2015（1）：54-60．

诉、刑罚执行活动的外部关系，强调审判活动对于其他诉讼活动居于中心地位和决定作用。同时二者亦存在密切的关系，主要表现为审判相当于侦查、起诉、刑罚执行活动的中心地位是通过庭审中心主义加以实现的。也可以说庭审中心主义是审判中心主义实现的主要途径。[1] 既然以庭审为中心所解决的核心是法院裁判权运作机制的问题，那么，其能否与以审判为中心的刑事一审程序所要解决的重点问题同日而语呢？值得关注的是，在审判中心主义的框架下研究刑事一审程序，不仅关系到法院司法裁判权的合理运作，更多的是把握现代刑事审判模式的改革脉络与方向，通过制度构建与程序设置实现侦查机关、检察机关与审判机关的良性互动，确保完成以审判为中心的诉讼制度改革。

二、第一审程序解读

（一）庭前审查

对公诉案件的审查，是人民法院在收到人民检察院移送起诉的案件后，依法对所提供的有关案件材料进行审查，并决定是否开庭审判的一种诉讼活动。其目的在于确定移送的公诉案件是否符合人民法院开庭审判的条件及将被告人交付法庭审判的要求。[2] 关于庭前审查有以下几个问题需要明确。

1. 庭前审查的内容

2012 年《刑事诉讼法》恢复起诉全部案卷移送制度，同时

---

❶ 顾永忠. 试论庭审中心主义 [J]. 法律适用，2014（12）：7-11.
❷ 王敏远. 中国刑事诉讼法教程 [M]. 2 版. 北京：中国政法大学出版社，2012：300.

民法院提起公诉的标准孰高孰低？

根据《高法解释》第180条的规定，审判人员所审查的内容主要包括对程序事项较为直观的"是否适用"的状态性审查，并不延伸至"推动程序展开的状况事实"以判断"能否适用"的合法性和合理性审查。《高法解释》第181条列举人民法院对提起公诉的案件审查后该如何处理的不同情形，其目的是筛选符合开庭审判条件可以进入审判程序的公诉案件。因而，一般认为，起诉书中"有明确的指控犯罪事实"只要满足何人、何时、何地、何事、何手段、何结果、何目的这些与犯罪构成有关的要素，能够在审查后确定存在什么人在什么时间什么地点干了什么事的指控即可。更何况，最高人民法院、最高人民检察院、公安部、国家安全部、司法部及全国人大常委会法制工作委员会六部门《关于实施刑事诉讼若干问题的规定》第25条明确指出："对于人民检察院提起公诉的案件，人民法院都应当受理。"同时，人民法院对于通知人民检察院补送材料而没有补送的，不得以移送材料不足为由决定不开庭审理，也不得退回人民检察院补充侦查或者要求人民检察院撤回诉讼。❶ 可见，为保障检察机关依法行使国家公诉权，在庭前审查阶段，人民法院对能够进入审判阶段具备开庭条件的公诉案件的门槛设定并不高。

（二）庭前会议

《刑事诉讼法》第182条第2款规定："在开庭以前，审判人员可以召集公诉人、当事人和辩护人、诉讼代理人，对回避、

---

❶ 王敏远. 中国刑事诉讼法教程［M］. 2版. 北京：中国政法大学出版社，2012：302.

出庭证人名单、非法证据排除等与审判相关的问题，了解情况，听取意见。"从立法目的上看，"这一程序设计允许法官于开庭前，在控辩双方同时参与下，对案件的程序性问题集中听取意见。这样规定有利于确定庭审重点，有助于提高庭审效率，保证庭审质量"。● 然而，无论是立法层面还是司法实践，我国庭前会议制度并未完全发挥实质性功效，有悖提高庭审效率、保证庭审质量的立法本意，甚至有加剧庭审虚置，导致审判前置，取代法庭审理之嫌。

1. 庭前会议制度的构建背景

1979 年和 1996 年《刑事诉讼法》就开庭审判前的准备阶段均未做过多规定，对庭前准备程序的疏忽导致其过于虚无化并带来种种不利后果。没有庭前活动充足的准备，法官无法明晰案件的主要争执点，无法发挥有效的引导作用，将会导致庭审活动为一些没有争议或者"伪争议"的问题耗费有限的司法资源。●

对于 2012 年《刑事诉讼法》增设庭前会议制度之举，诉讼法学界褒扬不断。学者纷纷表示庭前会议可以提高庭审活动的质量和效率，认为"庭前会议制度的设置给刑事审判程序的发展注入了新的活力，必将引起整个庭前程序的重大变革"。"在起诉和庭审之间植入一个庭前准备的庭前会议程序，为控辩双方构建了一个庭前相互接触、表达意见和对抗合作的法定平台，

● 全国人大常委会法制工作委员会刑法室编.《关于修改〈中华人民共和国刑事诉讼法〉的决定》条文说明、立法理由及相关规定 [M]. 北京：北京大学出版社，2012：215. 转引自：汪海燕. 论刑事庭审实质化 [J]. 中国社会科学，2015（2）：103-122.

● 陈卫东，杜磊. 庭前会议制度的规范构建与制度适用——兼评《刑事诉讼法》第 182 条第 2 款之规定 [J]. 浙江社会科学，2012（11）：31-42.

其目的在于加强控辩双方在庭审前的信息交流，有利于审判人员全面把握案件相关情况，在提高庭审效率的同时，确保司法公正。"❶ 不仅如此，将干扰庭审中断的程序性事项提前至庭前准备阶段解决，对于贯彻集中审理原则具有良好的成效。

遗憾的是，庭前会议制度自施行以来，貌似并未实现立法者所构建的美好蓝图，恰恰呈现出一系列不良反应，加剧了庭审虚置的痼疾，与"审判中心主义"诉讼制度的建构工程相抵触。审视我国刑事庭前准备程序，从被忽视到被重视，再到本末倒置地前置甚至架空庭审，造成其功能变异的诱因为何，需要进一步探究。

2. 我国庭前会议制度的功能定位

陈卫东教授早先带领学术团队与山东寿光法院合作，探索创设证据开示制度和刑事庭前会议制度。通过对庭前会议制度理论层面上的研究和对司法实践工作的总结，认为庭前会议至少具备以下几个方面的功能：一是资讯功能，即实现信息在法官、公诉人、当事人、辩护人以及诉讼代理人之间的交流与流通；二是强化庭审中心地位功能，主要表现为争点整理和保障集中审理的功能；三是程序分流功能，即在控辩双方同时参与的情况下，在辨别案件性质的基础上，决定案件可以适用的程序的一种功能，这一功能主要针对简易程序的适用；四是防止法官庭前预断的功能，建议将来应当由立案庭的法官主持庭前会议，将立案庭法官改造成兼具公诉审查和庭前准备功能的预

---

❶ 南永绪，袁红. 庭前会议制度的实践应用及思考 [J]. 西部法学评论，2015（2）：12-20.

审法官，实现庭前法官与庭审法官之间角色的分离。❶

倘若结合我国关于庭前会议制度立法层面上的规定和司法实践运行情况，不难对这些功能定位存有些许质疑。

（1）就资讯功能来说，有关刑事诉讼的资讯功能，有狭义和广义两种理解。狭义的资讯功能是指为保障控辩双方诉讼对抗武器的平等，保证辩护方可以查阅控诉方的全部案卷和证据，包括对被告人有利和不利证据的功能。广义上的资讯功能还包括信息在法官、公诉人、当事人、辩护人以及诉讼代理人之间的交换与流通。❷ 然而，我国《刑事诉讼法》第182条并未明确这一点，仅规定："审判人员可以召集公诉人、当事人和辩护人、诉讼代理人"，《高法解释》亦是如此，其第183条第2款规定："召开庭前会议，根据案件情况，可以通知被告人参加。"❸ 由此可见，对于庭前会议的参会人员除主持会议的审判人员外皆为"可以"参加，立法上缺乏带有强制色彩的"应当"到场的规定，所以就控诉一方单向"了解情况，听取意见"或许是审判人员更为倾向的实践做法。

（2）就争点整理功能来说，一些程序性的事项，比如申请证人出庭、提出管辖权异议、提出排除非法证据的动议等属于准备活动的范畴。将这些事项纳入庭审的解决范围并不会强化

---

❶ 陈卫东，杜磊. 庭前会议制度的规范构建与制度适用——兼评《刑事诉讼法》第182条第2款之规定 [J]. 浙江社会科学，2012（11）：31-42.

❷ 南永绪，袁红. 庭前会议制度的实践应用及思考 [J]. 西部法学评论，2015（2）：12-20.

❸ 最高人民法院《关于适用〈中华人民共和国刑事诉讼法〉的解释》第183条的规定。

庭审的实质功能，反而会导致庭审功能紊乱以及庭审过于膨胀化。❶ 因此，中国庭前会议的制度设计基于对"一步到庭"审理方式的理性反思，通过将司法资源在庭前准备程序和庭审程序之间进行合理分配，以期提高审判质量和效率。但是，我国《刑事诉讼法》及司法解释尚未就庭前会议的效力予以明确，也就是说，审判人员"了解情况，听取意见"后针对审判相关问题做何处理，处理是否具有约束力皆不明朗。

（3）就程序分流功能来说，主要关乎简易程序的适用问题。2012 年《刑事诉讼法》的修改重构简易程序，扩大了简易程序的适用范围，同时明确了"被告人对适用简易程序没有异议的"作为简易程序的适用条件之一，提升了被告人对简易程序适用的决定地位。庭前会议制度的设置正是为被告人对简易程序发表意见提供一个对话平台，亦是一个有效的救济途径。然而，人民法院是否适用简易程序决定的作出不仅建立在"被告人对适用简易程序没有异议"的基础上，还要满足"案件事实清楚、证据充分"以及"被告人承认自己所犯罪行，对指控的犯罪事实没有异议"❷ 的条件。如此一来，就不可避免地导致审判人员于庭前审查案件的实体性要件，招致庭前会议制度前置庭审甚至架空庭审的危险。

（4）就防止法官庭前预断功能来说，我们应当认识到，庭前会议制度防止法官庭前预断的功能实质上并非"堵"，而是"通"，即疏通辩方信息运送、传达的渠道，让法官能够获取控辩双方对案件争点问题的异议和意见，在同时听到两种声音的

---

❶ 陈卫东，杜磊.庭前会议制度的规范构建与制度适用——兼评《刑事诉讼法》第 182 条第 2 款之规定［J］.浙江社会科学，2012（11）：31-42.

❷《刑事诉讼法》第 208 条的规定。

情形下把握案件审理的重点和关键，为之后的庭审活动做好准备工作。至于法官庭前预断可以通过贯彻直接言词原则，要求法官履行严格的说明义务来进行制约，在提升法官整体素质和职业能力的发展前景下，最大程度地保证审判的公正性。

3. 庭前会议制度的完善

通过上述分析不难发现，我国庭前会议制度容易造成两个极端：一是庭前会议制度惨遭冰封，一度沦为"僵尸条款"，无法在实践中发挥效用，背离立法初衷。二是庭前会议制度僭越立法定位，觊觎定罪量刑相关事实和证据等实体性问题，意欲取代正式庭审活动。庭前会议制度在司法实践中出现的种种异化，缘于立法的模糊性和相关制度程序的互异性，难以和谐运作。那么，该如何充分发挥庭前准备阶段的预备功能，将庭前会议制度的功效落在实处，特别是当前在"以审判为中心"的诉讼制度改革弄潮中，强调以刑事一审庭审活动作为诉讼的中心和重点，完善庭前会议制度成为中国刑事审判的重大课题之一。

从法律规范的层面考虑，庭前会议制度相关规范应予细化，需由法律和司法解释进行明确且具体的规定。主要包括：一是对于庭前会议的启动，应当赋予当事人一方申请启动权，特别是在当事人"申请调取在侦查、审查起诉期间公安机关、人民检察院收集但未随案移送的证明被告人无罪或者罪轻的证据材料"的情况下，同时应当要求法官对当事人的申请决定不启动的，要说明理由并给予一定救济。二是对于庭前会议处理事项的范围，应当严格限定为程序性事项，不涉及实体性问题的处理，证据的证明力、案件事实的认定以及法律适用等与定罪量刑直接相关的问题只能在庭审环节通过法庭审理的方式加以裁决。据此，司法解释中有关实体性事项的处理应予剔除。三是对于庭前会议的效力，法律应明确庭前会议对回避申请、证人出庭申请、非法证据排除申请等程序性争议事项处理的效力，其会议内容应当对控辩双方具有一定程度的约束力，即除非有新的理由或证据，不得在庭审中再次提出，以相同理由再次提出的，审判人员可当庭予以驳回。[1] 同时，还可以考虑"失权效"的设计，倘若当事人懈怠而未于期日前事先提出申请，继而丧失于审判期日当庭提出的权利。[2]

从相关制度运作层面考虑，庭前会议是庭前准备程序的制度定位，目的就是要为将来的庭审活动做好准备，在于透过准备而使"人"与"物"能齐集于审判期日。[3] 庭审活动集中且有质量地运作离不开庭前各项准备活动的衔接及相关制度的配合。而庭前准备程序，特别是庭前会议的顺利进行需要非法证据排除制度、证人出庭作证保障制度的完善以及程序性制裁理论和直接言词原则的贯彻执行，只有这样才能最大意义地发挥庭前准备程序的效用，才能最大程度地为实现庭审实质化提供保障。如此一来，在当前法官整体素质水平和职业能力提升的司法现状下，庭前程序、庭审程序及相关制度措施的完美衔接，对中国刑事审判程序来说，无疑是一大利好前景。

总的来说，就庭前阶段的庭前审查与庭前会议制度的完善，需要做到以下几点要求：就庭前审查程序来说，需要强化人民

---

❶ 南永绪，袁红. 庭前会议制度的实践应用及思考 [J]. 西部法学评论，2015(2)：12-20.

❷ 林钰雄. 刑事诉讼法（下册 各论编）[M]. 北京：中国人民大学出版社，2005：157.

❸ 林钰雄. 刑事诉讼法（下册 各论编）[M]. 北京：中国人民大学出版社，2005：151.

法院立案审查机制，对未达到法定证明标准的案件，可以建议人民检察院撤回起诉，防止事实不清、证据不足的案件进入审判程序。而就庭前会议程序，应当对管辖、回避、出庭证人名单、鉴定、非法证据排除等程序性争议，控辩双方协商达成的一致意见具有法律效力，人民法院在坚持程序公开原则基础上，可以在庭前会议中对程序性争议作出决定，发挥庭前会议的实质性功能，保证庭审集中持续进行。健全庭前证据展示制度，控辩双方应当在庭前会议中相互展示证据，未经展示的证据不得在庭审时出示，防止庭审中证据突袭。人民法院应当在庭前会议中梳理控辩双方的事实证据争议，对有争议的事实证据应当在庭审时重点调查，对没有争议的事实证据简化法庭调查，兼顾庭审的公正和效率。

（三）检察机关撤回起诉制度

刑事公诉案件撤诉，是指公诉机关提起公诉之后，在法院判决宣告之前，按照一定的条件和程序规定，决定撤回起诉的行为。❶ 自 1979 年《刑事诉讼法》概括规定了公诉机关的撤诉权，检察机关撤回起诉制度在立法沿革上经历了 4 次变动，由此引发刑事诉讼法学界对这一制度的深刻讨论。

1. 现实情境

根据最高检公诉厅在 2003 年 1 月至 2005 年 6 月对全国公诉案件撤回起诉情况的调研，2007 年《最高人民检察院关于公诉案件撤回起诉若干问题的指导意见》（以下简称《指导意见》）的通知中毫不避讳地指出，全国检察机关公诉部门在行使撤回起诉权时存在很多问题，可以归结为以下 4 个方面：一

---

❶ 王敏远. 刑事诉讼法学（下）［M］. 北京：知识产权出版社，2013：764.

是滥用撤回起诉权；二是忽视法律监督职能；三是对被告人合法权益的保护不足；四是撤诉权的行使随意性大，缺乏程序规范。

随即，《指导意见》细化检察机关撤回起诉制度相关规定，力求解决或缓和上述现象。随着 2012 年《刑事诉讼法》的修改，最高检、最高院在司法解释中进一步尝试完善检察机关撤回起诉制度，试图瓦解上述实践难题。然而，"冰冻三尺非一日之寒"，彻底根除现实顽疾需要理论进一步分析与探究。

2. 理论解读与制度完善

公诉是审理与辩护的前提，也决定着审理与辩护的对象，公诉范围约束着法官裁判权的界限，对人民法院作出的判决内容具有根本性的制约。我国检察机关享有公诉变更权，得以变更、追加、补充或者撤回起诉。公诉的变更，以公诉的客观性和效率性为正当性依据，会同时影响辩护权行使、影响程序的展开、影响法官心证形成及裁判效果。因此，正确行使公诉变更权有利于检察机关切实履行控诉职能，实现司法的公正和诉讼的效率，以及对当事人合法权益的保障都将发挥重要的作用。❶

（1）撤回起诉的适用。检察机关撤回起诉制度从适用的程序流向上看，包括人民检察院决定撤回起诉、人民法院审查裁定准许或是不准撤回，准许撤回的未发现新的事实和证据不得再行起诉，不准撤回的由人民法院依法作出裁判。很遗憾，我国刑事诉讼法尚未设定撤回公诉制度的救济程序，救济程序的

---

❶ 龙宗智. 论新刑事诉讼法实施后的公诉变更问题 [J]. 当代法学，2014（5）：16-23.

空缺不符合现代法治社会的程序正义要求，有待补足，保证检察机关撤回起诉制度的完整性。

关于检察机关撤诉权行使条件的问题，《检察规则（试行）》第 459 条规定了 6 种具体情形和一项兜底条款，明确限定检察机关应当且仅当上述情形出现才得以撤回起诉。

应当说，撤回起诉适用的启动权在人民检察院，倘若检察机关没有发现上述可以撤诉的情形或是发现撤诉但法院不予准许，人民法院则应当继续审理该指控案件并依法作出裁判。如此一来，人民法院依法裁判和人民检察院撤回起诉会产生截然不同的处理结果，也就是说，检察机关撤诉权的行使和审判权有着十分密切的关系。

"当前我国刑事诉讼中，撤回起诉往往成为无罪判决的下台阶式的替代品，法院欲作出无罪判决，但为了避免引起争议承担责任或者招致检察机关的抗诉以及照顾到控诉方的颜面，往往预先与检察机关沟通，希望检察机关面临案件判决无罪的风险而急流勇退，撤回起诉。"[1] 也就是说，撤回起诉成为法院规避无罪判决的手段，亦成为控审"合谋"推延审判以找寻更多证据定罪的伎俩。

关于对检察机关撤回起诉的司法审查，《高法解释》仅在第 242 条明确规定人民法院对检察机关撤回起诉享有审查批准的司法审查权，但对如何审查、审查依据等具体审查程序没有说明。检察机关撤回起诉的理由应当说多数涉及实体事项，人民法院审查撤回起诉的理由不可避免地需要对案件事实和证据进行实质性审查。那么，如果检察机关决定撤回起诉发生在庭前阶段，

---

[1] 张建伟. 论公诉之撤回及其效力 [J]. 国家检察官学院学报，2012（4）：100-108.

或是庭审刚开始尚未涉及对案件事实证据的审判时，人民法院对整个案件的认识仅有公诉方的指控和案卷证据材料以及撤回起诉决定书中检察机关阐述的理由，在没有辩方参与完全依靠控方一方的情形下，法院能否做到中立审查着实令人怀疑。

关于检察机关撤回起诉的后续处理问题，一方面，如果人民法院作出准许撤诉裁定的，而后引发的一系列事项关系到撤诉权的效力问题，该问题将在之后作具体阐述；另一方面，若人民法院审查后认为检察机关撤回起诉的理由不成立或是尚未达到撤诉条件，作出不准许撤诉的裁定，那么是否就意味着不准许撤诉的裁定直接否定了检察机关撤回起诉的决定，该决定自动丧失法律效力？如果检察机关对人民法院不予准许的裁定有异议能否提起抗诉？若是不抗诉该如何宣泄不满情绪？能否采取拒绝出庭不支持公诉的做法不配合法院完成审判工作？若是如此法院能否强制公诉机关到庭参加庭审？当然，除此之外还有准许撤回起诉后强制措施的解除及撤诉后的程序性事项由谁监督等问题，无论是法律还是司法解释皆没有对此进行规定。立法层面上统一规定的缺失导致实践中若是出现上述情形，则由司法机关内部沟通协商解决，或是尽可能达成一致意见避免检法两机关出现紧张情绪。这样一来，检察机关撤诉权就有可能沦为公权力机关政治博弈的正当性手段，被告人的合法权益却无从保障。

因此，应当考虑从立法上明确检察机关撤回起诉制度相关程序性规定，将撤回起诉权行使的范围、时间、审查、效力以及司法救济等内容通过法律规定进行规范，并在司法实践中严格执行撤回起诉制度的程序性规定，确保检察机关的公诉职能发挥积极、有效的作用。

（2）撤回起诉的效力。根据《检察规则（试行）》第459条的规定可以总结出 3 点内容：一是撤回起诉不同于作出不起诉的决定；二是决定不起诉后可以退回侦查；三是有新的事实或者证据可以再行起诉。也就是说，人民检察院撤回起诉只是将指控的案件从审判阶段撤回到审查起诉阶段，并不意味着整个诉讼程序的终结。另外，撤回起诉并不等同于决定不起诉，在作出不起诉决定前检察机关享有 30 日的审查期限，并且认为需要重新侦查的，在作出不起诉决定后得以将案件退回公安机关重新侦查。一言以蔽之，检察机关撤回起诉的权力很大，大到足以让整个诉讼程序倒流，并从头来过。对此，诉讼法学界质疑声不断。

关于撤回起诉与不起诉决定是否具有相同诉讼效力的问题，一般持肯定态度，并强调"撤回起诉具有与不起诉一样的终结案件诉讼程序的效力，撤回起诉意味着被告人在法律上是无罪的，并且案件就此结束，人民检察院撤回起诉的法律文书与人民法院就撤回起诉作出准予撤诉的裁定书，共同发挥终结诉讼程序的作用，不必用不起诉来帮衬其终结诉讼"。❶ 那么，这样一来，《检察规则（试行）》给检察机关撤回起诉后预留 30 天之意图就有待怀疑，让人不禁猜测，检察机关是为了确定案件是否需要退回公安机关重新侦查，才不轻易以撤回起诉终结诉讼程序。

关于撤回起诉后是否可以退回侦查程序的问题，首先需要明确的是撤回起诉是否等同于案件退回审查起诉阶段。有学者指出，撤回起诉被理解为将案件的诉讼进程回归到审查起诉阶

---

❶ 张建伟. 论公诉之撤回及其效力［J］. 国家检察官学院学报，2012（4）：100-108.

段是一个普遍的误读，认为"撤回起诉使已经提起的公诉被撤销，意味着案件一经撤回并经法院允准即发生案件诉讼系属关系和诉讼法律关系消灭的效力，案件从此终结"。❶ 然而，从《检察规则（试行）》的条文表述中很难不产生上述误读，错误地理解为检察机关撤回起诉就等同于回转到审查起诉阶段，甚至可以退到侦查阶段重新开始新一轮的侦查。这种程序上的倒流对被告人来说无疑是万分可怕的，无论是无限羁押带来的自由枷锁，还是陷入讼累招致的危险循环。

关于撤回起诉后再行起诉权的问题，检察机关撤而又诉的随意性大，犯罪嫌疑人、被告人往往在反复撤、反复诉的过程中被变相超期羁押，无端陷入讼累困境。为了防止检察机关撤诉权的滥用和再行起诉的随意性，我国采用"新的事实或者新的证据"来限制检察机关无故再度起诉的行为。然而，由于司法解释将"新的事实""新的证据"规定地较为笼统，司法实践中多无法严格执行且执行标准不统一，并没有很好地实现限制再行诉权的功能。故而，应当在司法解释中详尽"新的事实"和"新的证据"的具体情形，要求人民法院在审查是否符合开庭审理条件时把好关，必要时可以考虑增设提起次数的限定规定，以规范检察机关撤诉后的再行起诉权。

（3）撤回起诉的司法救济。中国刑事诉讼撤回起诉制度，在承认检察机关享有撤诉权的同时予以必要的限制，但未赋予辩护一方申请撤回起诉或是拒绝检察机关撤诉要求法院继续审理作出裁判的权利。如此一来，检察机关提起的公诉要不要撤回，法院是否准许撤回完全由控审一面决定，而利益攸关的辩

---

❶　张建伟. 论公诉之撤回及其效力［J］. 国家检察官学院学报，2012（4）：100-108.

护一方没有任何表达异议、寻求救济的司法途径，更不要说被害人对于检察机关撤回起诉之举该如何请愿了。对于中国刑事诉讼而言，公诉书的明显表面错误可以通过庭前审查程序解决，但从被害人、被告人合法权益角度考量，为其不满检察机关撤回起诉开辟司法救济渠道是十分必要的。

刑事诉讼中有关救济程序的设计意味着被告人、被害人得以真正参与到诉讼中去，特别是被告人不再作为诉讼的客体被动地承受一切与之命运攸关的诉讼安排和处理结果，而是能够依靠自身努力通过异议表达、陈述辩解等诉讼行为来影响诉讼的进程，实现自身合法权益的有效救济和保护。而被害人作为利益相关人也有获悉诉讼进程的知情权和异议表达权，基于对程序正义的考虑，增设被害人宣泄不满、表达异议的救济渠道对于"努力让人民群众在每一个案件中都感受到公平正义"这一法治目标的实现具有重大意义。

（四）刑事案件繁简分流机制

司法制度改革离不开有关司法资源如何进行优化配置，司法公正与司法效率如何实现平衡、协调的讨论。因此，在我国现有的刑事诉讼基本框架下，按照刑事案件的重大、复杂程度，以一审普通程序为基础，启动刑事案件繁简分流机制的程序运作，对于解决诉讼效率低下、案件久拖不决、正义迟到等现实矛盾具有一定的缓和作用。

作为现代刑事诉讼的两大价值目标，归于司法资源的有限性，公正和效率二者关系之讨论，往往需要削弱某一价值以满足另一价值。公正，较之效率，当处于诉讼价值的核心地位，是一切法律和司法活动的生命和灵魂。❶ 故而，刑事案件繁简分流机制的设置同样需要以公正为基线，通过充分的程序与人权保障，尽最大的可能实现效率的诉讼价值。

1. 刑事案件速裁程序的设置

刑事案件速裁程序是指对于案情简单、事实清楚、证据确实充分，犯罪嫌疑人、被告人自愿认罪，适用法律无争议的轻微刑事案件，在遵循基本程序正义底线标准的前提下，简化审判工作流程、缩短办案期限的一种快速审判程序。❷ 然而，刑事简易程序自设置以来，在实践运行中出现适用率低、被告人合法权益难保障、公诉人不出庭影响诉讼职能等问题，2012 年《刑事诉讼法》的修改虽作出一定程度上的完善，但能否实现简易程序构建的效率价值仍然存有疑问。对此，在构建以审判为中心的诉讼制度框架下讨论刑事案件繁简分流机制，针对刑事案件速裁程序的设置与实行展开论述。

2. 刑事速裁程序设置之必要

刑事案件速裁程序，回应了两方面的需求：一方面，随着醉驾、扒窃等入刑，犯罪的门槛降低，犯罪圈扩大，导致轻微刑事案件增长迅速。统一适用《刑事诉讼法》规定的简易程序，导致轻微犯罪案件烦琐审理，司法资源浪费现象突出，司法实践中"案多人少"的矛盾更加突出。另一方面，废止劳教制度之后，对于过去的劳动教养案件进行分流处理，其中一部分作为刑事案件处理，导致犯罪圈进一步扩大，这部分轻微犯罪案

---

❶ 陈光中．刑事一审程序与人权保障 [M]．北京：中国政法大学出版社，2006：162.

❷ 樊崇义，刘文化．我国刑事案件速裁程序的运作 [J]．人民司法，2015 (11)：39-45.

件需要通过速裁程序进行处理。❶ 快速审理裁判案件，这不仅意味着轻微刑事案件的犯罪嫌疑人、被告人可以减免长时间羁押，最小程度地避免犯罪对其正常社会生活的震荡，恢复原生活态势，还进一步促进了有限司法资源更为优化地配置，是实现刑事司法制度良好运转与诉讼程序合理运作之必要。

在适用条件方面，刑事速裁程序适用的限定条件为"对事实清楚，证据充分，被告人自愿认罪，当事人对适用法律没有争议的危险驾驶、交通肇事、盗窃、诈骗、抢夺、伤害、寻衅滋事等情节较轻，依法可能判处 1 年以下有期徒刑、拘役、管制的案件，或者依法单处罚金的特殊类型案件"❷，简易程序较之范围更为宽泛。而关于程序启动的决定权属谁的问题上，刑事案件速裁程序是法官当庭确认被告人自愿认罪、对适用法律没有争议、同意适用速裁程序后决定适用的，取决于人民法院和被告人，简易程序则由人民检察院建议启动和人民法院决定启动两种方式。

在具体办案程序方面，主要体现在两个方面：一是刑事案件速裁程序不公开审理的范围更为广泛，除涉及国家秘密、个人隐私、未成年人犯罪等案件应当不公开，涉及商业秘密的可以不公开外，对于被告人以名誉保护、信息安全等正当理由申请不公开审理，检察机关、辩护人没有异议的，经法院院长批准，也可以不公开审理。二是刑事案件速裁程序简化了法庭调查和法庭辩论环节，但最终仍必须听取被告人的最后陈述意见。

---

❶ 熊秋红.刑事简易速裁程序之权利保障与体系化建构 [J].人民检察，2014（17）：12–17.

❷ 《全国人民代表大会常务委员会关于授权最高人民法院、最高人民检察院在部分地区开展刑事案件速裁程序试点工作的决定》中的规定。

另外，刑事案件速裁审理的时限要求不同于简易程序的 20 日内，而是 7 个工作日内审结。如果说 2012 年《刑事诉讼法》的修改将适用简易程序的重心从"案情简单轻微"转移为"被告人认罪"的案件，那么刑事案件速裁程序即为二者的结合，与简易程序之间形成了"简上加简"的关系。当案件同时符合两种程序的适用条件时，应优先适用速裁程序，在案件不符合速裁程序的适用条件时，才可以考虑适用简易程序。❶

3. 刑事速裁程序与"以审判为中心"

刑事案件速裁程序在程序的简化方面是否与诉讼民主的要求相一致，倘若简化的要求达到极限是否可能会威胁个人自由和强化对个人压制？❷ 特别是当前中国司法制度讲求实现"以审判为中心"的诉讼制度改革，在此进程中对诉讼民主及司法公正的追求更为甚之，因此，需要深入探究刑事速裁程序与"以审判为中心"相悖之形，挖掘其中的程序正当性基础与保障机制。

具体体现在以下几个方面。

一是不受直接言词原则的约束，适用速裁程序审理的刑事案件可以采行书面审理原则，或是径直进行裁判，不再开庭审理。简易如是，是否有陷入"案卷中心主义"或"侦查中心主义"历史轮回之风险旋涡？

二是删简法庭调查和法庭辩论环节，虽然保留被告人最后陈述为必须，但略过控辩双方于法庭之上进行证据出示、质证、辩论等诉讼环节，是否为"口供至上主义"的异化，即忽视定

---

❶❷　熊秋红. 刑事简易速裁程序之权利保障与体系化建构［J］. 人民检察，2014（17）：12-17.

罪量刑证据之质证必要，偏向被告人自愿认罪之供述，存有疑问。被告人之认罪，一般来说认的是公诉机关所指控的罪名，至于量刑应当说并没有提出异议的"话语权"，既然如此，法官在量刑上的自由裁量权力之大可想而知，应当进行必要及合理的规制。

三是扩大当事人申请不公开审理之范围，允许被告人以名誉保护、信息安全等理由申请不公开审理。有质疑声表示，速裁程序不公开审理的申请只要检察机关没有异议，经法院院长批准即可"秘密进行"，这是否就意味着法律为钱权霸主开辟一道"法定后门"，担心刑事案件速裁程序沦为法官权力寻租、司法腐败的"合法渠道"。

刑事诉讼程序的简化虽说必定会造成被告人部分诉讼权利无法行使，有削弱刑事诉讼程序正义之风险，看似与"审判中心主义"所追求的控、辩、审三方纠集于法庭之上进行控诉、辩论、裁判活动的诉讼意义相去甚远。但程序之简并非没有底线，相反简易程序与速裁程序的运作需要更高层次的程序正义，而非更低。

（1）简易之正当应以比例原则为基准，也就是国家采用的手段所追求的目的及其所获致的利益，必须高于因此对人民所造成的不利益。❶ 如果说，轻微刑事案件在符合被告人认罪的条件下，得以通过快审快裁的方式，使被告人尽早获得权利上的确定，同时可以减轻其承担讼累之苦，免除不必要或是长时间的羁押，又可以以最小的司法成本实现社会关系的修复，如此乐事，何而不为呢？

---

❶ 林钰雄. 刑事诉讼法（下册 各论编）[M]. 北京：中国人民大学出版社，2005：198.

（2）简易之正当应有必要的程序正义底线。刑事速裁程序适用的前提有二，即"事实清楚、证据充分，对适用法律没有争议"且"被告人自愿认罪"，快审快裁的诉讼目标在于实现司法公正与效率的二重价值，公正与效率价值目标的最终实现离不开必要的制度保障。

一是有必要保证量刑上的从宽待遇，对适用刑事速裁程序的被告人施以量刑上的优惠，这符合现代刑法惩治犯罪谦抑性的法治理念。速裁程序应当集中于对量刑问题的关注，给予被告人自愿认罪行为的肯定与从宽待遇。就有关量刑方面的问题，单从"对适用法律没有争议"的规定中无法找出正面、具体的回答，故有学者建议将量刑优惠的具体实施细则予以法定化，明确量刑幅度区间，赋予公诉机关量刑建议权与量刑监督权，以限制并约束法官的自由裁量权，防止滋生司法腐败。❶

二是建立审前证据开示程序。不同于刑事普通程序，速裁程序的启动建立在被告方对案件事实及证据的自愿认同下的认罪服法行为，需要对立两方对案件事实、证据材料保持获悉渠道的通畅，并为法官决定适用快审快裁程序做铺垫，提高诉讼效率。

三是建立健全被告人认罪认罚从宽制度。党的十八届四中全会明确指出："要优化司法职权配置，完善刑事诉讼中认罪认罚从宽制度。"这对于贯彻宽严相济刑事政策、节约司法资源、提供司法效率和效益具有重大意义。对案件事实和证据并没有达到可以定罪量刑标准的被告人进行协商，倘若认罪便可避免公诉机关指控较重的罪名和刑罚，替以较轻的处罚。

---

❶ 张璐. 浅析多元化刑事速决程序的构建 [J]. 河北法学, 2013 (4)：197-200.

（3）简易之正当应配备相应的权利保障机制。构建以被告人权利保障为基点的简易速裁程序体系，有以下几个方面需要作出具体说明。

一是应当赋予被告人完整的程序选择权，既包括程序启动选择权，亦包括异议权与程序变更权。作为刑事诉讼参与的主体，被告人有权选择具体审判程序和方式，特别是简易程序与速裁程序的适用在某种程度上弱化了被告人的诉讼权利，让渡于司法效率以求诉讼经济，因而，更加需要从权利保障为切入点，赋予被告人以完整的程序选择权，能够对程序适用表达意愿、提出异议，使被告人能发声并发声有益。当出现案件事实并非清楚、证据并非充分，刑事速裁程序适用错误，被告人选择适用程序非自愿等情形，应当开辟道路纠正和弥补可能造成的司法错误，如改为普通程序重新审理，进而打开刑事普通程序、普通程序简易审、简易程序与刑事速裁程序等分流程序的关联渠道与转换途径，实现程序上的正义与裁判结果的公正。

二是赋予被告人充分的案件知悉权与获得律师帮助的权利。被告人是否同意适用刑事速裁程序的前提条件是，对案件事实、证据以及法律适用上具有相当充分的知悉权，能够知晓控辩双方案件事实与证据材料，以及案件审理的诉讼进程与法律适用。当然，知悉权的保障离不开专业法律人士的协助，具体体现为被告人获得律师帮助，能够获得有效辩护。可喜的是，速裁程序特别规定法院、看守所要建立法律援助值班律师制度，对提出申请的犯罪嫌疑人、被告人提供法律帮助和咨询服务。

不仅如此，在注重刑事速裁程序司法公正和被告人权益保障问题的同时，也要注意保护被害人权利，充分保障被害人不服速裁程序判决进行上诉的权利。

4. 刑事案件繁简分流机制的完善

关于刑事案件繁简分流机制的完善，可以从以下不同机制，针对法院审判案件需要特别注意与关注的事项，予以具体阐述。

（1）普通程序。对被告人不认罪案件以及被告人认罪的重大、疑难案件，适用精密的普通程序审理。在此，法庭应当坚持居中裁判、不偏不倚，依法独立公正行使对案件事实和法律的判断权和裁决权。

（2）对被告人认罪案件适用普通程序简易审。完善被告人认罪认罚从宽制度需要从两方面予以关注。[1] 一方面是从实体法层面来看，应当将"坦白从宽"的刑事政策法律化，从酌定"可以"型上升到法定"应当"型量刑情节。值得欣喜的是，《刑法修正案（九）》设立对贪污贿赂犯罪规定特殊的从宽处罚制度。另一方面，在程序法上，应当建立和完善基于被告人认罪认罚与否的程序机制。充分发挥被告人认罪认罚从宽制度具有的量刑激励机制，促进案件的繁简分流。

（3）简易程序。关于简易程序的适用，应当按照法律要求扩大简易程序适用范围，解决制约简易程序适用的审判机制问题。对适用简易程序审理的案件，控辩双方对于定罪量刑有关的事实证据没有争议的，法庭审理可以直接围绕罪名确定和量刑问题进行。

（4）刑事速裁程序。应当推进速裁程序改革，逐步扩大速裁程序适用范围。对适用速裁程序审理的案件，被告人当庭认罪、统一量刑建议的，不再进行法庭调查、法庭辩论。

---

[1]　左卫民，吕国凡. 完善被告人认罪认罚从宽处理制度的若干思考 [J]. 理论视野，2015（4）：39-41.

（5）处罚令程序。对被告人认罪的轻微案件，探索建立处罚令程序。进一步探索完善被告人认罪案件简化审理程序，做到简者简之，繁者繁之，实现司法资源优化配置。对适用处罚令程序审理的轻微案件，可以不开庭审理，直接签发处罚令。

另外，在改革中我国又建立了认罪认罚从宽制度。2016年7月22日，中央全面深化改革领导小组第二十六次会议审议通过了《关于认罪认罚从宽制度改革试点方案》。2016年11月16日最高人民法院、最高人民检察院、公安部、国家安全部、司法部《关于在部分地区开展刑事案件认罪认罚从宽制度试点工作的办法》。该办法要求，对于基层人民法院管辖的可能判处3年有期徒刑以下刑罚的案件，事实清楚、证据充分，当事人对适用法律没有争议，被告人认罪认罚并同意适用速裁程序的，可以适用速裁程序，由审判员独任审判，送达期限不受刑事诉讼法规定的限制，不进行法庭调查、法庭辩论，当庭宣判，但在判决宣告前应当听取被告人的最后陈述。认罪认罚这项改革试点主要还是体现在程序方面。在具体审理中，有被告人自愿供认犯罪事实，对检察机关的指控没有异议，认可检察机关的量刑意见，并签署具结书，这些主要更多体现在程序方面。它的从宽主要是在法律的幅度和法律的框架内进行。但是，应当将认罪认罚从宽制度作为简易程序、速裁程序的上位概念，以免仅仅依靠简化程序，出现过于简化的庭审程序导致被迫认罪认罚和冤假错案的发生。

（五）定罪程序与量刑程序的分离

刑事审判中，定罪关系到被告人是否构成犯罪以及为何罪，而量刑解决的是有罪被告人所应承担的刑罚大小问题。最高人民法院等五部门联合签发的《关于规范量刑程序若干问题的意见》（以下简称《量刑程序意见》）以及 2012 年《刑事诉讼法》的修改，架构完成"相对独立的量刑程序"，即法院在现行的法庭审理程序模式中纳入"相对独立"的量刑程序，不同于中国刑事诉讼传统的定罪与量刑"一体化"程序模式，需要更多制度和程序上的改革及配套措施的完善，需要最高人民法院总结全国法院改革经验及各地试点工作来推动制度变革，特别是党的十八届四中全会决定推进"以审判为中心的"诉讼制度改革，更需要进一步研究中国刑事诉讼的相对独立的量刑模式，以实现公正司法。

1. 定罪与量刑的关系作为刑事审判的两大基本活动，关涉已经向法院提出诉讼的刑事案件被告人是否构成犯罪、构成何罪、应当受到何种刑事处罚及刑罚大小的问题

二者尽管都是刑事审判活动的重要构成部分，而且包含的内容有联系，甚至有交叉，但并非可以等同，在目的、审理对象、证据规则等方面二者存在明显的区别，需要由相应的程序有针对性地处理以解决不同问题。

中国刑事诉讼长期以来实行定罪与量刑一体化的程序模式，不仅如此，我国刑事审判程序在立法上主要围绕定罪内容来设计，司法审判活动也是围绕定罪内容来进行的，而对于量刑问题的关注则主要集中于刑事实体法领域，没有将其纳入诉讼程序的轨道中思考。然而，定罪与量刑一体化的程序模式存在法院量刑决策过程不公开、不透明的问题，无法约束和规范法官的自由裁量权。无论是公诉方还是辩护方，都既无法提出具体的量刑意见，也无法参与量刑的裁决过程，难以对法院的量刑

裁决施加积极有效的影响。❶ 需要关注的是，定罪与量刑在追求司法和审判公正的问题上居于同等重要的地位，二者不可偏废，既要重视定罪的公正性也要实现量刑程序的公开和透明。

2. 我国相对独立的量刑模式

在定罪程序与量刑程序关系的问题上，有学者认为，根据我国目前的经济基础和司法现状，在优化资源配置的基础上，可以将定罪与量刑程序进行一定程度的分离，即在被告人认罪的案件中采取定罪与量刑合一的审理模式，因为对于已经认罪的被告人来说，对于确定被告人是否犯罪的定罪程序就没有太大的意义，而此时的重点应当转变为被告人应当执行多久刑期的问题，因此采取定罪与量刑合一的模式，可以使法官将庭审的重点放在被告人的量刑问题上，以避免不必要的诉讼资源浪费；而对于被告人不认罪的案件来说，则应当采取定罪与量刑相对分离的模式，因为只有对犯罪的被告人才有必要讨论执行刑期的问题，而法庭审理的首要任务就应当是确定被告人是否构成犯罪，在定罪程序之后，若被告人不构成犯罪，则没有必要进行下面的步骤，只有构成犯罪并需要追究刑事责任的被告人，才有必要进行量刑环节。

对此，在中国刑事司法改革的进程中，为有效地规范法官在量刑方面的自由裁量权，最高人民法院从两个方面进行了改革探索：一是建立"以定性分析为主、定量分析为辅"的量刑方法，制定行之有效的量刑指导意见；二是建立"相对独立"的量刑程序，将量刑"纳入法庭审理程序"之中。❷ 前者是在我

---

❶ 陈瑞华. 论量刑程序的独立性 [J]. 中国法学, 2009 (1)：163-179.
❷ 陈瑞华. 刑事诉讼的中国模式 [M]. 北京：法律出版社, 2010：133.

国刑罚制度比较粗放、法定刑幅度较大的情况下，促使法官的量刑走向公正和精密的问题；后者则是在我国定罪与量刑程序合为一体的情况下，将量刑与定罪在程序上予以适度分离的问题。相对独立的量刑模式探索受到法学界与司法界的广泛关注，需要改革者在传统定罪与量刑一体化的程序模式基础上作出适当调整和改变，根据不同案件情况的审判程序特点，设置与之相适应的量刑模式，并配以相关配套措施进行行之有效的制度变革。

（1）简易程序中的量刑模式。刑事审判制度中的简易程序中，法官主要围绕被告人是否自愿认罪、是否了解选择简易程序的后果等问题。在简易程序中，法庭审理的基本功能侧重于对被告人适用何种刑罚以及刑罚适用大小的判定，最高人民法院在 2003 年的一份司法解释中甚至明确要求，被告人自愿认罪，并对起诉书指控的犯罪事实没有异议的，法庭可以直接作出有罪判决。❶ 可见，庭审法官在简易程序中，根据事实和法律对被告人适用刑罚的过程拥有更多自由裁量权，倘若缺乏有效合理的规范，就有可能造成较之普通审判程序更为严重的问题。

具体说来，虽然法律明确要求检察机关在简易程序中亦要派员出庭支持公诉，但简易程序是否具备两造对抗的诉讼特征值得怀疑，特别是在控辩双方对于被告人是否构成指控犯罪的实体性问题并无异议，双方一致合意的情况下，法庭得以直接作出有罪裁决，而不再将其纳入法庭调查和法庭辩论的对象。由此一来，对于被告人的刑事处罚问题，法庭既无法听取公诉方的指控意见，也通常难以获知辩护方的意见，只能从案件笔

---

❶　2003 年，最高人民法院、最高人民检察院和司法部联合发布了《关于适用简易程序审理公诉案件的若干意见》，对简易程序的适用作出了全面的规定。转引自：陈瑞华. 刑事诉讼的中国模式 [M]. 北京：法律出版社，2010：136.

录中获取有效量刑信息，最终量刑裁决的作出是在控辩双方的难以参与，法官对量刑信息的采纳、量刑情节的评价以及量刑结论的形成等一系列量刑活动皆为单独进行，缺乏有效约束。

针对此，有学者提出，考虑到简易程序的特殊性，可以考虑采用"集中量刑模式"的审理方式进行集中审理。❶ "集中量刑模式"强调检察官对若干案件集中出庭，法庭对若干案件的量刑问题进行集中审理，控辩双方主要围绕着有争议的量刑情节展开论辩。此种量刑模式较之最高人民法院确定的"相对独立的量刑程序"而言，具有以下几个方面的优势：一是检察官出庭支持公诉，可以当庭发表量刑建议，对法庭的量刑裁决产生有效的约束；二是对被告人是否构成犯罪的问题不再进行任何实质性的审理，而主要审查被告人认罪供述的自愿性，将有限的庭审时间集中投入量刑裁判问题上，大大节省了法庭审理的时间；三是检察官同时对数个轻微案件提起公诉，法庭对这些案件集中进行开庭审理，并当庭宣告最终的裁判结论，避免了检察官和法官诉讼资源的浪费；四是法庭在检察官口头发表量刑建议的基础上进行量刑审理，引导双方只就存在争议的量刑情节展开辩论，避免了不必要的量刑审理环节。

但同时需要考虑的是，当前司法实践中是否能够践行集中量刑的审理模式，检察官手头上受理的案件是否具有集中审理的可行性值得怀疑，若是被告人在简易程序中没有辩护律师为其提供法律支持和必要法律支撑，辩护一方在量刑情节及证据提供上的作用就会明显不足，最终可能成为法庭依靠案卷单独裁判的后果。

---

❶　陈瑞华．刑事诉讼的中国模式［M］．北京：法律出版社，2010：137-140.

（2）"认罪审理程序"中的量刑模式。所谓"被告人认罪审理程序"是指，对于那些有可能判处被告人3年有期徒刑以上刑罚的案件，在被告人自愿认罪并对指控的罪名不持异议的情形下，法院可以按照相对简易的方式进行审理的方式。这一程序并不是《刑事诉讼法》所确立的法定程序，而是由一些基层法院通过自生自发的改革所创制出来的，该程序又可称之为"普通程序简化审"，也就是所谓的"被告人认罪案件的普通程序"❶。与简易程序不同的是，被告人认罪案件的普通程序仍然要由合议庭负责审理，并采取相对正规的法庭调查和法庭辩论。❷

根据《量刑程序意见》，对于被告人认罪案件普通程序中的量刑审理采用了与简易程序大体相同的量刑审理模式，法庭审理将围绕与量刑相关的问题进行审理。但与简易程序的不同在于，如果控辩双方对于与定罪有关的事实和法律适用存在争议时，法院仍然要对其进行审查。

虽然"认罪审理程序"的适用前提是被告人自愿认罪，法庭对于控辩双方没有异议的证据和事实只是通过形式上的举证和质证直接予以确认，貌似重在解决被告人的量刑问题，有轻定罪辩护之嫌。但是，法庭在对犯罪事实进行调查之后，直接组织对量刑事实的调查，并不会影响被告人辩护权的有效行使；被告人在就定罪问题发表辩护意见之后，随即提出量刑情节和量刑意见，也不会削弱本方在定罪辩论中的辩护效果。

---

❶　2003年，最高人民法院、最高人民检察院和司法部联合发布了《关于使用普通程序审理"被告人认罪案件"的若干意见（试行）》，对被告人认罪案件的"普通程序"的适用作出了规定。在司法解释中正式确认了这种被告人可能被判处3年有期徒刑以上刑罚案件的审理方式的合法性，正式命名为"被告人认罪案件的普通程序"。

❷　陈瑞华. 刑事诉讼的中国模式 [M]. 北京：法律出版社，2010：57.

然而，从司法实践中看，各地法院对于被告人认罪审理程序改革试点的情况并不理想，在此程序中，法庭举行的定罪调查和定罪辩论止于形式，由此带来较为明显的拖延诉讼、司法效率下降等问题。因此，有学者建议在"认罪审理程序"中建立一种"弹性的交错量刑模式"。❶ 也就是说，法庭可以将定罪审理与量刑审理采取交错进行的态势，即在定罪调查结束之后，随即就量刑问题进行调查，在定罪辩论完毕之后，立即就量刑问题展开辩论。该种量刑程序改革设想，与传统的由统一程序组织法庭调查和法庭辩论的审判模式不同，面临更多新形势的问题需要解决，假若辩护方不能进行主动的庭前调查，法庭对量刑实施的认定仍然不得不局限在案卷笔录所记载的有限量刑情节之内，大量的酌定情节将不可能出现在法庭之上，如此一来就与审判中心主义的诉讼制度改革相背离。

（3）普通程序中的量刑模式。普通程序中的量刑模式，也就是被告人不认罪的案件，通常包括以下几种情况：一是被告人对指控的犯罪事实持否定态度；二是被告人承认公诉方指控的事实，但坚持认为自己的行为在法律上是不构成任何犯罪的；三是被告人承认公诉方指控的事实，但坚持认为自己的行为不构成公诉方所指控的罪名；四是被告人对公诉方提出的若干项指控犯罪，承认了其中的部分指控事实，却对另外的犯罪事实或者指控罪名不予承认。根据中国现行《刑事诉讼法》的规定，在被告人拒不认罪的案件中，法院只能按照普通审判程序进行法庭审理。❷ 需要首先对被告人是否构成犯罪以及构成何罪罪名进行确认，进而对相关量刑方面的问题进行调查和辩论。

---

❶ 陈瑞华. 刑事诉讼的中国模式［M］. 北京：法律出版社，2010：145-147.
❷ 陈瑞华. 刑事诉讼的中国模式［M］. 北京：法律出版社，2010：147.

区别于上述两种简易程序中的量刑模式与"认罪审理程序"中的量刑模式，法庭在普通程序中的审理更多关注的是被告人合法权益的保护，特别是辩护权的有效实现，以及正当程序理念的贯彻落实。

根据《量刑程序意见》的规定，对于被告人不认罪案件中的量刑审理，并没有将定罪程序和量刑程序完全分离，而是将法庭调查和法庭辩论分为了两方面。首先，法庭调查被区分为定罪调查和量刑调查两个部分，定罪调查是专门针对被告人是否构成犯罪及构成何种犯罪所进行的调查程序，在这一调查程序中，公诉方应当提出全部能够证明被告人构成犯罪的证据，而被告方则要提出全部证据证明被告人无罪，双方就各自所坚持的观点进行专门的质证和举证；而在量刑调查程序中，控辩双方则不能就与定罪相关的问题进行调查，此部分的调查只能针对与量刑有关的事实和情节，即控辩双方依次提出各方的量刑情节，然后各方对这些有关的量刑情节展开举证和质证活动。不仅法庭调查区分为定罪调查和量刑调查两个部分，法庭辩论也区分为定罪辩论和量刑辩论两方面。在定罪辩论的阶段，控辩双方只能就与被告人的定罪相关的问题发表辩论意见，公诉方可以集中论证被告人构成犯罪的理由，被告方则可以补充的发表其无罪辩护的意见；而在量刑辩论阶段，控辩双方则只能围绕有关量刑的问题进行辩论，先由公诉方发表量刑意见并提出相应理由，进而再由被害方和被告方发表量刑意见并给出本方的量刑证据。❶

实质上，这种相对独立的量刑程序上是一种将定罪与量刑

---

❶　陈瑞华. 论相对独立的量刑程序—中国量刑程序的理论解读 [J]. 中国刑事法杂志, 2011（2）：3-14.

审理交错进行的程序设置。对此，坚持无罪的被告一方可能产生以下几点错误观念与消极看法：一是认为量刑裁判是在确定有罪的基础上作出的，在法庭尚未宣告有罪判决之前，拒绝参与一切形式的量刑调查和量刑辩论，而继续要求法院作出无罪之宣告；二是认为若是参与量刑调查与量刑辩论活动，就等同于间接承认指控一方控诉的罪名成立，若是在量刑程序中向法庭提出对被告人予以从轻、减轻或是免除刑事处罚的意见与建议，就等于认可了公诉方的指控意见，与最初无罪辩护的立场相矛盾。可以说，受定罪与量刑一体化诉讼程序模式的影响，被告一方产生以上质疑具有合理性和可解释性，特别当被告人在庭前是否认罪及认罪态度良好与否同量刑裁量挂钩，不难令被告人产生说服法庭宣告无罪无望，最好认罪还能获取较轻刑罚的消极情绪，甚至有强迫其自证其罪的负面效果。

对此，有学者提出从保护被告人辩护权和提高程序本身正当性的角度来看，对于被告人不认罪案件，在坚持相对独立量刑程序模式下，可以将法庭程序调整为"先定罪、后量刑"的两步走模式，即在现有的庭审程序中，将定罪程序和量刑程序进行分离，在定罪程序中，控辩双方首先围绕起诉书所指控的犯罪事实和罪名进行法庭调查、法庭辩论和当事人陈述，然后再进行量刑程序，并在量刑程序中就与量刑有关的问题进行法庭调查、法庭辩论和当事人陈述。❶ 这就意味着，在定罪阶段，控辩双方都不得提出任何有关量刑的问题，更不能将与量刑轻重有关的材料在这一阶段使用。控方只就被告人是否构成犯罪承担证明责任，辩方也只需拿出证据来证明其无罪。在对定罪相关问

---

❶ 顾永忠. 试论量刑与量刑程序涉及的关系 [J]. 人民检察, 2009 (15): 6-12.

题审理结束之后，法官便可对被告人是否犯罪进行评判，若其并无犯罪，则不需要下面的程序；而若在定罪程序结束后，认定被告人有罪，案件庭审程序便进入量刑阶段。在量刑审理阶段，控辩双方可以就与量刑有关的问题提出相应的量刑情节，进行量刑调查，量刑辩论和当事人陈述，而后法官根据控辩双方提出的证据和事实进行裁决。如此一来，不仅可以有效防止对被告人不利的量刑信息提前进入法官审判范围，还可以防止合议庭对被告人定罪之后再进行量刑程序，造成庭审程序延迟。

3. 量刑程序的完善

不得不说的是，在相对分离的量刑程序模式下，辩护律师的有效参与是至关重要的因素之一，但当前司法实践表明，被告人能够获得律师帮助的案件比例仍然不高，因此扩大辩护律师的参与比例，增强辩护效果是亟须解决的问题之一。与此同时，量刑程序的良好运转，取决于控辩双方于庭审前做好有效的准备工作，正确适时引导检察官与辩护律师在庭审之前进行充分的调查，提出尽可能全面的量刑情节，将是量刑程序取得成效的关键环节。同时在证据规则的适用上应当有别于定罪审理程序的证据规则，尽量避免量刑裁判的作出受到有关定罪方面不必要的事实和证据材料信息的干扰与干预。

具体说来，在量刑情节的信息采集和材料收集的问题上，不仅是作为指控犯罪的控诉方与接受指控进行有效辩护的被告一方提供量刑相关信息，社区对于犯罪人的教育、感化和挽救也要发挥积极的作用，帮助法官全面认识造成被告人施行犯罪的直接和间接原因，据此作出全面准确的量刑裁判以实现良好的法律效果和社会效果。

在被害人有效参与量刑程序的问题上，让被害人参与庭审，不仅有助于其表达发泄自己的情绪，缓解与被告人之间的矛盾，以减少潜在的安全隐患，同时，由于被害人也是案件的直接受害者，被害人参与庭审还有助于帮助法官还原案件事实，以便法官能够作出公正准确的审判。

在量刑程序的证据规则与证明标准的问题上，在相对独立的量刑程序中应该确定适用特殊的证据规则与证明标准。从理论上讲，定罪程序的主要功能是确保法官正确查明案件事实，准确对被告人的行为是否构成犯罪进行认定。因此，定罪的证明标准必须要达到排除合理怀疑的程度，严格执行法定证明标准。具体来说，需要完善证据审查、运用机制，规范法庭证据采纳标准，认定案件事实，应当以法庭采纳的证据为根据。在证明标准的问题上，经法庭审理，对事实清楚，证据确实、充分的案件，依法认定被告人有罪。不得人为降低证明标准，对定罪证据不足的案件，应当依法宣告被告人无罪。人民法院要统一司法裁判标准，促使侦查、审查起诉围绕司法裁判标准进行，切实防范冤假错案发生。相关部门对有犯罪事实需要追究刑事责任的情形，应当继续侦查，查清犯罪事实后可以依法提起公诉，既保障无罪的人不受刑事追究，又防止放纵犯罪。

不同的是，量刑程序更所关注的是量刑情节和对社会危害程度的证明，因此其证明标准低于定罪情节的证明标准，只要达到高度盖然性即可。倘若定罪证据确实、充分，但不利于被告人的量刑事实存疑的，应当作出有利于被告人的处理。死刑案件，对被告人适用死刑的量刑事实存疑的，不得判处死刑。

相较定罪程序而言，法官在进行量刑裁量时需要综合考虑案件本身、被告人自身的情况、被害人和社区的反响等各个方面进而形成内心确认完成心证，是一个由各方主体共同参与并表达意见以试图达成共识的过程，不可能与定罪程序一样采用高标准的证据规则与证明标准。因此，应当规范量刑建议和量刑意见制度，建立与定罪程序相对独立的量刑程序，实现量刑规范化改革与速裁程序改革有效衔接。完善被告人认罪认罚从宽制度，对被告人自愿认罪且同意适用简易程序、速裁程序审理的，依法从宽处罚，确保坦白从宽制度落到实处，节约司法资源。

（六）人民陪审员制度

党的十八届三中全会《中共中央关于全面深化改革若干重大问题的决定》提出，要广泛实行人民陪审员制度，拓宽人民群众有序参与司法渠道。2014 年 10 月 23 日党的十八届四中全会通过的《中共中央关于全面推进依法治国若干重大问题的决定》中强调要"完善人民陪审员制度，保障公民陪审权利，扩大参审范围，完善随机抽选方式，提高人民陪审制度公信度。逐步实行人民陪审员不再审理法律适用问题，只参与审理事实认定问题。"2015 年 5 月 22 日，最高人民法院、司法部发布了《人民陪审员制度改革试点方案》和《人民陪审员制度改革试点工作实施办法》，对试点地区人民陪审员的选任条件、选任程序、参审范围、参审职权、退出条件、惩戒机制和履职保障等问题作出规定。❶ 意味着改革人民陪审员制度的大幕徐徐拉开。

人民陪审员制度为"社会主义民主政治的新发展"。这是因为陪审制度因让普通民众参与司法的审判过程，确保了人民对于司法的主权，从而使判决获得更为坚实的合法性基础，对于权力机关可能的暴政构成有力的防范。❷ 从理论上讲，人民陪审

---

❶ 贺小荣，等．《人民陪审员制度改革试点工作实施办法》的理解与适用［N］．人民法院报，2015-05-22．

❷ 何兵．中国政治改革要从陪审制度改革突破［N］．人民法院报，2015-04-25．

员制度的构建是提高司法公信力，努力让人民群众在每一个司法案件中感受到公平正义的有效途径之一。

1. 人民陪审员为何参审

司法本身带有的神秘性自古以来令民众望而却步，被动式的接受国家公权力机关在整个社会治理过程中对其私有权利的分配与处分，似乎强制力构成了司法天然存在的权威性。人民陪审员制度正是打破司法的神秘面纱，创造机会让普通民众能够切身有效地参与司法活动，以对司法公正的认同感取代对审判活动的错误认知，实现司法民主。

具体来说，人民陪审员制度的功能定位有二❶：

一是人民陪审员制度的政治功能。陪审制度起源于英国，并被世界各国借鉴或移植，成为一项重要的司法制度，更为重要的，陪审制度亦是一项关系人民民主、权力制约的政治制度。❷托克维尔在《论美国的民主》一书中指出："实行陪审制度，就可把人民本身，或至少把一部分公民提到法官的地位。这实质上就是陪审制度把领到社会的权利置于人民或者一部分公民之手。陪审制度首先是一种政治制度，应当把它看成人民主权的一种形式。"❸中国有关陪审制度的设计是从贯彻落实中国共产党坚持群众路线，实现"依靠人民、便利人民、为人民

---

❶ 李玉华，等. 中国特色陪审制度的新发展 [M]. 北京：中国政法大学出版社，2014：161.

❷ 苗炎. 司法民主：完善人民陪审员制度的价值依归 [J]. 法商研究，2015（1）：121-128.

❸ ［法］托克维尔. 美国的民主（上卷）［M］. 北京：商务印书馆，1997：314，315. 转引自：李玉华，等. 中国特色陪审制度的新发展 [M]. 北京：中国政法大学出版社，2014：161.

服务"❶ 司法工作的角度出发，切实发挥人民群众在司法审判中的作用，使司法审判"更集中地通达民情，反映民意，凝聚民智"，是我国民主政治的必然要求。

二是人民陪审员制度的司法功能。人民陪审员制度的司法功能具体表现为司法民主、司法公正与司法公开。司法的人民性离不开人民群众对审判活动的直接参与，运用人民陪审员在非法律知识及社会生活经验多样化的有利条件，弱化专业法官在认识案件事实与法律逻辑分析上的思维定向化，以形成优势互补。人民陪审员将一般民众的普遍认知、价值观念与生活经验带入司法，有助于专业法官作出兼具法律效果与社会效果、更具司法公信力的公正裁判。人民群众参与司法对于打破司法秘不可宣的神秘面纱，公开司法让权力在阳光下运行，确保司法的公正性具有积极意义。

2. 人民陪审员如何参审

自 2005 年 5 月 1 日《全国人民代表大会常务委员会关于完善人民陪审员制度的决定》通过实施以来，"陪而不审、审而不议"等问题成为学界与司法实务普遍认为人民陪审员制度的弊疾。有学者指出陪审效果不佳问题产生的主要原因在于人民陪审员法律素质之缺乏，与日趋专业化的职业法官的差距太大。专业法官可能倾向性地诱导陪审员思维，压制陪审员意见，陪审员出于对审判员专业知识的信服与审判权力的崇拜，往往表现出顺从或是消极不作为，从而使陪审沦为形式或附庸。❷ 然

---

❶ 首任最高人民法院院长的沈钧儒在中国人民政治协商会议第一届全国委员会第一次会议上做报告时所指出的。

❷ 吴俊辉. 普通人的权力与正义：宪政视野下的陪审制研究 ［M］. 广州：广东人民出版社，2010：170，171.

而，人民陪审员"陪而不审、审而不议"问题之关键在于制度设计与实际程序运作出现偏差，未能有效发挥人民陪审员在非法律性知识和实践经验方面的优势。❶ 因此，结合《人民陪审员制度改革试点工作实施办法》（以下简称《实施办法》）中关于人民陪审员制度的各项细则，作出如下论述。

（1）选任方式。《实施办法》第6条至第11条对人民陪审的选任方式作出规定，明确建立人民陪审员候选人信息库，由人民法院会同同级司法行政机关对人民陪审员候选人进行资格审查，以随机抽选的方式确定人民陪审员人选，并由院长提请人民代表大会常务委员会任命的方式进行。采行在大名单制基础上随机抽选人民陪审员能够保证做到"一案一审"，避免以身份、职业选择陪审员，背离人民陪审员制度发挥司法人民性与司法民主的最初定位与价值功能。在陪审员是否需要专业的问题上，学界存有争论。有学者认为"人民陪审员制度的根本属性是司法的草根民主性，人民陪审员不宜精英化"；❷ 提出人民陪审员精英化容易导致民意的缺失，有越俎代庖之嫌，经济社会基础差异大更易造成审判区域性的不公。❸ 然而，如何期待不懂审判、不会评议、监督乏力的人民陪审员从实质上参与司法？一方面，应当加强司法的人民性，保证人民陪审候选人员的大众性，通过完善随机抽选的方式保证人民陪审员的普遍性与可代表性；另一方面，需要探索建立专业陪审员制度，专业陪审员并非"一员多案"，专门负责参审的"第二业余法官"，而是

---

❶ 苗炎. 司法民主：完善人民陪审员制度的价值依归 [J]. 法商研究，2015（1）：121-128.

❷ 周永坤. 人民陪审员不宜精英化 [J]. 法学，2005（10）：9-13.

❸ 李玉华，等. 中国特色陪审制度的新发展 [M]. 北京：中国政法大学出版社，2014：102-106.

需要加强在审前对随机选出参审的人民陪审员进行庭前培训，让其熟络审判实务与相关法律专业业务，能够切实代表人民表达意愿，监督审判活动运行，避免因人民陪审员参审素质及法律能力的差异造成审判的不公。

（2）参审范围。在陪审案件范围的问题上，有学者指出应当缩小陪审案件的范围，提出"普遍实行陪审的结果会导致固定合议庭、专职陪审员、陪审员法定化等弊端出现，与陪审制的宗旨不符"，建议"缩小陪审案件的范围，社会影响大的案件才实行陪审"。❶《实施办法》第 12 条规定："人民法院受理的第一审案件，除法律规定由法官独任审理或者由法官组成合议庭审理的以外，均可以适用人民陪审制审理"，明确有三类情形❷原则上应当由人民陪审员和法官共同组成合议庭。可见，扩大参审案件的范围是人民陪审员制度发展的路径与趋势。

诚然，司法民主价值的实现应当体现在更为广泛的案件审理中去，不仅包括刑事案件，甚至包括民事案件及行政案件。其中，关于参审范围大小的争论对人民陪审员制度的完善并非有益，关键应当在于采用陪审制度的决定权予谁的问题。所幸，人民陪审员制度日趋完善，从笼统地规定在第一审案件中可以

---

❶ 何进平．司法潜规则：人民陪审员制度司法功能的运行障碍［J］．法学，2013（9）：122-131.

❷《人民陪审员制度改革试点工作实施办法》第 12 条规定："人民法院受理的第一审案件，除法律规定由法官独任审理或者由法官组成合议庭审理的以外，均可以适用人民陪审制审理。有下列情形之一的第一审案件，原则上应当由人民陪审员和法官共同组成合议庭审理：（一）涉及群体利益、社会公共利益、人民群众广泛关注或者其他社会影响较大的刑事、行政、民事案件。（二）可能判处十年以上有期徒刑、无期徒刑的刑事案件；（三）涉及征地拆迁、环境保护、食品药品安全的重大案件。前款所列案件中，因涉及个人隐私、商业秘密或者其他原因，当事人申请不适用人民陪审制审理的，人民法院可以决定不适用人民陪审制审理。"

适用陪审制度的弹性范围，到明确为社会影响较大的刑事、民事、行政案件，再到《实施办法》的概括性、三种应当适用的具体情形及当事人申请不适用的规定，从立法上规避了法官随意限缩人民陪审员制度的任意行为，同时赋予了当事人一定程度的程序选择权。

在具体的案件参审问题上，应当对法官与陪审员的职权作出明确分工，即逐步实行人民陪审员不再审理法律适用问题，只参与审理事实的制度。如此分离对于发挥人民陪审对专业法官认定事实的优势互补，规避非法律专业人员不懂法律适用方面的不足有着十分重要的意义。陪审员与法官审判职能上的分工意味着，对人民陪审员权利地位的补强，对司法审判权有一定的监督制约功能。

（3）参审程序。人民陪审员制度需要一套能够与之配合制约和补充的其他制度措施予以辅助。在人民陪审员参审程序问题上，一方面要保证人民陪审员话语表达权的实现。有学者指出，建议明确规定评议的发言顺序，即陪审员要先于法官发表意见，确保实现人民陪审员的话语表达权。此点获得在《实施办法》中的明确规定："合议庭评议时，审判长应当提请人民陪审员围绕案件事实认定问题发表意见，并对与事实认定有关的证据资格、证据规则、诉讼程序等问题及注意事项进行必要的说明，但不得妨碍人民陪审员对案件事实的独立判断。"同时，法官对陪审员负有指示义务，目的在于适时给非法律专业的大众陪审员以法律指导，但不得对人民陪审员施加个人倾向性意见。至于人民陪审员在合议庭评议过程中发表意见能否发挥实质性约束效果的问题，《实施办法》第23条作出相应回答，确保人民陪审员不是摆放在庭上宣示民主的稻草人，相反得以真正约束法庭对案件事实的审理结果。

　　另一方面要保证人民陪审员对案件信息获取量上的充分。"在参与庭审的过程中，陪审员明显表现出对当前庭审程序的不适应。这种不适应表现为跟不上庭审节奏，以至于没有机会在庭上充分行使审判权。"对此，陪审员的感受是："……等你搞清楚的时候，案子已经要结束了，你要提的意见来不及提了。"❶为了避免人民陪审员处于被动消极的象征性地位，扫除对案件事实、证据的认定与查清，在提倡"以审判为中心"的诉讼制度改革浪潮中需要配合证人、鉴定人、侦查人员出庭制度的完善，通过庭审过程实质化的推进引导陪审员形成对案件事实的感性认知，而不是法官审阅卷宗进行裁判的旁观人员。因此，需要完善人民陪审员参加评议和表决的程序，杜绝陪而不审、审而不议现象，确保参审质量，提高人民陪审制度公信度。

　　当然，司法民主的实现绝不仅仅在于人民陪审员制度的建立与完善，更需要司法公开制度的健全予以保障。落实公开审判制度，应当依法及时公开审判流程和相关信息，以公开促公正。严格执行不公开审理案件的信息保密制度，对泄露不应当公开的案件信息等违法犯罪行为依法处理。具体在案件当庭审判制度中，普通程序审理的案件要提高当庭宣判率，至迟在休庭后一个月内宣判，落实让审理者裁判、由裁判者负责的要求；而适用速裁程序审理的案件一律当庭审判，适用简易程序审理的案件一般应当当庭宣判。司法公开制度同样约束法官对裁判文书的释法说理功能，要求写明辩护意见的采纳情况以及理由。建立生效裁判文书统一上网和公开查询制度，杜绝暗箱操作。

---

❶　钟莉．价值　规则　实践：人民陪审员制度研究［M］．上海：上海人民出版社，2011：156．

最后，需要严格执行公开审判制度，宣告判决，一律公开进行。

三、审判中心主义下的刑事一审程序完善

党的十八届四中全会在《决定》中指出："公正是法治的生命线。司法公正对社会公正具有重要引领作用，司法不公对社会公正具有致命破坏作用。必须完善司法管理体制和司法权力运行机制，规范司法行为，加强对司法活动的监督，努力让人民群众在每一个司法案件中感受到公平正义。"具体到以审判为中心的诉讼制度改革中去，特别是刑事一审程序的改革需要从司法管理体制、司法权力运行机制以及对司法活动的监督三个方面进行细致的研究与探讨。

（一）完善司法管理体制

司法管理体制，从内容上说，包括司法职权的合理配置和司法体制内部的管理机制。在司法职权配置方面，党的十八届四中全会提出要"健全公安机关、检察机关、审判机关、司法行政机关各司其职，侦查权、检察权、审判权、执行权相互配合、相互制约的体制机制。"从制度上加强司法权力相互制约的各项机制，意味着中国刑事诉讼从流水线的工作形式发展到以审判为中心的诉讼模式，距离现代民主法治国家的要求更进一步。在司法体制方面，党的十八届四中全会对公正司法提出以下几点要求：一是要推动实行审判权和执行权相分离的体制改革试点，完善刑罚执行制度，统一刑罚执行体制；二是改革司法机关人财物管理体制，探索实行法院、检察院司法行政事务管理权和审判权、检察权相分离；三是完善审级制度，一审重在解决事实认定和法律适用，二审重在解决事实法律争议、实现二审终审，再审重在解决依法纠错、维护裁判权威。同时，

强调要明确司法机关内部各层级权限，健全内部监督制约机制。司法机关内部人员不得违反规定干预其他人员正在办理的案件，建立司法机关内部人员过问案件的记录制度和责任追究制度。完善主审法官、合议庭、主任检察官、主办侦查员办案责任制，落实谁办案谁负责。

（二）优化司法权力的运行机制

在全面推进依法治国背景下和新一轮的司法改革中，"刑事庭审实质化"的命题被推到风口浪尖，特别是党的十八届四中全会提出要"推进以审判为中心的诉讼制度改革，确保侦查、审查起诉的案件事实证据经得起法律的检验。……保证庭审在查明事实、认定证据、保护诉权、公正裁判中发挥决定性作用"。这就需要我们认识到，实现庭审实质化，完成以审判为中心的诉讼制度改革绝不仅仅依托在诉讼制度的完善或是改革上，也要在司法体制、司法工作队伍整体素质和法官个人素质的提高，以及其他与法治因素息息相关的诉讼运行环境。❶

首先，从司法体制角度考察，审判独立是庭审实质化的制度保障和前提，是审判中心主义诉讼制度构建的基础。为此，在司法体制上要正确处理党的领导与公正司法的关系，建立地方党政机关、领导干部干预司法的阻隔机制。正如党的十八届四中全会要求的那样，要"建立领导干部干预司法活动、插手具体案件处理的记录、通报和责任追究制度。任何党政机关和领导干部都不得让司法机关做违反法定职责、有碍司法公正的事情，任何司法机关都不得执行党政机关和领导干部违法干预司法活动的要求。对干预司法机关办案的，给予党纪政纪处分；

---

❶　汪海燕．论刑事庭审实质化［J］．中国社会科学，2015（2）：103-122．

造成冤假错案或者其他严重后果的，依法追究刑事责任"，保证审判机关依法独立行使审判职权，以独立审判实现公正司法。与此同时，应当正确把握上下级法院的监督与被监督的关系，并在此基础上探索实现司法人员的个体独立，也就是法官独立，这是民主法治社会完成法治建设的重要保障之一。

其次，若要完成审判中心主义的诉讼制度改革，离不开高素质、高水平的司法裁判者。庭审的实质化也意味着裁判者将承担更多的责任。若是法官个体缺失司法职业道德与法律素养，就难以承受实现庭审实质化之重，甚至有可能借机滥用司法权杖，依靠权力寻租进行司法腐败活动。一方面在加强法官队伍相关物质和精神上的保障之外，另一方面也应实时打击司法腐败等不法或者违反规定等行为。可以说"充分发挥审判特别是庭审的作用，是确保案件处理质量和司法公正的重要环节"，通过诉讼制度改革与程序完善"有利于促使办案人员增强责任意识，通过法庭审判的程序公正实现案件裁判的实体公正，有效防范冤假错案产生。"如此一来，就需要在程序保障上落实庭审的实质化要求与以审判为中心的制度标准，无论是在查明事实、认定证据，还是裁判结论的形成都要在庭审之上完成，同时还要强化法官裁判文书的说理和解释能力。

最后，以审判为中心的诉讼制度改革离不开与之相对应的法治环境与社会整体氛围，司法权力的良好运行需要以社会法治的整体水平为依托，在依法治国的大背景下推动法治国家建设，进而与诉讼制度改革相辅相成的实现完善与进步。司法的本质特征存在中立性和亲历性，而普通民众包括媒体对案件的判断有时具有间接性、非理性等特征，往往存在为了博众人眼球而歪曲事实或是夸大、掩埋真相等情况发生，这就需要司法机关及时发出声音，以更为客观和中立的角度出发帮助抚平民众受不真信息诱导后的不安与愤怒。通过科学的引导，实现司法与民意的有机互动，如此一来才有可能实现司法权力的良性运作。

（三）强化对司法活动的监督

上述关于司法权力的良性运作需要以社会法治环境为依托，理性对待社会舆论并科学引导公众客观审视相关案件的问题，引申到另一层面上讲，关系到对司法活动的监督，不仅是司法内部的自我监督，更多的是社会大众、新闻媒体从外部上对司法权力运行的监督与制约。

关于公开司法与社会舆论、传媒新闻的关系应当如何处理的问题。现代民主法治社会倡导司法是公开的，让司法在阳光下接受公众的监督，从而让每个公民都感受到公平正义，使司法更具有公信力。在司法面向公众之后，在新形势下的司法大环境中需要考虑怎样处理专业性、理性司法与民愤、社会舆论二者之间的紧张关系等问题。

党的十八届四中全会提出要加强对司法活动的监督。一方面要完善检察机关行使监督权的法律制度，另一方面要完善人民监督员制度，重点监督检察机关查办职务犯罪的立案、羁押、扣押冻结财物、起诉等环节的执法活动。同时，司法机关还要及时回应社会关切，规范媒体对案件的报道，防止舆论影响司法公正。无论是从司法权力运行机制出发，还是从对司法活动的监督角度来看，都是要求司法机关做到理性对待和科学引导，但值得我们社会公众和新闻媒体认真思考的是，公众在高喊实现公正司法的同时也要尊重司法的权威性。为此，相关法律要规范媒体对案件的报道，媒体或舆论不得为了出位而采取任何带有倾向性和预断性的语言表述以煽动民意。不仅如此，亦要加强新闻媒体工作者的职业道德和操守，避免信息轰炸司法、恶意绑架司法等情形出现。作为社会大众也要对中国司法抱以信心，尊重司法的权威性，面对网络舆论需要保持冷静头脑客观看待各种社会现象。唯有如此，才有可能为以审判为中心的诉讼制度改革提供合适的土壤并促使其生根发芽，才有可能最终贯彻落实依法治国的理念，实现现代民主法治国家的建设。

问题思考

从 1996 年到 2014 年，纵观我国刑事简易程序的发展历史，我们能够发现旨在提高诉讼效率、缓解案多人少矛盾。刑事简易程序通过简化诉讼程序能够节省下一大部分诉讼资源，而这些资源就可以投入普通程序中去。这就实际上调整了诉讼成本投入的结构，使普通程序的审理能够获得更多的诉讼资源，为提高普通程序案件的质量提供保障。然而，在我国"以审判为中心"的诉讼制度改革中，却呈现出了简者越简，繁者也简的趋势。如何正确在整体上使诉讼的公正和效率价值得到充分的实现，还有待进一步研究。在推进以审判为中心的刑事诉讼改革制度下，对于刑事庭前会议制度的理论研究应当关注庭前会议制度是作为一个独立程序考虑还是作为法官庭前准备程序的辅助环节来思考？同时，我国刑事庭前会议制度在实践运行中的效果不显著，鉴于与国外对抗制诉讼模式下的庭前会议在制度构建与实践运行方面的差异，仍需更好地完善。

第七章

审判中心主义下的二审程序改革

一、刑事二审程序的理论解读

上诉制度是一项古老的诉讼制度。早在公元前449年，古罗马的第一部成文法《十二铜表法》中就曾明确规定："对刑事判决不服的，有权上告。"[1] 联合国颁布的《公民权利和政治权利国际公约》第14条规定："凡被判定有罪者，应有权在一个较高级法庭对其定罪及刑罚依法进行复审。"这一规定也在一定程度上对上诉程序表示了肯定。纵观当今世界各国的刑事司法实践，虽然审级制度各异，但第二审程序都是各国刑事诉讼中十分重要的程序。我国的刑事二审程序作为上诉程序，在我国《刑事诉讼法》第216条予以规定："被告人、自诉人和他们的法定代理人，不服地方各级人民法院第一审的判决、裁定，有权用书状或者口头向上一级人民法院上诉。被告人的辩护人和近亲属，经被告人同意，可以提出上诉。附带民事诉讼的当事人和他们的法定代理人，可以对地方各级人民法院第一审的判决、裁定中的附带民事诉讼部分，提起上诉。对被告人的上诉

---

[1] 陈光中，曾新华. 刑事诉讼法再修改视野下的二审程序改革 [J]. 中国法学，2011（5）：5.

权，不得以任何借口加以剥夺。"这一规定明确了刑事二审作为我国的上诉程序，保障了当事人尤其是被告人的利益，有利于公平正义顺利地实现。

（一）刑事二审程序内含

我国的刑事二审程序，是指第一审人民法院的上一级人民法院根据上诉人的上诉或者检察院的抗诉，就第一审人民法院尚未发生法律效力的判决或者裁定依法进行重新审判的诉讼程序。

从比较法的角度而言，在诉讼理论上，就第二审程序的结构形态区分为三种类型：复审制、续审制、事后审制。

复审制是大陆法系第二审基本的审查案件的方式，其特点是第一审中审理过的事实和证据不能直接作为二审法院裁判的基础，在第二审程序中，法院重新采取开庭审理的方式，于双方当事人到场的情况下对案件事实和证据重新进行调查，也允许当事人在二审中提供新证据，并根据重新调查的结果作出维持原判或者新的判决。由于二审程序重复了第一审的审理过程，故称为复审制，也有学者将这种审理案件的方式成为"第二次的第一审"。

续审制是指上诉法院以原审案件为审判对象，但仅就新证据实施直接审理的调查方法并结合原审调查结果，形成心证并自为判决的上诉审构造。在续审制下，上级法院回到第一审判决后的状态继续进行审理，上诉审不得对原审已经调查的证据重新进行调查，但对于原审审理时未曾调查的新证据，可进行调查，并综合原审、上诉审各自的证据调查结果获得心证。换言之，当事人在第一审中提出的诉讼资料在第二审中仍然有效，当事人在第一审中没有提出的新事实和证据仍可以在第二审中提出。续审制与复审制的审理对象均为原案件，但是在续审制下，上诉法院必须受原审审理结果的拘束，只能就新的证据展开调查，因此又被称为"继续的第一审"。❶

事后审查制是英美法系所选择的基本结构形态，它是由第二审法院审查一审判决有无错误，原则上不再对案件的事实和证据进行调查的一种上诉审结构形态。这种审查的前提条件是把刑事审判的中心放在第一审，第二审就第一审的判决是否存在错误进行审查。与复审制不同，它不是以案件本身为审查对象，而是以判决为审查对象的一种审查形式。在审理中诉讼资料和证据资料原则上以第一审提出为限，不允许当事人提出新的事实证据，以辨别第一审判决是否妥当。❷

仅就我国的刑事二审程序法律规定来看，与事后审制和续审制不同，我国的二审程序总体上类似于复审制结构。

之所以如此定论，首先是因为我国在二审程序中贯彻实施全面审查原则。我国《刑事诉讼法》第 222 条规定："第二审人民法院应当就第一审判决认定的事实和适用法律进行全面的审查，不受上诉或者抗诉范围的限制。共同犯罪的案件只有部分被告人上诉的，应当对全案进行审查，一并处理。"在对事实问题与法律问题的审查方面，我国刑事上诉程序与大陆法系国家的二审程序类似，不作事实审与法律审的区分。❸ 二审法院的受理范围包括案件的全部内容，既审查事实争议，也审查法律问

---

❶ 张永宏. 论国民参与刑事审判制度之第二审上诉制度构造 [J]. 政大法学评论，2010 (113)：35-36.

❷ 尹丽华. 刑事上诉制度研究：以三审终审为基础 [M]. 北京：中国法制出版社，2006：94.

❸ 韩阳，高咏，孙连钟. 中美刑事诉讼制度比较研究 [M]. 北京：中国法制出版社，2013：205.

题，同时救济事实和法律两个方面。其次在程序设置方面，《高法解释》第 315 条规定："对上诉、抗诉案件，应当着重审查下列内容：（一）第一审判决认定的事实是否清楚，证据是否确实、充分；（二）第一审判决适用法律是否正确，量刑是否适当；……（四）上诉、抗诉是否提出新的事实、证据；……（八）第一审人民法院合议庭、审判委员会讨论的意见。"由此可见，第二审法院不受第一审法院认定事实的限制，不仅可以采纳新证据，也可以调查一审已经调查过的证据，因而具有与一审法院认定事实的复审制特点。

然而应当指出的是，在我国对案件事实等问题的审查并不必须在公开的法庭上于当事人双方和证人都在场的情况下通过庭审调查、辩论等具体程序来完成，而主要是以庭前书面审查和单方面询问的方式实施的。虽然我国《刑事诉讼法》规定原则上应当开庭审判，例外情况可以不开庭审理。但是司法实践中却是原则成了例外，例外成了原则。即使是开庭审判的案件，由于证人不出庭的现实情况，与大陆法系国家遵循的直接言词原则进行的复审也有很大的差异。❶ 这就造成了二审法院对案件事实的认定和对证据的审查多是以一审法院移送的卷宗资料为依据，且大多是其单方面实施的。因此我国台湾学者认为，大陆的刑事第二审程序采取的是续审制结构。

仅就《刑事诉讼法》的规定来看，第二审程序并没有对法院审查案件的范围和方式作出限定，第一审法院认定的事实和依据，二审法院完全可以再次调查核实，在开庭审判时也可以传唤证人出庭作证。其次，法律规定二审法院审判案件的程序

---

❶ 尹丽华. 刑事上诉制度研究：以三审终审为基础［M］. 北京：中国法制出版社，2006：233-234.

只是"参照"一审程序进行，而非措辞为"应当依照"，因此虽然二审法院并没有对一审程序中认定的所有事实和证据都进行调查核实，但是并不代表二审法院不可以行使此项权限，所以我国的二审结构仍然可以划归为复审制形态。然而不容否认的是，在司法实践中二审案件大多没有进行开庭审理，当事人无法参与法院审查案件的过程中，同时二审法院主要是依赖书面材料进行审查，导致我国的二审程序构造形成了这样一个尴尬的局面：从立法上看具有复审制的特征，而在司法实践中却又存在续审制的特点。

（二）刑事二审程序与审判中心主义的联系

刑事二审程序作为司法制度中不可或缺的一部分，其健全与完善关系到我国司法制度的成败，因此在这次以"审判中心主义"为焦点的新一轮司法改革的大环境下，对刑事二审程序的进一步理解和完善显得尤为重要。要想比较准确地做到这一点，我们需要深刻理解审判中心主义的实质内涵并剖析刑事二审程序与审判中心主义的内在联系和衔接点，从而为刑事二审程序的顺利改革保驾护航。

1. 坚持以一审程序为中心，以二审程序为救济

对一、二审两个审级的意义，在学理上有不同认识，即"一审（集中）中心主义"与二审（集中）中心主义。注重第一审之审判，而第一审之审判为全部刑事审判程序之最重要者，则称为第一审集中主义；反之，注重第二审之审判者，则称为第二审集中主义。虽然二审有一些一审不具备的有利条件，比如，二审法官作为高审级法官，资历更长，素质更高，经验更为丰富，而且身处上级审，视野更为开阔，因此能够更为准确

地把握案件的事实和法律问题。不过，就事实审审理，通说认为："事实审理于第一审为中心。"❶

然而目前我国的整个刑事案件程序体系中由于审级越高，权威越大的现象存在，导致其重心也随之上移，第一审随之失去了程序重心的地位。第一审重心地位的失落带来的问题是第二审法院以及死刑复核法院是否有能力纠正一审判决的事实错误。根据一般常识，在认定事实的能力方面，上诉法院并不优于一审法院。❷从比较法的角度来看，"有权利就有救济"，因此二审程序是对一审程序的必要救济。然而，救济内容与范围却因法律和事实问题的不同而有区别。二审对一审法律问题的救济系全面救济，体现出普遍性和深刻性；而在事实审方面则是有限救济，体现出重视和尊重一审审理的一般理念。事实审理上二审救济的基本原理是，考虑一审程序的正当性程度，一审程序的正当性程度越高，二审的事实审救济范围就越小。因此，无论是英美法系还是大陆法系，凡是严格遵循正当程序的重罪案件审判，如美国的陪审团审判的一审案件，英国的刑事法院审理的一审案件，德国州法院和州高等法院审理的一审案件，其二审审理都不再进行事实审。❸

从一审与二审的功能来看，一审程序解决当事人之间的事实争议，对案件事实加以细致的调查，并依据法律和法律原则以及先例对当事人提供证据证明的事实作出裁判，这是一审程序所承担的基本功能。任何案件只有经过一审程序裁判后才能

---

❶　蔡墩铭. 两岸比较刑事诉讼法［M］. 台北：台湾五南出版公司，1996：368.

❷　魏晓娜. 以审判为中心的刑事诉讼制度改革［J］. 法学研究，2015（4）：98-99.

❸　龙宗智. 论建立以一审庭审为中心的事实认定机制［J］. 中国法学，2010（2）：146.

进入上级裁判的审理程序，且大部分案件经过一审后便告终结，只有少部分当事人不服一审裁判或者检察院抗诉的案件才会经过第二审程序。因此，一审程序是审判程序中的基础性和关键性的程序，其事实认定功能构成整个一审程序的核心，也正是因为如此，各国立法对一审裁判程序作出了更加精细且复杂的程序规定，以保证案件尽可能地在第一审程序中获得公正处理。

综上所述，在审判中心理论的支撑下，要想推进新一轮的司法改革，推进我国的刑事司法活动朝着更加完善的方向进步，从而真正做到保护当事人的合法权益，实现梦寐以求的公平正义，就要争取处理好刑事一审程序和二审程序的关系，一审要注重解决事实认定和法律适用问题，二审重在解决事实争议，审判活动要坚持以一审程序为中心。

二、刑事二审程序的现状分析

刑事二审程序作为普通救济程序是刑事诉讼的独立程序，也是整个刑事诉讼程序制度的重要环节。由于我国现行刑事诉讼法关于第二审程序的规定过于简单、原则，相关司法解释的规定也不够明晰，再加之立法指导思想本身的偏差，导致了刑事二审程序不管是在静态的规则上，还是在动态的运作过程中，都存在诸多问题。在这样一个背景下，通过对我国刑事二审程序实践情况的分析，了解我国现行二审程序的特点和缺陷之处，应该是我们研究并完善刑事二审程序的必然逻辑起点，同时这也是我们完善我国刑事二审程序，充分保障公平正义的必要工作。

（一）全面审查原则的现状及缺陷

在现代诉讼中，二审审判的范围因"是否受提起理由的限制"而分为两种：部分审查（包括法律审、事实审）和全面审查。● 事实审是指二审法院对案件重新作实体审查，法律审则是指二审法院只对案件适用法律是否正确进行审查。这两种审查都是部分审查，即仅限于当事人对上诉状或者复审申请书中声明不服的部分。对于上诉状或者复审申请书中没有涉及的部分，即使其错误十分明显，上诉审也不作重新审理和更正。

我国《刑事诉讼法》第222条规定："第二审人民法院应当就第一审判决认定的事实和适用法律进行全面的审查，不受上诉或者抗诉范围的限制。共同犯罪的案件只有部分被告人上诉的，应当对全案进行审查，一并处理。"所以我国实行的是全面审查原则，它要求二审法院既要审查原裁判认定事实是否正确，又要审查法律有无错误。既要审查已上诉、抗诉的部分，又要审查未上诉、抗诉的部分以及共同犯罪案件中涉及未上诉被告人的部分。通过全面了解案情，考虑上诉、抗诉理由是否充分和一审裁判是否正确，使上诉或抗诉中已指出和未指出的被告人的错误判决都得到纠正。

尽管全面审查原则当前颇受争议，但与部分审查原则相比，全面审查处理原则在保障实体公正方面具有以下独特优势。

首先，全面审查处理原则有助于充分发挥二审的救济功能。在司法实践中，由中级人民法院负责审理的刑事二审案件中绝大多数被告人没有辩护律师，即使是由高级人民法院负责审理的重罪二审案件中也有相当多的被告人没有辩护律师。在这种情况下，法院对案件进行全面审查就能够弥补当事人自我救济能力的不足。

● 樊崇义，卞建林. 刑事诉讼法学 [M]. 北京：中国政法大学出版社，2002：307-308.

其次，全面审查处理原则有助于实现审判监督功能。一般来说，刑事案件经过一审法院开庭审理，并且由其同级检察机关进行检察监督，应该足以保障办案的质量。然而实践中由于人们认识事物上的差别和局限，以及法官和检察官队伍的整体素质尚待进一步提高，因而在行使职权的过程中难免会出现失误。这就要求二审法院在审理中进行全面审查。

最后，全面审查处理原则有助于实现各司法机关之间的相互制约。上一级检察机关有权撤回下一级检察机关的抗诉，并且依照目前通常的做法，撤回抗诉无须向法院说明理由，这就给上一级检察机关滥用职权开了方便之门。❶ 对于此类案件，二审法院在受理后如果不拘泥于抗诉的范围以及抗诉是否撤回，而进行全面审查有利于发现一审的错判，能更好地维护司法公正。因此坚持全面审查，能够减少司法机关错误行使职权的成本和代价。

尽管全面审查原则相较于部分审查原则有一定的优势，更有利于发现一审裁判的错误，更能发现案件的客观真实情况，全面保障上诉权人的利益以及保证法律的正确实施，有利于保证二审裁判的正确，但是在两审终审制的框架下保留全面审查原则并不意味着我们可以忽略全面审查原则自身存在的缺陷。如果二审法院无视诉争的范围而机械地进行貌似公允的全面审查，不仅有悖于司法审判权运作的基本规律和诉讼程序的安定性，最终必将造成诉讼的拖延和诉讼效率的下降。❷ 这与我国

---

❶　中国刑事二审程序改革与完善课题组 . 关于我国刑事二审程序运行情况的调研报告 [J]. 刑事司法论坛，2004（3）：157.

❷　张杰，赵晓慧 . 刑事二审全面审查原则的反思与完善——写在刑事诉讼法修改之际 [J]. 湖北科技学院学报，2012（11）：24.

当前提倡的以审判为中心的理论也是相悖的。因此需要我们对二审程序中的全面审查原则予以全面剖析，进行深入反思，从而提出行之有效的完善措施。全面审查原则存在以下问题。

1. 全面审查原则悖于司法权运作规律

现代社会司法权的运作必须与作为裁判者的被动性和中立性地位相适应，这是刑事审判公正的基本要求，也是实现以审判为中心的司法改革的必然要求。然而与英美法系国家相比，我国司法权传统上具有较强的能动性，在刑事法律关系中，国家对个人具有绝对的支配权力，使得全面审查相当程度上成为必要。❶

具有被动性特征的司法权与其他国家权力明显不同，法官必须严格恪守"不告不理"的原则。司法被动性要求司法权只有存在纠纷并且该纠纷被提交司法机关后，才能启动和运行；同时司法权只能对当事人提出诉讼请求和理由进行裁决，而不能在当事人的诉讼之外主动行使。就第二审程序而言，法院应当在当事人提出的异议范围内进行审理和裁判，当事人没有提出异议的部分，应当视为已被当事人双方接受和认可了的事实，不得重新调查和认定。然而全面审查原则恰恰与司法权的被动性特征相背离。基于全面审查原则的要求，二审法院的审查范围可以不受诉讼请求的限制。这就意味着二审程序中的法官不仅仅是案件的裁判者，而且已经成为有着自己积极主张的一方当事人。在刑事诉讼过程中，更有可能使这些主持正义的法

---

❶ 史小薇. 刑事二审程序审理范围研究 [D]. 上海：华中师范大学，2014：16-17.

官实际上成为追诉者，造成控审职能不分的弊端，这不仅与司法权的被动性和不告不理的诉讼原理相背离，而且也不利于保护被告人的合法权利，使得二审程序的诉讼结构严重扭曲。

司法裁判者的中立性是程序公正最基本的要求。在法治越发达的社会中，不仅要保证案件的处理结果是公正的，还要保证产生结果的过程是公正的，甚至在某些条件下更应该关注诉讼过程的公正。通过这种公正进而保障诉讼各方对国家司法制度的信任。然而根据全面审查原则的要求，作为裁判者的法院的中立性地位受到了严重破坏，法院要么成为诉的提出者，要么成为被告人的代言人，自身的中立性地位无法维持，进而导致其作出的审判结果的公正性受到质疑。

保障裁判者的被动性和中立性不仅是审判公正的必然要求，更是审判中心主义内在价值，倘若法院作为裁判者的中立性地位以及司法权的被动性地位都无法保障，那么实现审判中心主义的美好愿景则不可避免地成为海市蜃楼，因此我国目前确立的全面审查原则与审判中心主义理论相悖，应当尽快予以纠正和完善。

2. 全面审查原则悖于程序安定性和诉讼经济性

诉讼法由于自身固有的程序特性，使得其内部呈现出一定的时空序列。程序的安定性一般认为应包括以下几个基本要素：程序的有序性、程序的不可逆性、程序的时限性、程序的终结性、程序的法定性。而全面审查原则正是有悖于程序的不可逆性和终结性。❶ 所谓程序的不可逆性，是指程序中的某一环节或

---

❶ 张杰，赵晓慧. 刑事二审全面审查原则的反思与完善——写在刑事诉讼法修改之际 [J]. 湖北科技学院学报，2012（11）：25-26.

者整个程序一旦过去或完结，就不能重新再来。虽然不能简单地等同各级法院和各个法官，但他们对外代表着国家统一的裁判机关。每个法院及法官都不能无视其他法院及法官的存在，也要在一定程度上尊重后者的裁决，受其裁判的拘束。因此，在争端双方没有提出异议的部分，二审法院不应当也没有必要进行第二次审判。程序的终结性要求法院一旦作出判决，便不能任意地重新启动程序，再次审理或撤销该判决。全面审查无疑背离了程序的及时终结性。这是因为一审作出的裁决，在当事人没有上诉、检察机关也未抗诉的情况下，其效力在经过法定期限后自动发生。如果上诉审的审查范围可以超出诉讼请求的界限，就意味着原裁决机关的裁决不算法，这不但不利于维护司法裁判的权威性和严肃性，也使受原裁拘束的争端双方惴惴不安，生怕"秋后算账"。这样不仅不利于及时息诉，也足以对司法裁判的可执行性和强制性构成威胁。❶

同时，二审法院对案件的全面审查虽然有可能发现下级法院裁判的错误，并通过纠正错误的裁判实现实体公正的目标。但是如果允许法官审理争端双方没有异议的部分，那么这些多余的审查势必会浪费二审法院的时间、人力和物力，显然是不符合诉讼的经济性要求的，这不仅耗费了国家有限的司法资源，也增加了当事人的精力和时间。同时就我国刑事二审的司法实践来看，因上诉案件多进行不开庭审理，没有当事人的充分参与，并不一定能保证发现案件的事实真相，相反更有可能导致法官职权的滥用，结果不仅没有保证诉讼效率价值和纠错目标的实现，反而带来了案件申诉量增加的负面效果。这就直接导

---

❶ 张杰，赵晓慧. 刑事二审全面审查原则的反思与完善——写在刑事诉讼法修改之际 [J]. 湖北科技学院学报，2012（11）：25-26.

致降低法院的公信力，也损害了程序的安定性和诉讼效率价值。

3. 全面审查原则在实践中为不可能实现的任务

之所以设立全面审查原则是因为要经过多次审查，避免发生错误。然而对案情特别是对事实问题的调查，在庭审中以直接言词的方式进行才是最有利于案件审查的，书面审查对事实问题的解决具有相对薄弱的作用，这也是我们一直在强调二审要开庭审理的原因。但是在司法实践中，我们的司法资源根本不足以支撑在开庭中的全面审查。有些地方进行了二审全面开庭审理改革，有关人员的最大感受就是，"上诉案件受案数量激增与办案力量不足，已成为实行全面开庭审理中最突出的矛盾"。[1] 二审法院工作量繁重主要表现为：第一，案卷材料繁多，包括了书证、物证照片、鉴定结论、证人证言、讯问和询问笔录等各类证据材料。特别是对于办案质量不高的一审案件。二审法官需要花费很多时间仔细审查案卷。第二，共同犯罪较多。实践中不仅共同犯罪案件多，而且有的共同犯罪被告人人数众多。有些案子实际上不是特别复杂，但是由于被告人人数众多，导致工作量大、工作时间长。第三，卷宗量大。上诉、抗诉案件大多是一些相对重大、疑难、复杂的案件，一个案件的卷宗少则几卷、十几卷，多则几十卷、几百卷。这样一来仅阅卷活动就要占用二审法官很多时间，更不要说提讯被告人、听取辩护人、被害人及其代理人意见等活动所占用的时间。可见，在大多数二审案件不开庭审理的情况下，二审法官已经在超负荷工作。[2] 而要依靠现有的司法资源想要完全贯彻《刑事诉讼法》

---

❶ 秦宗文. 刑事二审全面审查原则新探 [J]. 现代法学, 2007 (3)：181-183.
❷ 中国刑事二审程序改革与完善课题组. 关于我国刑事二审程序运行情况的调研报告 [J]. 刑事司法论坛, 2004 (3)：159.

规定的全面审查原则，实现二审开庭的审理方式从而作出正确的判决，几乎是不可能完成的任务。即使在审判中心主义理论的约束下，即使是开庭审理的案件，搞形式、走过场也是屡见不鲜，致使真正需要认真审查的疑难、复杂案件反而得不到应有的关注。

（二）发回重审制度的现状和缺陷

发回重审是第二审法院审理案件后的一种裁判方式，其直接的法律后果是使原已审理终结的第一审诉讼活动归于无效，案件重新回复到第一审程序的初始状态。具体来说，刑事发回重审制度是指二审法院经过对一审案件审理认为一审判决、裁定存在认定事实错误或者认定事实不清、证据不足或者违反法定程序，可能影响案件公正审判等事由，由二审法院作出撤销一审判决的裁定，将案件发回一审法院，由其另行组成审判庭重新审理的审判制度。发回重审制度设置的目的在于强化一审法院的审判职能，加强二审法院对一审法院的监督，从而推进惩罚犯罪以及保护当事人合法利益的顺利进行。我国本着保证司法公正和保护当事人利益的原则出发，立法对第二审法院审理案件后规定了三种处理结果：维持原判、直接改判、撤销原判发回重审。《刑事诉讼法》又将发回重审制度分为两种情况：一是规定原判决事实不清楚或者证据不足的，可以在查清事实后改判；也可以裁定撤销原判，发回原审人民法院重新审判。二是二审法院发现一审法院在审判中存在违反诉讼程序的法定情形时，可以发回重审。即违反《刑事诉讼法》有关公开审判的规定的；违反回避制度的；剥夺或者限制了当事人的法定诉讼权利，可能影响公正审判的；审判组织的组成不合法的；其他违反法律规定的诉讼程序，可能影响公正审判的。

我国作为曾经长期受到大陆法影响的国家，发现案件事实真相长期以来一直是刑事诉讼的主要目标，为实现这一目标，第二审程序被认为是进一步查明犯罪事实，保证有罪者受到公正的追究，防止无辜者受到错误追究的程序。从防止被告人被错判的角度来看，在事实不清的情况下发回重审，确实比直接维持原审判决要好，尤其是在帮助原审法院总结经验教训，改进审判工作方面，更显示出其有效和积极的一面。具体说来，发挥重审制体现了以下的诉讼价值。

首先，对原审法院的程序性违法行为，发回重审制度体现了程序性制裁的价值。在刑事诉讼过程中，往往会出现违反程序法规定的行为，对于一般性的程序违法行为，《刑事诉讼法》确立的发回重审制度就是一种典型的程序性制裁的方式。确立刑事发回重审程序性制裁方式至少具有两点重大意义：一是充分体现了程序的独立价值，有利于改变我国长期"重实体、轻程序"的落后观念；二是对强化裁判权威性和公信力提供了切实保障。通过发回重审，促使初审法官严格遵守法定程序，这时当事人会觉得自己在诉讼中受到了公正对待，从心理上更愿意接受、认同法院的裁判结果。

其次，发回重审制度是两审终审制的内在要求。在一审程序中，常常会发生由于事实不清，证据不足而导致的遗漏犯罪事实，遗漏有责的犯罪嫌疑人的情形。如果选择将类似的案件发回原审法院重新审理，由原审法院进一步去查清案件事实，收集充分的证据，这在一定程度上会减少冤假错案的发生。从当事人的角度来看，也会使他们的权利及时得到救济，维护当事人的合法权益。如果当事人对判决结果有异议，可以启动上诉途径，二审发回重审制度，完全符合两审终审制的内在要求。

最后，发回重审制度有利于提高诉讼效率，促进司法公正。我国刑事案件的审判采取的是属地主义，以犯罪地为主，间接考虑犯罪嫌疑人的居住地。因此，一审程序大多在犯罪地进行审判，如果将符合条件的案件发回一审法院重审，无论在地域方面，还是司法资源方面，都会起到积极的作用。这样做的好处是，原审法院更加了解案情，可以在原调查基础上进一步查明案件事实，调取相关证据，而且可以缩短办案时间，节省司法资源，以此来提高诉讼效率。

然而，随着诉讼理念的转变，就会发现刑事二审发回重审制度程序设置不合理，没有次数的限制不仅造成诉讼效率的下降，也忽视了对有关当事人尤其是被告人的权利救济。在实践中的诸多问题也在一定程度上影响了公平正义的实现。因此从总体上讲，现行的发回重审制度存在诸多弊端，主要体现在以下几个方面。

1. 立法设置上存在缺陷

首先，在立法上对二审发回重审的标准和理由规定不明确。我国《刑事诉讼法》虽然规定了二审法院能够发回重审的情形和标准，但是法律条文规定得简单模糊、内容过于空洞，无法限制法官运用发回重审制度上的专断、恣意与过度的裁量。从法律的规定上看，发回重审的标准和理由主要包括两个方面，即事实、证据上的理由和程序上的理由。然而在立法上对这两项理由都存在过于简单、内容欠缺可操作性的缺陷。

就程序理由来看，尽管2012年修订的《刑事诉讼法》对发回重审制度做了进一步的规定，但仍然显得很抽象，缺乏具体的可操作性。其第227条第（3）项将"可能影响公正审判"作为衡量程序是否合法的主要标准。然而到底什么是公正审判？

是程序上的公正，还是实体上的公正？以及哪些因素会影响公正审判？不同人对此有不同的看法和见解，这些都没有明确的规定，这就为二审程序中裁量决定发回重审留下了随意行使的空间。与程序违法从而引起发回重审相比，立法对于二审法院对"原判决事实不清或者证据不足"这一发回重审的理由则显得更为抽象和模糊，缺乏具体明确的标准，导致绝大部分案件中的法官完全凭借自由裁量权进行判断，最终的结果是发回重审程序的滥用。❶ 由于没有一个客观的统一标准，这就使得二审法官在判断事实是否清楚、证据是否充分方面享有极大的自由裁量权，从而使得在实践中把案件发回重审带有极大的随意性和不确定性。

其次，发回重审程序在立法上缺乏稳定性和约束力。根据我国《刑事诉讼法》第 225 条的规定，原判决事实不清楚或者证据不足的，可以在查清事实后改判；也可以裁定撤销原判，发回原审人民法院重新审判。这种或直接改判或发回重审的选择性规定使得发回重审制度缺乏统一性和稳定性。在司法实践中，二审法院对于事实不清、证据不足的案件往往选择发回重审而不是直接改判。造成这种现象的原因主要包括：二审法院怕麻烦、怕担责任、照顾一审法院的关系、甚至为达到加重被告人刑罚等各种原因。有的地方法院还将上级法院对案件的改判作为考核法官办案质量好坏和业务能力高低的指标，这无形给上诉法院改判案件造成影响，使其不愿轻易改判案件。正是由于法律在事实不清、证据不足的情况下对于发回重审只是一种选择性的规定，因此在实践中会出现二审法官任意发回重审

---

❶ 王幼君，韩建霞. 刑事发回重审制度域外考察及借鉴 [J]. 河南警察学院学报，2014（3）：119.

的现象。

最后，根据《刑事诉讼法》第 227 条的规定，由于程序违法发回重审的次数并不受到限制，在司法实践中仍然会存在案件被多次返转于一审程序与二审程序之间，形成了发回重审后再上诉、再发回重审的无限循环而难有止境的怪圈。

2. 实践中的弊端

首先，发回重审制度成为二审法院回避矛盾的挡箭牌，容易导致法院内部矛盾。

如果原判的主要事实清楚，只是一些次要事实不够清楚，为了提高审判效率，第二审法院则可不必将案件发回重审，应在查明事实后直接改判。但是在司法实践中，由于进入二审程序的不少案件尤其是人民检察院提出抗诉的案件大多关系复杂、矛盾尖锐，处理起来比较棘手或受外界干扰较多，二审法官大多不愿意也不敢让案件在自己手中做个了断，因此往往并不区别主要与次要，只要认定原审判决事实不清、证据不足，甚至根本就不进行"事实是否清楚、证据是否充分"的判断就裁定将案件发回重审，以此推卸责任、回避矛盾。这种发回重审的方式容易导致一审法院内部的矛盾冲突，由于发回重审并不是发回其他同级法院重新审判，而是由原审法院另行组成合议庭进行，新合议庭就不得不面临两难的选择：如果维持原判决，则对上级法院有所顾虑；如果作出新裁判，则意味着初审合议庭作出的判决有错误，而各级法院实行的错案责任追究制以及法院内部的工作考核等制约法官的机制，其结果是大部分发回重审的案件被维持原判，而这又将造成新一轮诉讼的开始。

其次，无限发回重审导致被告人超期羁押，侵犯被告人的迅速审判权。我国没有独立的羁押制度，案件审理的期限往往就是被告人的羁押期限，因此发回重审不仅会使被告人面临着多重危险，其人身自由也将因此受到严重损害。其名誉、隐私、自由乃至前途也将因此受到损害。而且按照我国现行《刑事诉讼法》的规定，对于第二审法院撤销第一审法院的判决，发回原审法院重新审判的，原审法院从收到发回的案件之日起，重新计算审判期限。由于我国并没有建立独立的羁押制度，"无论是适用理由还是适用程序，未决羁押都基本上依附于整个刑事追诉活动，而没有形成独立、封闭的司法控制系统"。❶ 这就使得办案期限的延长将导致被告人的羁押期限自动地延长，既没有专门的司法程序对于羁押期限的延长加以审查，更没有专门的机构和人员接受被羁押者的司法救济申请。况且发回重审可以反复多次进行，导致不少案件的被告人几乎被终身羁押。除非法院主动加以终止，或者变更为其他非羁押性强制措施，否则就会一直持续到法院的生效裁判产生之时。这种情况的存在就侵犯了被告人的合法权益，损害了其应当享有的迅速审判权。

再次，对于发回重审的案件，原审法院的重新审判难以摆脱上级法院意见的影响。二审法院发回重审，意味着对原审法院裁判的否定，其结论也不可避免地会影响原审法院的重新审判，因为二审法院在作出发回重审裁定时，一般要附具"内部指导函"，即指出哪些事实不清，证据不足，应该怎么办，有的甚至详细阐明要收集哪些证据、查清哪些事实、怎样适用法律甚至如何裁判等。让原审法院遵照执行，这虽然能够指导一审法院的案件审判，但却难免使重新审判的合议庭对案件的实体

---

❶　陈静. 未决羁押制度研究［D］. 兰州：甘肃政法学院，2015：25-26.

形成预断，甚至会促使他们努力迎合二审法院的意见，以至于在案件的审理过程中失去客观、中立性，这显然与程序正义的基本要求是相违背的。

最后，发回重审浪费诉讼资源，影响诉讼效率。发回重审制度造成二审程序回转到一审的起点，甚至还有可能回转到检察机关甚至被退回到公安机关，程序的回转倒流不仅会使得二审的审判程序归于无效，更直接造成了国家司法成本和资源的浪费，也同时对当事人的精力和时间以及金钱上造成损害。

综上所述，发回重审制度的直接缺陷在于立法规定的不明确，缺失程序上的约束力，这也是构成实践中案件被随意发回重审的制度性原因。而在司法实践中，导致二审法院不愿甚至不敢直接改判而是发回重审的做法的根本原因在于有罪推定观念的根深蒂固。我国《刑事诉讼法》明确规定未经人民法院的依法判决，对任何人不得确定有罪。而"不得确定有罪"不等于被告人在诉讼过程中不得被推定为无罪或假定为无罪。在有罪推定的传统观念下，虽然一审判决认定的案件事实不清，没有充分的证据能够证明被告人有罪，二审法院却不能直接改判被告人无罪，而是撤销原判发回重审，就明显地违反了无罪推定和疑罪从无的基本精神内涵，同时也与我国以审判为中心理论为支撑的司法改革背道而驰。

（三）二审程序虚化及形式化严重

刑事第二审程序作为刑事诉讼程序的重要组成部分，承载着权利救济与审判监督的双重职能，尤其是对于刑事诉讼中被告人的人权保障意义重大。但是在真正的司法实践中，由于立法上的缺陷和部分法官素质不够以及现实原因，导致二审程序审理方式存在严重缺陷、证人出庭率过低、形式化严重的缺陷，而正视并了解二审程序的不足是解决问题的第一步，下面对二审程序存在的缺陷进行进一步分析。

1. 审理中言词原则不受重视

根据我国《刑事诉讼法》第 223 条的规定，对于下列案件，应当组成合议庭开庭审理：被告人、自诉人及其法定代理人对第一审认定的事实、证据提出异议，可能影响定罪量刑的上诉案件；被告人被判处死刑的上诉案件；人民检察院抗诉的案件；其他应当开庭审理的案件。而二审法院决定不开庭审理的，应当讯问被告人，听取当事人、辩护人、诉讼代理人的意见。分析这一条款的规定，我们可以得出结论：在二审方式上我国采取以开庭审理为原则，以不开庭审理为例外。然而从全国各地二审法官调查问卷的结果来看，关于二审的开庭比例，12% 的法官认为达到 1%～10%，19% 的法官认为达到 5%～10%，有 9.3% 的法官认为达到 10%～20%，而认为达到 20% 以上的法官占 33%。❶ 由此可见，在司法实践中开庭审理与不开庭审理完全处于本末倒置的状态，刑事二审的开庭审理成为徒具形式的虚设。而在当前以审判为中心理论的指导下，言词原则在审判中起到了至关重要的作用，如果过分依赖一审活动中形成的各种笔录、说明材料，不重视证人、鉴定人出庭，集中精神只在卷宗上下功夫，使直接、言词原则成为泡沫，最终会影响公平正义的实现。因此将不开庭审理作为常态的这种审理模式是与以审判为中心理论背道而驰的。究其原因，分为以下几点。

---

❶ 中国刑事二审程序改革与完善课题组. 关于我国刑事二审程序运行情况的调研报告 [J]. 刑事司法论坛，2004（3）：162.

（1）《刑事诉讼法》对开庭审理方式适用情形的部分规定体现出较大的主观色彩，这种主观色彩在司法实践中的具体表现是：二审法院在判断决定是否采用开庭审理时，具有较多的裁量权。主要体现为《刑事诉讼法》第 223 条第 1 款第（1）项关于"被告人、自诉人及其法定代理人对第一审认定的事实、证据提出异议，可能影响定罪量刑的上诉案件"；以及第（4）项"其他应当开庭审理的案件"。对此，有学者指出此项规定对二审法院给予太多自由裁量权，假如对于当事人在事实、证据上的异议，二审法院动辄认为"不影响定罪量刑"，当事人获得有效救济的权利难以得到保障，在审判方式的问题上，二审法院的"裁判权"对于当事人的"诉权"缺乏应有尊重。❶

（2）从诉讼效率出发，合议庭不愿意开庭审理，检察官不愿意配合。每年都有一定的结案率的指标下达到各个法院，各个法院为了快速的结案，为了节省人力和物力资源的投入，再加上很多法官个人的素质（较低），认为只需要审查一下原审法院的案卷材料就可以判断出被告人及其辩护律师的上诉理由是否充分，就可以确认案件事实是否清楚的话，根本不需要开庭审理。同时，虽然《刑事诉讼法》第 224 条规定人民检察院都应当派员出席法庭，但是在实践中合议庭对上诉案件进行审查以后，如果开庭审理就会通知检察机关，要么上诉案件进行开庭审理的时候，检察人员没有出庭，要么检察机关对此根本不予重视，没有提出新的证据，开庭便不能解决任何问题。甚至有的案件二审检察人员到庭后，审判长让他讯问被告人，他说没有问题需要讯问，以致法庭调查无法进行，最后检察人员建议维持原判。这些原因都使得将开庭审理作为二审程序常态审理方式步履维艰。

（3）合议庭庭前实质审查使二审开庭审理形式化。根据分析《刑事诉讼法》第 223 条第 1 款第（4）项的规定，二审法院对于"其他应当开庭审理的案件"应当组成合议庭，开庭审理。对于何为应当审理的案件，在没有其他法律规定的情况下，需要合议庭进行庭前审查。然而我国的庭前审查权力过于强大，甚至取代了二审庭审程序，对二审案件的裁判结果有直接的作用。审判人员对上诉案件有了先入为主的预断，要么直接认定案件可以不开庭审理，即使是开庭审理也是流于形式，走过场。同时《刑事诉讼法》对应当开庭审理的案件采用列举式的方式加以规定，也在一定程度上使得法官认为除却这四类案件，则可以进行不公开审理，从侧面影响了对案件的开庭审理。

2. 适用书面审理方式的判断标准不明确

我国《刑事诉讼法》对一审案件实行直接审理是具体和明确的，但对第二审审理方式的规定相对弹性。《刑事诉讼法》第 231 条规定："第二审人民法院审判上诉或抗诉案件的程序，除本章已有规定的以外，参照第一审的程序进行。"然而立法机关对于其中"参照"一词的含义以及如何具体操作没有统一的规范。

"参照"毕竟不同于按照，因此在这样一个充满弹性的规定里就为司法实践提供了很多的操作空间，赋予了法官一定的自由裁量权。司法机关在实践中可以自由裁量适用哪种审理方式，并不是当然地适用开庭审理，甚至为了方便结案大多采用书面审理。正是因为法律规定的不规范，才会出现学术界关于是否开庭这个问题的争议，才会出现司法实践中关于此项规定具体操作的混乱，因此关于此条规定，亟待解决。

3. 制度的不足与各种形式的不当干扰导致二审程序被虚置

其一，上请制度的存在致使上诉程序流于形式。

在司法实践中普遍存在请示制度或者以交流意见等名义进行案件请示与指导的做法，以至于二审法官过早介入一审程序中，上下级法院的法官对案件先行产生了较为统一的看法，因此在一审程序中法官对案件的判决则直接反映了二审法官的意见。在这种情况下，即使案件上诉到二审法院，二审法院一般也会维持一审法院的判决。如若一直运用这种方式维护上下级法院判决的统一，其结果就是导致二审程序虚化、形式化，当事人对二审判决的不满则会迫使他转向再审程序寻求公正，大大提高了当事人的诉讼成本，降低了诉讼效率。

其二，来自法院的内部不当干预导致二审程序的形式主义。法院的司法体制内部，实际上也是按照行政管理的那套模式进行运作，实际上也是部门领导负责制。[1] 在业务上形成了院长、庭长、副庭长层层把关、逐级审批的行政管理体制，而且是一级服从一级，下级对上级负责的不正常行政性审级结构。在审判组织上，审判委员会也较多地影响和制约着独任法官和合议庭独立进行审判活动。另外，在各级法院内部为规范法官的行为，相继建立了"错案追究制"等制度，并将其与法官的考核及其他实际利益联系在一起，这就导致许多法官在实际办案过程中不敢也不愿独立地承担责任，而是更愿意主动地将案件的审理情况和裁判意见现行汇报给庭长、院长审批。这种极具行

[1] 尹丽华. 刑事上诉制度研究：以三审终审为基础 [M]. 北京：中国法制出版社，2006：258.

政化色彩的运作形式，最终导致的是因审级上的不独立和法官不能独立行使审判权使得刑事审判走过场、走形式。这也是造成我国整个审判程序包括二审程序被虚置、法院审判形式主义在体制上的重要原因。

其三，各级党政机关部门对法院工作的干预和压力。在我国，法院的辖区与行政区划基本完全重合，由于地方法院的组织、人事、经费等均由党政机关负责，法院在地方的种种约束中很难真正独立地处理案件。在司法实践中，地方党政机关往往利用各种不当的方式直接或间接地影响着法院的审判活动，尤其是对于当地的一些影响重大的案件，这种干扰表现得更为明显。除此之外，还有人大、政法委、当地纪委以及新闻媒体等方面都对法院的公正审判产生着这样那样的干扰。由于法院难以抵抗各方面的不当影响和压力，在这种司法受制于行政的情况下，法院独立行使审判权变得步履维艰，二审程序也必然成为虚设而无法发挥实际的作用，更不利于保障当事人的权利。

三、刑事二审程序的探索完善

如前所述，刑事二审程序作为普通救济程序是刑事诉讼的独立程序，也是整个刑事诉讼程序制度的重要环节。但我国的刑事二审程序在原则和具体制度的确立以及实行上都存在诸多问题。因此，在充分认识上述问题和缺陷的基础上分析并总结出完善措施有利于推进我国刑事二审程序的顺利向前发展，也有利于推进我国当前法制环境下以审判中心主义理论为中心的司法制度改革。

（一）完善全面审查原则

全面审查原则体现了我国"实事求是，有错必纠"的刑事司法传统，有利于社会公正理念及刑罚报应学说的实现。❶ 但进入 21 世纪后，随着审判方式改革的深入以及程序正义理念的弘扬，全面审查原则的支持因素在社会变迁中受到了削弱，与人们业已改变的司法观念和其他改革措施形成了冲突，并出现了实践与理论相悖的局面。尤其是党的十八届四中全会全面确立以审判为中心的理论以来，诸如增加二审法院的工作量、开庭审理原则成为例外等弊端都严重损害了公平正义的实现，全面审查原则所体现出来的缺陷越发明显。在此理论基础和实践情况下，就全面审查原则的存废问题，有些学者认为"应当在立法上废除这个规定"❷，确立有限审查原则。而有学者则建言"改良而非废除是更合理的选择"。❸ 对一个国家的一项制度的存废当考虑多方面事实条件和学理条件，同时更要结合国情来认真对待。我们应充分考虑背景变迁及我国特殊司法境况的情况下，对全面审查原则进行改良可能是目前较为实际的选择。具体理由如下。

2012 年新修订的《刑事诉讼法》保留了全面审查原则，综合我国充满特色的司法实践情况，本书认为这一决定是正确的。

一方面，我国一直以来实行"二审终审制"，二审终审制审理层级较少，对一些案件的审理因水平和权威不够，可能会难以保证实体公正和程序公正。如果在二审中彻底废除全面审查原则，二审法院只能审查上诉或抗诉涉及的部分，则更加难以发现一审中存在的认定事实错误或者法律适用错误，影响二审

---

❶ 张杰，赵晓慧. 刑事二审全面审查原则的反思与完善——写在刑事诉讼法修改之际［J］. 湖北科技学院学报，2012（11）：24.

❷ 张智辉，武小凤. 二审全面审查制度应当废除［J］. 现代法学，2006（5）：168-173.

❸ 秦宗文. 刑事二审全面审查原则新探［J］. 现代法学，2007（3）：176-185.

纠错功能的发挥，不利于二审法院对一审法院的审判监督。而且，还会导致申诉的增加和审判监督程序的扩大。因此，可以说二审终审制与全面审查原则相互依附、互相配合。二审终审制决定了全面审查原则的存在，全面审查原则保证了二审终审制的实现。**❶**

另一方面，全面审查原则在一定程度上强化了被告人的辩护权，保障了被告人的利益。我国不仅被告人的文化水平较低并欠缺法律知识，律师辩护率也很低。因此，这也在一定程度上决定着我们不能无所顾忌地废除全面审查原则。

因此，全面审查原则在当前情况下并非一无是处，在保护被告人权益以及实现公平正义的方面仍然存在很大的价值，也有利于推进以审判为中心主义指导下的司法改革顺利进行。

综上所述，全面审查原则虽然备受争议，但在实施纯粹有限审查仍然存在诸多阻碍的情况下，对其进行在我国国情基础上的适当改良应该是相对实际和明智的选择。鉴于此，建议二审的审理范围应当情况具体如下。

1. 应当实行全面审查的案件

一是死刑案件。死刑是剥夺他人生命的一种刑罚，是所有刑罚中最严厉的一种，因此对死刑应持最为慎重的态度。不管是事实问题还是法律问题，二审法院均应当进行全面审查并进行开庭审理。但这并不意味着完全重复一审，对双方无异议的事实和法律部分，法官当庭确认后，除法官认为有必要调查的，可以不再调查。**❷**

---

❶ 陈光中，曾新华．刑事诉讼法再修改视野下的二审程序改革 [J]．中国法学，2011（5）：6-8.
❷ 秦宗文．刑事二审全面审查原则新探 [J]．现代法学，2007（3）：176-185.

二是一审没有辩护人的案件。被告人一审没有辩护人，很有可能会对事实认定和法律适用的认识产生偏差，从而在上诉请求中模糊不清，从而损害自己的合法权益。为了充分保证被告人应有的利益，二审应当对此类案件进行全面审查原则，即二审法院可以对事实和法律进行全面审查，不受上诉和抗诉的限制。

2. 仅对法律问题提出上诉、抗诉的案件

就我国目前的实际情况来看，应当对法律问题提出的上诉案件进行全面审查。理由如下：首先，法律问题与事实问题性质不同。一般的案件事实是由当事人亲身感受和经历的，因此对于案件事实有一个相对清晰地认知，而法律问题则更具有专业性。我国的现实情况是不仅被告人法律素质普遍不足，对法律适用是否妥当多数缺乏确切的认识，由其自身恰当指出上诉请求并提出理由超出了绝大多数被告人的能力，而且目前刑事案件律师辩护率严重偏低，国家保障律师帮助的范围相当狭窄。如若将对于法律问题的审理范围限于上诉请求，很难保证被告人的合法权益。其次，由于我国是实行两审终审制的国家，并不存在专门统一法律适用的第三审，因此第二审不仅发挥着救济的功能，也承担着国外第三审法院统一法律适用的责任。因此为保障法律的统一适用，二审法院应当对法律问题进行全面审查。最后就是对上诉的法律问题进行书面审查并不会在很大程度上妨碍诉讼效率。在我国这种成文法国家，法律适用一般相对明确，控辩方提交书面意见基本就可以解决问题；对疑难案件，法官也可以开庭直接听取控辩方的意见。

对于抗诉案件而言，二审法院应当以抗诉请求为限进行审理。抗诉是由检察院提起的，其专业素质和业务水平保证了其有能力提出合理且公正的抗诉请求，倘若此类案件仍要进行全面审查，则显得浪费诉讼资源。同时应当注意的是，一审判决无罪而控方抗诉要求判有罪的，二审法院应对法律适用以开庭方式进行全面审查，给被告人以充分的论辩机会以有效保障其法权益。

对于既有上诉又有抗诉的案件，对法律问题的适用应当进行全面审查，对于超出抗诉范围的部分，应当严格贯彻上诉不加刑，保证被告人的权益。

3. 对事实问题的上诉、抗诉问题

与法律问题不同，对于事实问题的判断主要依赖经验和常识，法官并不会因为具有专业性知识和特殊的身份就具有特殊辨别案件事实的技能。刑事案件的控辩双方对一审认定的事实问题均不提出上诉或者抗诉，原则上可以认为一审认定的事实是正确的。由于全面审查原则会刺激被告人寻求更高的审级救济从而架空一审，但是由于时间的久远，相对于一审二审在查明事实方面并无优势。

同时应当明确的是对事实问题的二审应当一律采取开庭审理的方式进行。只有这样，才可以在最大程度上保证二审有着不低于一审的事实认定能力，充分发挥二审的监督与纠错功能。

4. 赋予法官一定程度上司法调查权

刑事诉讼毕竟具有不同于民事诉讼的特点，在充分尊重当事人处分权的同时，也要考虑到刑事诉讼对公权利益的维护特性和司法正义目标的实现。因此在赋予被告人处分权的同时应当赋予法官一定程度上超出当事人上诉请求范围的调查权限，如果法院在审查案件时发现超出上诉或抗诉请求之外尚存在其他不调查就明显违背正义的事项，就应发动职权调查。当然这并不意院味着法院可以随意地行使调查权，法院应当在充分尊重抗辩双方选择权的前提下进行，以保证对案件事实的正确认定和公正的处理，实现对当事人的权利救济的目的。

5. 对于共同被告的处理

对于共同被告人案件的处理，应当充分尊重被告人的选择权，如果其他共同被告没有上诉，原则上法院不应主动审查。但是在共同犯罪的案件中，为了判明上诉的被告人在本案中所起的作用和应当承担的刑事责任大小，往往涉及对同案未提出上诉的被告人行为的调查。在这种情况下，法官就可以行使前文所述的调查权，当认为有必要时，可以对未上诉的被告人进行调查甚至传唤其到庭直接进行调查。

总之从长远以及结合世界成熟经验来看，对现有的全面审查原则加以改革是不可避免的趋势。把当事人的意愿放在首位，限缩司法权的能动性是二审审查应遵循的原则。此外，二审审查原则和其他的相关制度紧密相连，如辩护制度、证据制度、诉讼模式等，当这些制度都运行合理时，刑事二审审查才会做到真正地减压。

（二）完善发回重审制度

在司法实践中，我国刑事诉讼程序中的发回重审制度仍然存在着制度上的不足，仍然有很大的改善和发展空间。本书认为发回重审制度作为一项刑事诉讼制度，尤其本身必要的诉讼价值，并在一定程度上体现了二审终审制的内在要求。因此发回重审制度应当予以保留，但同时应借鉴外国立法对其进行改革。当前，不论是英美法系国家还是大陆法系国家，发回重审都属于极其例外的情况，我国也应当以此为原则，让发回重审真正成为二审裁判的例外。就我国发回重审制度的改革和完善来讲，可从以下几个方面着手。

1. 启动方式的重新设定

刑事诉讼二审法院涉及审查程序范围内事项的发回重审裁定应在审理期限届满 7 天前作出，当裁定作出时，应当告知当事人有要求申请上一级法院审查的权利。当事人对发回重审有异议的，应在二审法院告知后 3 日内，以书面或口头形式向二审法院提出。只要申请符合法定的形式要件，就应当发生法律上的效果。具体的启动方式：（1）在公诉案件中，程序启动者为检察院和被告人。提出者为申请人，未提出的利害关系人，则作为第三人；同时提出申请的，则为共同申请人；检察院未提出的，被害人或其近亲属可以提出。（2）在自诉案件中，程序启动者则为被告人、被害人或其近亲属。诉讼地位的确立规则与公诉案件相同。❶

2. 对发回重审的理由进行重新界定，严格限制发回重审的适用范围

首先，取消因"证据不足"发回重审作为理由。作为保障人权的一项基本原则，"无罪推定"要求法官在进行审理时不得带有有罪的偏见，而是先把被告人作为无罪的人来看待；同时也要求法官在面对疑罪案件时应当作出有利于被告人的判决。然而实践中，二审法院在证据不足的情况下，很少直接作出无罪判决的情况，大多是将案件发回重审。因此二审法官在审理案件的过程中认为原审判决认定被告人有罪的证据不足时，应

---

❶ 李华武，陈家傲. 设立审查程序：破解刑事二审发回重审难题新路径［J］. 广东行政学院学报，2015（1）：61.

当采取直接改判的方式判决被告人无罪，而不得再以证据不足为由而发回重审。

其次，对于原审判决认定事实不清的案件原则上应当直接改判，对发回重审加以严格限制，即只有原判决遗漏了罪行或者遗漏应当追究刑事责任的人的情况，才可以将案件发回重审。

"事实不清"这个标准过于抽象，很有可能导致法官滥用自由裁量权。如果二审审理中已经查清了案件的事实，并据此认定原判决认定事实不清或者不足时，再将案件发回重审则显得多此一举；如果二审审理中并未查明什么是案件的正确事实和清楚事实，就不能得出原判决认定事实错误或认定事实不清的结论，更不能把案件发回重审了。

但是在二审过程中，在原判决遗漏了罪行或者遗漏应当追究刑事责任的人的情况下，二审法院只能将案件发回重审。这是因为，在一审法院认定的事实之外，追究新的犯罪事实或者新的被告人，不仅与法院中立裁判者的身份相背离，也剥夺了被告人就新的犯罪事实进行上诉救济的机会，更与审判中心主义的理论相违背。因此在上诉人、抗诉方提出了新事实，且超出了原判决的范围的范围下。二审法院应当将案件发回重审，保障当事人的合法权益。

最后，对于因程序违法而发回重审的情况，应当借鉴两大法系所采取的审慎态度，以程序违法的轻重来衡量是否撤销原判，发回重审。本书认为，对程序性违法的处理情形大致分为以下几种：（1）对于轻微程序违法但是实体裁判正确的应当维持原判决，并同时在判决中说明应当纠正的一审违法情况，这样既维护了司法上的实体公正，使真正的犯罪人受到法律的严惩，同时通过在判决书中阐明一审程序存在的过错来明确法律和警示下级法院不再犯同样的错误。（2）对于原审人民法院重新审判的程序违法应当是那些违法情节较为严重，导致当事人的诉讼权利受到重大损害、致使审判程序的公正性受到重大影响的程序性违法，二审法院审查后应当发回重审。当然，在必要时可将法院程序违法是否严重的判断权交给有关当事人来行使，在一审判决违反法定程序的情况下，当事人应有权自主选择适用二审程序审理还是发回一审法院重审。（3）对于一审法院在证据运用方面发生的错误，二审法院应当认真审查，并严格遵循控方举证的原则。当无法证明取得证据的合法性时，必须依法排除其证据的效力。

3. 第二审人民法院对于决定发回重审的案件，如果被告人在押，应对羁押的合法性和必要性进行审查，并区别情况作出相应处理，避免被告人仅仅因为诉讼阶段的逆向运转而受到更长时间的羁押

第二审法院如决定将案件发回重审，必须对被告人应继续羁押进行审查并作出处理，这种审查既可以由被告人的上诉或检察机关的抗诉而引起，也可以由被羁押者申请进行。对于确无社会危害性的被告人，原则上应当变羁押为取保候审或监视居住，但是对社会危险性较大的累犯以及涉嫌罪名较重的被告人则不予保释。

4. 二审法院对于已经发回重审后再次提出上诉的案件，应当开庭审理

对于已经发回重审的案件，有关当事人仍然不服裁判，说明他们对重新审理后的裁判仍然不信任，如上诉后不举行开庭审理，控辩双方就无法充分参与二审合议庭的审理活动。因此，开庭审理由于有公诉人、当事人和其他诉讼参与

人出庭，经过法庭调查证据、法庭辩论，可以直接进行讯问、质证，当庭核实证据，也能充分听取诉讼双方的意见，有利于查清事实和准确地定罪量刑，也有利于保障当事人的合法权益。

（三）限制刑事二审程序虚化和形式化

由于立法上的缺陷，司法实践中大量的上诉案件都没有进行开庭审理，以至于法律所规定的以开庭审理为原则，以不开庭审理为例外的立法意图根本没有得到落实，反倒是原则成了例外，例外成了原则。同时由于法院"上请制度"制度的普遍和其他各种形式的不当干扰和压力导致二审程序严重虚置化和形式化。以上种种原因导致二审程序从而影响上诉人的权利救济以及司法公正价值目标的实现，二审法院对于下级法院裁判的制约作用和纠错功能受到很大的冲击和影响。故笔者从立法和实践的角度出发，提出以下完善措施。

1. 取消抗诉与上诉案件开庭方式的不同规定

根据《刑事诉讼法》第223条的规定，检察机关抗诉的案件一律开庭审理，而上诉案件则根据被告人、自诉人及其法定代理人的对第一审认定的事实、证据提出异议，可能影响定罪量刑的才进行开庭审理。这种划分方法缺乏科学性，也反映了对被告人上诉主体地位得不到尊重，与控辩平等的现代司法理论是不相符合的。上诉与抗诉都是针对下级法院不服提出的，要求上级法院变更或者撤销原判决错误的行为，因此不论是上诉案件还是检察院的抗诉行为，应当适用统一的标准，也只有这样做才不会致使二审法官在实践中因为立法规定的缺陷而对检察机关抗诉以外的案件轻易进行不开庭审理，从而发挥庭审的实质功效。❶ 为此应当取消刑事诉讼法关于就检察机关抗诉案件开庭审理的特殊规定。

2. 进一步完善立法，明确何为"可能影响定罪量刑"、何为"其他应当开庭审理的案件"

如前所述，虽然新修订的《刑事诉讼法》对应当开庭的案件进行了列举，取消了由合议庭经过阅卷，对事实清楚的，可以不开庭审理的规定，在一定程度上打破了将"事实清楚"作为分流和划分是否开庭审理的这一缺乏客观性的标准，限制了二审法官在审理方式上过大的自由裁量权，但是在司法实践中，由于法官的专业水平和素质各异，对于"可能影响定罪量刑"有各自不同的理解，导致有些应当开庭审理的案件进行了书面审理。因此迫切需要立法对上述两项规定进行进一步的解释，保护上诉人的利益。同时通过立法对可以进行书面审理的案件进行规定，减少法院的自由裁量权。根据《刑事诉讼法》第 231 条的规定，二审法院审判上诉或者抗诉案件未参照第一审程序进行的，应当出具书面文件说明不进行参照的理由，保证程序公正。

3. 加强检察机关对二审审理方式的监督

我国《刑事诉讼法》规定了检察机关对审判机关的审判活动进行法律监督，无论在一审程序还是二审程序中这个职能都至关重要。然而在司法实践中，检察机关对刑事二审程序的法律监督职权有所弱化甚至存在根本就不监督的现象。出现这种情况，一方面与实践当中二审案件的不开庭审理有关，但另一方面，除了检察机关提起抗诉的案件以外，大多数刑事二审案件即使采取直接开庭的审理方式，也不愿意派员出庭。之所以

---

❶ 叶青. 以审判为中心的诉讼制度改革之若干思考［J］. 法学，2015（7）：3-8.

出现上述问题，是因为检察机关在二审中的身份定位不明。

对于检察机关以何种身份参与到刑事二审程序中，学界有很多不同的观点。有的学者认为是审判监督的职能，理由是检察机关提起抗诉的案件中，抗诉活动本身就是人民检察院对人民法院实现审判监督的重要形式；在当事人提起上诉引起的刑事第二审程序中，支持公诉的任务在第一审程序中已经完成，第二审程序没有支持公诉的任务。即使检察院派员出席二审法庭，也是帮助和监督二审法院审理案件。有的学者则认为检察机关兼具控诉职能和法律监督职能。理由是在刑事二审程序中，诉讼活动还没有结束，被告人也没有得到最终的裁判结果，此时检察院派员出庭仍需要支持公诉，认为法律监督在不同场合具有不同的内容，检察机关出席法庭支持公诉是法律监督在审判程序中的体现。因为在这个阶段，法律监督本身就伴随着支持公诉，单纯的法律监督是不存在的。

我们认为，检察机关在二审中同时拥有控诉职能和法律监督职能。法官居中裁判，控辩双方当庭对抗的庭审模式是现代诉讼程序的基本要求，这个要求适用所有的诉讼程序，无论是一审，还是上诉程序中的二审程序，只要有庭审就都不应当缺少控诉的一方。在抗诉案件中，检察机关在一审中的控诉没有得到实现，因此检察人员继续承担抗诉的任务延续一审的控诉职能。而在被告人的控诉案件中，检察机关对一法院的判决没有异议，而被告人希望通过二审改变一审判决，此时控辩双方又对立存在，对于被告人提出的意见举证反驳从而维护一审的判决，这依然是行使控诉职能。❶检察机关的法律监督职能由法

---

❶　张海燕. 论我国二审审理方式的完善［D］. 上海：华中师范大学，2012：19-21.

律明确规定，毫无疑问。检察机关是个独立的司法机关，不需要对任何部门的工作予以附和，必须独立的行使它的法律监督职权，才能保证诉讼程序的公平、公正和公开。

　　刑事二审程序作为我国上诉审程序，构成司法制度中不可或缺的一部分，其健全与完善关系到我国司法制度的成败。虽然其在立法与司法实践中存在诸多问题，在很多方面也与以审判中心主义为基本点的司法改革背道而驰，但我们应当坚信，刑事二审程序的改革道路仍然是光明无限的。

问题思考

　　在审理范围方面，二审程序实行全面审查原则，可以对第一审的事实认定、法律适用甚至量刑进行全面、综合的审查，而不受上诉范围的限制。那么二审是对案件的重新审判还是一审的继续？同时，在第二审程序规则的设置上，也往往立足于监督功能，而不突出救济功能，从而使诉讼中心上移，当事人更愿意相信上级审，而导致一审的架空。故此，有学者提出限制二审审理范围，允许当事人或者检察院仅就第一审判决的一部分内容提起上诉或者抗诉，第二审受其约束，原则上其审理范围仅限于对原审判决提出上诉或者抗诉的部分。❶ 选择与民事诉讼的上诉范围限制相同的规定，是否同样适合于诉讼主体地位并不相同的刑事诉讼程序，还有待商榷。

---

❶　魏晓娜. 以审判为中心的刑事诉讼制度改革 [J]. 法学研究, 2015 (4): 101.

第八章

审判中心主义下的死刑复核程序改革

一、死刑程序基本概要

我国死刑复核程序具有统一死刑案件裁判标准、确保死刑案件质量，最大限度地避免冤假错案出现的功能。"少杀、慎杀、严格控制死刑数量"是我国的刑事政策，❶ 对于统一死刑司法适用、保证死刑适用的正确性，从而有效制约死刑裁判权，为被判处死刑的被告人提供充分、有效的救济有重大意义。但是，我国在很长一段时间为了严厉打击犯罪而将一部分案件的死刑核准权长期下放，从而引发种种问题，如直接导致死刑司法适用标准不统一，死刑案件标准在地区之间宽严不一等，这使得死刑复核程序很难发挥其应有的功能。在最高法院将死刑复核权收回后，如何在审判中心主义指导下对死刑复核程序进行诉讼化改造仍十分值得研究。

二、死刑复核程序性质探究

关于死刑复核程序的性质存在很大的分歧。❷ 死刑复核程序

---

❶ 刘仁文. 死刑的全球视野与中国语境 ［M］. 北京：中国社会科学出版社，2013：26-46.

❷ 陈卫东. 关于完善死刑复核程序的几点意见 ［J］. 环球法律评论，2006（9）：546-550.

的性质是建构死刑复核程序运作机制的前提，不同的性质决定着不同的参与主体、审理方式、审理内容、裁决方式等。围绕死刑复核程序的性质，主要有审判程序说、行政审批说以及特殊程序说三种观点。❶

"审判程序说"认为，死刑复核程序既处理程序问题又处理实体问题，从程序的正当性出发，应具有司法程序的基本特性，须具备亲历性、对审性、参与性，所以需要对死刑复核程序进行诉讼化改造，使其具有最低的程序保障。将死刑复核程序定位于审判程序，既符合现代审判理论，又能克服行政化审查方式的弊端。在此基础上，有学者提出，应在未来的刑事诉讼法修改中，将死刑复核程序进一步修改为死刑案件三审终审制。也就是说，回收死刑复核程序只能是一个权宜之计，它应当是向三审终审制改造的过渡，长远目标应当定位为建立三审终审的审级制度，确立判例制度，更好地指导司法实践。

"行政审批说"认为，死刑复核程序重在"核"而不在"审"是一种行政审批程序。根据《刑事诉讼法》特别是1998年最高人民法院发布的《关于执行〈中华人民共和国刑事诉讼法〉若干问题的解释》关于死刑复核程序的规定，死刑复核程序在启动方式上具有自动性，在审理方式上采用书面审查，因此，死刑复核程序的性质更侧重于行政化的审批程序，可以说这也是最早设置死刑复核程序时的基本定位。就最高人民法院一直行使的没有下放的死刑案件核准权而言，基本上就是采用行政审批的方式。

"特殊程序说"认为，死刑复核程序是对死刑判决和裁定进

---

❶ 李奋飞. 最高人民法院死刑复核程序新探 [J]. 国家检察官学院学报，2014（9）：25.

行审查核准的程序，是刑事诉讼的特殊制度。死刑复核程序不是如同一审、二审般的诉讼程序，而是一种特殊的审判监督程序，是基于死刑的重大性，最高人民法院对下级法院的死刑裁判所做的监督。

虽然我国《刑事诉讼法》将死刑复核程序作为第三篇审判的第四章内容，但这并不意味着该程序必然是审判程序。从法律规定内容以及司法实践中，死刑复核程序更加偏向于行政程序，它实质上是最高人民法院内部的一道程序，但又以"判决、裁定"的方式作出最终决定，确实存在一定的矛盾性，但本书认为这也正是死刑复核程序引来诸多争议所在，但这也是我们可以结合审判为中心主义进行改进之处。

三、死刑复核程序存在的问题

（一）死刑复核程序制度设计存在缺陷❶

1. 死刑复核程序制约了对被告人的权利救济功能，容易导致权力被滥用

死刑复核程序具有救济被告人的价值和功能，然而死刑复核程序设置上的单方面性、书面性和秘密性的特点，使得这一功能的实际效果受到明显制约，其程序保障的价值受到限制。虽然在2012年修订的《刑事诉讼法》中规定，最高人民法院复核死刑案件，辩护律师提出要求的，应当听取辩护律师的意见。最高人民检察院可以向最高人民法院提出意见。但是该程序仍然不能称之为一个公开的诉讼程序，最高人民法院只是听取辩

---

❶ 尹丽华. 刑事上诉制度研究：以三审终审为基础 [M]. 北京：中国法制出版社，2006：329-336.

护律师意见、将死刑复核结果通报最高人民检察院，该制度仍然是法院的内部程序，控辩双方无法参与到诉讼和裁判结论的制作过程，三方并没有形成一个控辩审的结构，这就容易导致该程序失去制约，使得死刑复核的合议庭拥有较大的自由裁量权，易导致权力的滥用。

2. 死刑复核的启动方式具有主动性

死刑复核程序启动的行政性特征与审判权的消极性、被动性相悖。根据我国《刑事诉讼法》第236条的规定，中级人民法院判处死刑的第一审案件，被告人不上诉的，应当由高级人民法院复核后，报请最高人民法院核准；高级人民法院判处死刑的第一审案件，被告人不上诉的，或者判处死刑的第二审案件，应当报请最高人民法院核准。我国《刑法》第48条第2款也规定，死刑除依法由最高人民法院判决的以外，都应当报请最高人民法院核准。有学者认为，法律规定的这种"报请"方式是可商榷的。[1] 因为按照这种程序，最高人民法院的复核程序不是由当事人的"诉"引起的，而是由高级人民法院依职权"报请"引起的。这与审判权的被动性、消极性和诉审分立的原理以及上下级法院的监督关系似有背离之嫌。[2]

3. 死刑复核程序丧失了审判程序所具有的诉讼性质[3]

与其他审判程序相比，死刑复核程序不是上诉程序，而是

❶　冯哲. 关于死刑程序控制的几个问题［M］//诉讼法理论与实践（2005年卷），北京：中国方正出版社，2005：768.

❷　李奋飞. 最高人民法院死刑复核程序新探［J］. 国家检察官学院学报，2014（9）：25-26.

❸　田淼. 死刑大审判——死刑二审审判复核监督及实证分析［M］. 北京：中国长安出版社，2014：8-13.

一种特殊的、具有行政化特性的程序。因为该程序不是由当事人提出请求后运作的程序，启动后也排斥了当事人对该程序的参与，因而只是一种非司法化程序，无论是启动还是运行都具有较强的行政化色彩和非诉讼特征，有学者因此认为该程序是最高法院设置的一种内部监督程序，丧失了作为审判程序所应具有的诉讼属性。

（二）死刑复核核准程序存在一定问题

1. 核准原则存在争议

刑事诉讼法并没有就最高人民法院死刑复核的原则作出规定，但是《高法解释》的相关规定实际上贯彻了全面审查原则。《高法解释》第348条规定意味着，最高人民法院目前复核死刑案件，不仅要审理法律问题，也要审理事实问题。[1] 但是，由于刑事诉讼中绝对真实不可能实现，对事实的反复审理不但浪费大量的司法资源，与最高人民法院的职责不符，而且无法避免的事实误认将对最高人民法院的权威构成伤害。因此，应对最高人民法院复核死刑案件所秉持的全面审查原则予以修正。

2. 核准范围存在争议[2]

按照刑事诉讼法的规定，死刑由最高人民法院核准。但是，最高人民法院可能还承担着死刑案件的一审或者二审的审判权。由于现行法律和有关司法解释均没有对拥有死刑核准权的法院所裁判的死刑案件应否复核以及如何复核作出明确规定，因此在理论界还存在不同的理解。有人认为，一个死刑案件经过有

[1] 赵秉志.死刑改革探索［M］.北京：法律出版社，2006：593-594.
[2] 吴宏耀，罗海敏.死刑的程序控制——中国死刑制度改革的必由之路［M］.北京：中国政法大学出版社，2014：2-33.

核准权的法院判决后，又经过同一法院复核，核准或者不核准，都是说不通的。还有的学者甚至明确提出，有死刑复核权的法院对自己所作的死刑判决或裁定，自然不需要再进行复核。而相反的观点则认为，最高人民法院的死刑裁判仍然要经过复核程序。死刑复核程序属于每一个死刑案件生效的必经阶段，不论哪一级法院，即使是拥有死刑核准权的最高人民法院作出的死刑裁判也不得例外。另外，按照《人民法院组织法》的规定，最高人民法院审判的第一审案件（包括死刑案件）的判决和裁定，都是终审的判决和裁定，也就是发生法律效力的判决和裁定。既然最高人民法院审判的第一审案件（包括死刑案件）的判决和裁定都可以直接发生法律效力，那么其二审维持一审判决（包括死刑判决）的裁定更应该发生法律效力，因此也不再需要经过专门的核准程序。对此，2012 年《刑事诉讼法》第250 条也明确规定："最高人民法院判处和核准的死刑立即执行的判决，应当由最高人民法院院长签发执行死刑的命令。"

3. 核准方式存在问题❶

目前，死刑核准程序依然是行政化的裁判方式，其典型特征是通过秘密的、书面的和间接的阅卷工作。这样的死刑核准程序究竟在防止死刑误判上能发挥多大的作用，不能不令人生疑。实际上，死刑复核程序虽然不属于普通程序的一个独立审级，但它在本质上仍属于审判程序。因此，从完善的角度，最高人民法院核准死刑案件应当遵从审判规律，尽可能保持开庭审判的形式。当然，最高人民法院可以根据待核准案件的具体

---

❶ 吴宏耀，罗海敏. 死刑的程序控制——中国死刑制度改革的必由之路 [M]. 北京：中国政法大学出版社，2014：2-33.

情况，采取繁简不同的程序。原则上，如果案件涉及事实认定问题，而控辩双方对该事实又存在较大的争议，则应贯彻直接言词原则，并按照证据调查的要求组织正式的庭审程序。在此程序中，不仅可以提出新的证据，还可以申请通知证人出庭。甚至在必要的时候，合议庭还可以依职权传唤关键证人出庭作证。在证据调查结束之后，控辩双方还可以就被告人是否应该被判处死刑展开辩论。相反，如果控辩双方对该案的事实没有较大的争议，而只是在法律适用问题上存在分歧，则庭审程序就可以相对简易。一般而言，合议庭在听取控辩双方意见的基础上，就可以直接作出裁决。

（三）控辩审三方定位模糊

1. 复核组织存在争议

作为人民法院审理案件的内部组织形式，审判组织的设置、运行及表决方式直接关系到案件能否得到公正处理。按照现行法的规定，最高人民法院复核死刑案件，应当由审判人员 3 人组成合议庭进行。有学者认为，以上规定有两个缺陷：一是合议庭人数偏少；二是简单多数原则显得不够慎重，建议增加合议庭人数及严格表决机制来达到通过审判组织限制死刑的目的。

有学者认为目前还存在的问题是，如何防范司法实践中替代合议制的所谓"承办人"制的出现。❶ 其实，法律设立合议制的主要目的就是发挥集体智慧，并按照民主集中制的方式来处理案件。最高人民法院复核死刑案件，不仅要防范"承办人"制的侵袭，还应赋予承担死刑复核的合议庭对是否适用死刑问题的独立核准权，原则上不再提交审判委员会讨论。只有合议

---

❶ 赵秉志. 死刑改革探索 [M]. 北京：法律出版社，2006：591-593.

庭的意见有严重分歧时，才可由合议庭提请院长决定提交审判委员会讨论决定。当然，这并不表明要立即废除审判委员会制度，也不表明笔者否认院长、副院长、庭长对死刑案件的把关功能，他们完全可以在重大案件中通过参加合议庭的方式，来确保死刑的公正适用。

2. 法律监督问题❶

2012 年《刑事诉讼法》明确规定："在复核死刑案件过程中，最高人民检察院可以向最高人民法院提出意见。最高人民法院应当将死刑复核结果通报最高人民检察院。"《高法解释》第 357 条也明确规定，死刑复核期间，最高人民检察院提出意见的，最高人民法院应当审查，并将采纳情况及理由反馈最高人民检察院。这虽然没有明确检察机关在死刑复核程序中的监督地位，但从法理及现行法律规定来看，检察机关作为国家的法律监督机关，对死刑复核程序进行法律监督具有正当性。《检察规则（试行）》对死刑复核法律监督进行了细化，2012 年下半年，最高人民检察院还成立了死刑复核检察厅，承办死刑复核法律监督工作。但是，由于目前死刑复核及执行程序、相关工作机制、法律规范及人员配置等方面还存在不少问题，导致检察机关对死刑案件的法律监督仍面临现实障碍。因此，如何加强死刑复核程序中的法律监督，应成为理论和实务研究的重要课题。

3. 律师有效辩护问题

确保被判处死刑的被告人在死刑复核程序中获得律师的有效

---

❶ 李奋飞. 最高人民法院死刑复核程序新探［J］. 国家检察官学院学报，2014（9）：30.

帮助，不仅有助于维护死刑复核程序具备最低限度的公正，也是纠正错判、防止错杀的最有效的制度保障之一。然而，现行《刑事诉讼法》和相关司法解释却没有明确要求最高人民法院在死刑复核程序中为被告人指定承担法律援助义务的律师。❶ 司法实践中，最高人民法院并不会给被告人指定辩护律师。由于绝大多数死刑被告人根本请不起律师（甚至都不知道还有死刑复核程序），导致死刑复核程序基本是在没有律师参与的情况下完成的。另外，由于现行的死刑复核程序是二审之后的特殊程序，立法对律师在该程序中享有的诉讼权利并无明确的规定。❷ 因此，律师在面临该程序时总是有种心有余而力不足的无奈，导致死刑复核程序即使有律师参与，能够起到的辩护作用也非常有限。❸ 2012 年《刑事诉讼法》第 240 条第 1 款和《高法解释》第356 条对辩护律师参与死刑复核程序都进行了规定，这具有很大的进步意义。它明确了律师参与死刑复核程序的合法性，为其提供了重要的制度平台。不过，在有些参与过死刑复核程序的律师看来，"应当听取辩护律师的意见，这基本就是完全落空的权利"。

（四）相关期间具有争议

1. 死刑复核期限不明确

《刑事诉讼法》对死刑复核没有明确规定期限。就法律是否对复核作出时限规定、应当规定多长的时限也有不同意见。有人认为，死刑复核期限的立法空白，并非立法上的疏漏，而是立法者基于两方面的考虑。一方面是基于死刑案件的复杂性和

---

❶ 陈光中，于增尊. 严防冤案若干问题思考 [J]. 法学家，2014（1）：61.
❷ 陈学权. 死刑复核程序中的辩护权保障 [J]. 法商研究，2015（2）：44-48.
❸ 魏晓娜. 死刑程序为谁而设？[J]. 比较法研究，2014：92-102.

特殊性的考虑，死刑案件核准难度大，尤其是个别案件重大复杂，必须确保死刑案件的质量；另一方面是基于公正考虑，死刑复核程序是被告人生命权保障的最后一道屏障，必须严格、审慎、慎之又慎。有学者认为，死刑复核程序是刑事诉讼程序中的一部分，既然是程序，自然应受期限限制，没有期限限制的程序，不符合程序法制原则的精神，也不符合程序正当原则的要求，无论对于权力的行使还是对于权利的保障都会产生一定的负面影响。另外，从被判处死刑者的角度考虑，无限期地等待或者十分快速地被核准死刑，也都是欠妥当的。有学者认为最高法院收回死刑复核权后应当规定复核期限。可以规定半年的复核时间，即在二审判决后 6 个月内完成复核并作出宣判。不规定时限，不符合效率原则，而且使关押场所压力太大。只要在一般情况下避免开庭审理，应当说确定时限是具有可行性的。

2. 关于执行期限问题

根据《刑事诉讼法》第 250 条、第 251 条的规定，最高法判处或核准死刑，并由最高人民法院院长签发执行死刑的命令后，应在 7 日以内交付执行。这就意味着从死刑判决生效到罪犯最终被交付执行，中间间隔的时间非常短暂，从而造成被判处死刑立即执行的被告人一律在短期内被执行的局面。此种"快速处决"的执行模式导致被判死刑的被告人几乎不再可能去寻求任何法律救济，也无法行使申诉权等其他被告能够享有的诉讼权利。此外，由于最高检对死刑复核的法律监督既包括对死刑复核过程的监督也包括对死刑复核结果的监督，因此执行期限过短会使检察机关面对已经核准、将要执行的死刑裁判"来不及"监督。

四、死刑复核程序改革路径综述

针对死刑复核程序的上述缺陷，学者们基于不同的目标设计，提出截然不同的改革方向。现在学界主要有三种完善方向。有学者认为，可以将死刑复核程序进行行政程序和二审程序进行衔接。有一些学者则主张应当废除死刑复核程序，建立死刑案件三审终审制模式。还有一些学者主张，三审终审制的改动涉及我国根本的审级制度，应当慎重行事，就目前而言，可以对现有的死刑复核制度进行完善和优化。下面笔者将对这三种观点进行介绍以及评析，并将在此基础上提出在审判中心主义下对死刑复核程序改革的建议。

（一）将死刑复核程序进行行政程序和二审程序的衔接

1. 将死刑复核程序进行行政程序和二审程序衔接模式的基本概要

持该种观点的学者认为，如果建立三审终审制无疑会加重最高法院的负担，三审制度的改革会涉及我国审级制度的根本，在我国实行现阶段还是会有较大阻力。如果对死刑复核程序进行适当诉讼化改造，即半诉讼化就使得其成为一种独立于审判之外，而又对审判结果有决定性作用的特殊程序，这又与我国审判中心主义的原则不符。基于此，孙长永教授曾认为可以将死刑复核程序完全定性为一种行政程序，其作为最高人民法院内部的一种监督程序，如若核准死刑，则以行政决定批示核准，而不再以判决和裁定的方式作出决定。如若不核准死刑，则与其他审判程序进行良好衔接，依据案件具体情况，或进行二审程序，或发回重审。这样的衔接，有利于死刑案件的问题，可以通过审判程序进行纠正，而非通过行政程序进行，这样就可以避免现阶段广遭诉病的通过内部秘密的、行政化程序对死刑案件进行复核。

2. 有关衔接模式评析

本书认为虽然孙长永教授提出的将行政程序和审判程序进行衔接的设计可以很好地解决死刑复核程序目前通过一个内部行政程序作出裁判的矛盾性问题。但从目前来看，对最高法院这种内部行政程序进行半诉讼化、诉讼化的改革是一个大的方向，并且由于死刑复核权下放导致学者们对死刑复核程序行政和审判混合的程序进行批判，如果提出将死刑复核的程序彻底行政化势必会遇到很多阻力。对其进行行政程序和审判程序相衔接的制度改造，虽然能够解决现有的矛盾性的问题，但若将其定性为行政程序和司法程序的混合程序，其定性仍然不甚明确，仍会在实际操作中引发更多新的问题。

（二）废除死刑复核程序，建立死刑案件三审终审制模式

1. 三审终审改革模式基本概要

主张废除死刑复核程序的学者认为死刑复核程序是人民法院实行内部监督的一种程序，它强调了人民法院的职权，是权利型程序。由于它没有权利主体的参与，其价值也就受到很大的局限。为此，可以考虑设立权利型程序，调动诉讼双方主要是辩护方的主动性，为其增加寻求救济的机会，从而加强权利保护。在取消死刑复核程序的同时，规定死刑案件（不含死刑缓期二年执行的案件）实行三审终审制，作为我国两审终审制诉讼原则的例外。❶ 提出具体改革方向如下。

---

❶ 汪建成.《刑事诉讼法》的核心观念及认同［J］. 中国社会科学，2014（2）：146.

（1）死刑案件的自动性上诉与权利性上诉。有学者主张将死刑案件的第二审上诉设置为自动性的上诉，第三审上诉设置为权力性的上诉。所谓自动性上诉是指被告人在上诉期限内没有提出上诉时，由法院将案件材料移送至高级法院，在这种情况下视为被告人自行提出上诉的一种形式，也成为强制性上诉，即被告人对死刑案件不得放弃上诉的权利。在死刑案件的审理程序中，法院上诉程序的启动不取决于当事人的意志，即无论被告人是否提出上诉，都会进入上诉程序。死刑案件是剥夺当事人生命的案件，基于该种特殊利益的考量，死刑案件的自动性上诉成为自由处分上诉权的例外。这也是对特殊案件中被告人权利的专门保护和救济的特别需要，体现了死刑案件在审判程序上的特殊性。

根据我国现行《刑事诉讼法》规定，被判处死刑的被告人在上诉权的行使方面与其他案件没有特殊区别，被告人在法定上诉期内没有提起上诉的，案件将由下级法院报送上级法院进入死刑复核程序。实行二审的自动性上诉，显然要比不开启二审程序而启动死刑复核程序更有利于维护被告人的合法权利，这样既增加了一次对死刑案件的程序上先行把关的机会，又为最高法院的审理奠定了基础。

对于死刑案件被告人的第三审上诉应当设计为权利性的上诉。在三审制度下，被告人获得了两次上诉的机会，但是三审作为权利性上诉并且只适用于死刑案件，不适用于死缓案件。所谓权利性上诉是指上诉作为被告人的一种权利，可以选择行使也可以选择放弃，但是在被告人依法提出上诉的情况下，应保障被告人的上诉权，最高人民法院不得以任何理由加以拒绝。死缓案件的被告人虽然也有权提起上诉，但不属于权利性上诉，而是与其他三审制度一样，最高人民法院有裁量权决定是否予以审理。这样不仅可以减少对被告人上诉权的干涉，也能够防止最高人民法院在大量案件积压的情况下，为提高审判的效率而可能导致三审程序流于形式，更可能使最高法院无法将中心工作转移到实现社会公共利益而发挥统一的国家司法的重要功能上。

（2）死刑案件二审和三审均为事实审。死刑案件的二审和三审都可以对事实问题和法律问题进行审查，审查的范围以上诉部分为限。死刑案件的第二审与普通的刑事上诉案件一样，为上诉人提供事实和法律上的全面的救济，但在最高法院进行第三审时，应当对死刑案件和其他案件相区别，对于普通刑事案件第三审来说，无论是高级法院还是最高法院都只进行法律审。但是对于死刑案件，上诉人针对案件的事实问题提出异议时，第三审也应当对事实问题进行审查，但是无论是二审上诉还是三审上诉，确定的一个基本原则是有限审查原则，即在上诉提出的上诉理由和上诉范围内进行事实和法律上的审查。

从我国的现实来看，确有对事实问题审查的必要。一是因为死刑案件在我国所占比例相当大，死刑案件涉及人的生命的剥夺，如果三审生效并执行后再发现裁判错误将无法挽回，因此基于有效地防止死刑案件事实认定上的错误和严格控制死刑、慎用死刑的目的，有必要再给予最高法院死刑案件事实审查的机会。二是在司法实践中，死刑案件以事实问题为上诉理由的还占相当人的比例，实践中媒体披露的一些死刑错案中也有相当部分是事实认定和证据运用上的错误，如典型的云南杜培武伤人案等冤假错案，都存在事实认定的错误。这说明，有必要将对死刑案件事实问题的审查纳入三审程序之中。当然在保证二审全面开庭审理的基础上，在经过了两级法院的审理，也会有一部分死刑案件不再对事实问题产生争议和分歧，而只对法律问题提出上诉时，通常也就没有必要对事实问题进行再次审理。

（3）死刑案件的第二审实行开庭审理，三审可不开庭审理。在普通救济程序中，第二审程序占有重要的地位，它为当事人提供事实和法律全面救济，对于死刑案件来说更为重要，第二审既是对一审裁判质量的检验，又是分流和减少涌向最高法院案件的控制装置，因此第二审法院以维护个案公正和私人目的为重心，承担事实审法院重新对案件事实和法律问题的审查以纠正一审裁判中发生的错误。

二审法院开庭审理案件是绝大多数国家刑事案件的共同特点，尤其是大陆法系国家因对二审采复审制结构，这种结构要求第二审法院公开在法庭上通过直接审理的方式，我国的第二审也为复审制结构，也应当在当事人提出上诉范围内通过开庭的方式对第一审裁判中涉及的事实问题和法律问题进行重新审理。为保证死刑的审判质量，对于所有死刑案件一律采取开庭审理的方式，但在对案件事实进行具体调查时实行有限审查原则，重点调查双方当事人存在异议的事实部分，对于双方当事人没有争议的事实和证据部分，或者双方都同意可以不进行调查的部分，二审时也可以不进行直接调查，法官依职权认为需要调查的事实部分也可以进行调查。

至于死刑案件的第三审，可以区分不同情况决定是否采取开庭审理的方式，其中对事实问题的上诉审应当进行开庭审理，开庭审理不仅涉及是否需要对事实和证据进行重新审查和判断问题，而且给予当事人双方参与诉讼进行陈述和论证自己观点的机会，也是法院的裁判活动应具备的控辩审三方参与下进行诉讼活动的形态与特征，即法庭在双方同时到场的情况下从事审判活动，这样符合司法权运作的规律。因此虽然经过第二审的事实复审，在第三审中当事人如果对案件的事实问题仍有异议，需要对事实和涉及的证据进行调查时，为保证审判的实体公正和对被告人的有效救济，应当再次采取开庭审理的方式适用事实审理程序，既允许双方当事人对事实问题进行调查和争议，也允许提出新的事实和证据，因此为保证死刑案件在认定事实上的正确，体现司法公正和给予被告人权利的救济角度，应当在审判上有不同于一般案件的特殊要求。

同时，在死刑案件三审程序中也应贯彻公正和效率相平衡的现代司法观念，如果上诉人对案件事实没有疑问，只对二审法院裁判所适用的法律或程序等问题提起上诉时，三审法院也可采取不开庭审理的方式进行，对此可由上诉人的辩护律师选择与申请，法院做最后决定。在决定开庭审理的情况下实行律师代替被告人出庭制，即第三审针对法律问题的上诉案件不需要被告人出庭。一方面，因为在大多数情况下被告人并不懂法，控辩双方争议的法律适用涉及对法律的理解和运用，被告人出庭对案件的法律认定起不到多大的作用。另一方面，被告人出庭涉及押解、安全防范等诸多现实问题。同时，在不开庭审理的死刑案件中，必须保证被告人及辩护律师提供书面上诉理由和具体的陈述意见。

（4）死刑案件的裁判以直接判决为原则。由于我们将死刑案件的二审程序和三审程序原则上都设计为开庭审理的方式，上诉法院在当事人提出上诉和抗诉的范围内直接地调查案件事实，因此二审法院和三审法院，原则上应当基于法庭调查所认定的事实和证据的情况，作出对案件的裁判。如果法庭审理后认为，下级法院作出的裁判在事实认定上和适用法律上没有错误，在审判程序上没有违反法定的诉讼程序时，二审和三审法院通过裁定的形式维持原审判决。如果审理后认定下级法院在事实认定上和适用实体法确有错误，或者证据不足时，二审和三审法院应当根据法庭调查的事实和证据，撤销原判并直接进行改判。如果上诉法院发现下级法院审判程序违法时，根据违法的程度决定是否撤销原判、发回重审，但是发回重审的次数应以一次为限。

在对死刑案件的上诉审理过程中，尤其应当注意审查上诉人提出的上诉理由中的违法取证的情况，在证据证明上适用严格的证明标准，在有无非法取证问题上，双方发生争议时，由控诉方提供证据证明取证的合法性，如果无法证明时，由控诉方提供证据证明取证的合法性，如果无法证明时应当排除该证据的证明效力。在排除该证据后，其他证据满足不了充分证明被告人有罪的程度时，应当按照无罪推定的原则直接作出被告人无罪的裁判。

2. 三审终审制模式评析

在审判中心主义指导下对死刑复核程序的改革，可以借鉴三审终审制中一些具体的改革方式，如上述第四方面——死刑案件的裁判以直接判决为原则——这一点在刑诉法修改后，二审程序的改革、死刑复核程序按照该种方向进行改革，有利于司法裁判和程序标准的统一。但是从总体上来说，笔者并不认同废除死刑复核程序，实行死刑案件三审终审制。具体原因如下。

第一，根据最高法院的主要功能来看其在解决全国性的法律问题。❶ 最高法院的功能是根据宪法和全国性法律来解决案件和争议。其对下级法院的监督权体现在确保诉讼程序的公正，而不是纠正下级法院认定事实上可能的错误。我国《宪法》第127 条规定，最高人民法院是最高审判机关，最高人民法院监督地方各级人民法院和专门人民法院的审判工作。《刑事诉讼法》《刑法》和《人民法院组织法》规定了最高法院的职责，强调最高法院解决法律问题的职责，通过最高法院的核准、上诉审和制定司法解释，维护宪法和法律的尊严以及统一实施。

　　第二，最高法院并不具备更高的查明事实的能力。❷ 与下级法院相比，最高法院并不具备高明的查明事实的能力。最高法院死刑复核主要通过阅卷和讯问被告人的方式进行，而阅卷又作为主要方式，阅卷的内容是侦查机关在侦查过程中的证据、一审、二审的卷宗，凭借阅卷的方式并不能比开庭审理更好的查明真相。即使最高法院在死刑复核时通过开庭的方式对事实重新审理，也并不能保证比一审更具优势。由于复核时间离犯罪发生的时间比一审更久远，证人等的记忆并不比一审时更加清晰和准确，甚至有些证人已经死亡、下落不明、失去记忆或者拒绝作证，物证等可能丢失或者失去鉴定价值，时过境迁后查明事实的可能性也比一审要低。在这种情况下开庭，庭审中可利用的证据通常会比一审更少，可靠性更差，如果以这些证据作为查清事实的最后标准，不符合一般的逻辑和经验。

　　第三，以审判为中心的司法改革，在审判阶段应当以一审

---

❶ 吴宏耀，罗海敏. 死刑的程序控制——中国死刑制度改革的必由之路［M］. 北京：中国政法大学出版社，2014：25.

❷ 吴宏耀，罗海敏. 死刑的程序控制——中国死刑制度改革的必由之路［M］. 北京：中国政法大学出版社，2014：27.

为中心，无论是死刑复核程序还是其他庭审程序都应当以一审为中心。❶ 特别是就死刑案件的事实认定而言，一审是"关键"，而不只是"基础"，只有实行"审判中心主义"，才能确保死刑案件的公正审判。从国际准则的要求以及促进公正审判的实际需要出发，我国死刑案件一审程序还需要从以下几个方面加以完善：第一，在全国范围内建立开庭前的证据开示制度，或者自侦查终结开始实行辩护人全面阅卷制度，保证被告人和辩护人的充分知情权；第二，在立法上确认非法证据排除规则，并且明确排除证据的程序、标准以及非法证据的证明责任；第三，对法庭审理程序实行定罪与判刑程序分离的原则，同时对定罪和判处死刑实行最高的证明标准；第四，在严格落实回避制度的基础上，适当增加合议庭人数（并且坚持陪审员的人数必须多于职业法官的人数），并对合议庭以及审判委员会的表决实行绝对多数制。❷

（三）对现有的死刑复核制度进行完善和优化

1. 对现有的死刑复核制度进行完善和优化模式基本概要

对死刑复核进行自体优化时，不仅要对程序本体进行合乎审级构建原理的设计，而且要注意复核程序和其他审级、配套制度的衔接。在程序本体的设计上，具体制度不仅应当有助于实现纠错功能，还要注意在审查范围和审查方式上自我克制，避免侵入其他审级的职能领域；在与其他审级的衔接上，不仅要构建死刑复核程序对下级法院死刑判决、裁定的监督机制，

❶ 魏晓娜. 死刑程序为谁而设？[J]. 比较法研究，2014：90-102.
❷ 孙长永. 通过正当的法律程序控制死刑——从国际标准谈我国死刑司法程序的完善[J]. 南京大学法律评论，2008（Z1）：213-222.

还要注意下级裁判对死刑复核程序的制约；在与其他制度的联系上，不仅要重视其他制度对死刑复核程序的推动，还要充分发挥其他制度的固有功能，避免给死刑复核程序附加过重的负担。❶ 具体改革方向如下。

（1）应对死刑复核程序进行适当的诉讼化改造。如前所述，我国现行的死刑复核程序中，程序的启动及复核的方式均有待于进一步完善。有人认为，死刑复核的本质是"核"不是"审"，"核准"的性质更接近于"批准"，因而不能按照独立审级的模式来把握复核程序，而应当按照审批的思路设计复核程序。❷ 然而，如果将死刑复核设计成行政性审批程序，就会制约死刑复核制度自身价值的实现，不利于切实保障当事人的合法权益。此外，根据《宪法》的规定，上下级法院之间是审级监督关系，而非领导关系，既然不是领导关系，上级法院就不应具有行政性的审批权力。也就是说，上下级法院的监督关系本身也要求对当前死刑复核过程中的行政性审批方式进行根本性改造。在司法体制改革中，应当以回归司法属性、强化诉讼特征为切入点，对死刑复核的启动程序、复核方式等进行必要的诉讼化改造，以保障死刑的统一、正确适用。❸

（2）死刑复核的范围：同时兼顾法律问题和事实问题。❹ 死刑复核权收回后，复核程序审查的范围是否同时包括事实认定和法律适用问题，还是仅仅涉及法律适用问题，这是亟待解决

---

❶ 赵秉志. 死刑改革探索 [M]. 北京：法律出版社，2006：589-598.

❷ 胡云腾，等. 论死刑适用兼论死刑复核程序的完善 [J]. 人民司法，2004 (2).

❸ 万春. 死刑复核法律监督制度研究 [J]. 中国法学，2008 (3).

❹ 陈卫东. 关于完善死刑复核程序的几点意见 [J]. 环球法律评论，2006 (5)：549.

的问题。❶ 陈瑞华教授认为，考虑到我国的司法制度和司法环境，基本同意采取"全面审查"的原则，最高法院既要对事实认定也要对法律适用问题进行审查。但同时也要考虑审查的方式、最高法院在审查事实认定问题上是否具有更大的优势以及实践中如何讯问被告人问题。如果仅仅采用书面审、审查事实问题的依据主要是下级法院提交的案卷材料，很难发现和纠正案件的问题和错误。

很多学者认为我国现阶段纯粹的法律审是不现实的。❷ 并列举出如下理由：第一点，在复核案件中，被告人不服或者说律师认为有问题，这本身就是一个事实和证据的采纳问题，提出这些问题，就应当作出答复，那么事实问题就不能不去理睬，不能仅仅就法律的适用进行核准。第二点，我国目前一审、二审程序的进行都不很规范，庭审应有的功能没有充分发挥，证人不出庭、鉴定人不出庭，下级请示上级或者受到地方党政机关的干预，这些情形并不少见，所以我们不能简单地相信一审、二审法院所认定的事实。第三点，死刑案件事实和法律问题本身就难以分开。例如，几个人共同杀害被害人，谁是致命的那一刀的凶手，这既是事实问题也是法律问题，这种情况下如果不查明，就不能很好地对几个被告人的刑事责任加以分解。

死刑复核程序的任务，是对下级人民法院报请复核的死刑判决、裁定在认定事实和适用法律上是否正确进行全面审查，依法作出是否核准死刑的决定。因此，对死刑案件进行复核时，必须完成两项任务：一是查明原判认定的犯罪事实是否清楚，

---

❶ 牛晓波. 死刑复核权收回在即审控辩三方角力细节 [J]. 21 世纪经济报道，2006（1）：1-2.

❷ 魏晓娜. 以审判为中心的刑事诉讼制度改 [J]. 法学研究，2015（4）：99-104.

据以定罪的证据是否确实、充分；二是查明罪名是否准确，量刑是否适当，程序是否合法，从而核准正确的死刑判决、裁定，纠正不适当或错误的死刑判决、裁定。然而死刑复核又不是对第一、二审程序的简单重复，而是要围绕死刑复核程序的任务，采取适合的审理方式，既要全面审查，又要突出重点。应当重点审查辩护理由，以及法院认为需要查证的与定罪量刑有关的其他问题。在此基础上，严格依照刑事诉讼法的规定，对第一、二审判决认定的事实和适用法律进行全面审查。为确保案件质量，控辩双方对证人证言、鉴定结论有异议且该证言、鉴定结论对定罪量刑有重大影响的证人、鉴定人以及其他法院认为应当出庭作证的证人应当出庭，从而充分保障被告人的诉讼权利，最大限度发挥复核的"把关"作用，纠正错误判决，防止冤错案件发生。当然，如果对事实没有异议，就可以不再审理事实问题，而只对量刑进行审查或者开庭辩论。

（3）坚持共同犯罪案件中死刑复核的全案复核原则。对于共同犯罪，其中有的被告人被判处死刑的案件，是否要全案进行复核，也存在不同的看法。有一种观点认为，死刑复核程序的对象是死刑犯，复核死刑案件的范围应当仅限于是否核准被告人死刑。因此，共同犯罪案件中，既有判处死刑，又有判处无期徒刑以下刑罚的，则与死刑无关的被告人不应纳入复核的范围。调查中大家一致认为，这种观点也是值得探讨的。长期的司法实践经验证明，这类案件坚持全案复核，有利于保证死刑案件的质量。《刑事诉讼法》第222条第2款之所以规定："共同犯罪的案件只有部分被告人上诉的，应当对全案进行审查，一并处理"，道理就在于此，死刑复核程序亦然，否则就无法实现死刑复核程序的目的。因此，最高人民法院明确规定，

"共同犯罪案件中，部分被告人被判处死刑的，最高人民法院或者高级人民法院复核时，应当对全案进行审查。"❶

（4）复核组织：扩充合议庭、审委会讨论非必需。❷ 根据《刑事诉讼法》第178条第2款的规定，高级人民法院、最高人民法院审判第一审案件，应当由审判员3人至7人或者由审判员和人民陪审员共3人至7人组成合议庭进行。根据第147条第4款的规定，人民法院审判上诉和抗诉案件，由审判员3人至5人组成合议庭进行。由此，最高人民法院复核死刑案件，应至少由5名审判员组成合议庭，评议时并实行绝对多数原则。

审判委员会是我国司法实践中不能回避的审判组织，现实中死刑案件也都需要经过审委会的讨论，那么死刑复核案件是否也要经审委会讨论呢？一般情况下，不需要提交审判委员会讨论，只有合议庭的意见严重分歧时，可由审判长提交审判委员会讨论。一则，最高人民法院的审判员业务水平高，5位审判员组成合议庭作出决定已经很慎重，再则，审判委员会每案都讨论，既不可能，也无必要。

（5）明确检察机关定位。虽然刑事诉讼法明确了我国检察机关有权参与死刑复核程序，并对检察机关参与死刑复核程序的方式和程序等作出了原则性规定。但法律却没有对检察机关参与死刑复核程序的职能地位作出明确规定，对此学术界存在

---

❶ 最高人民法院研究室. 最高人民法院关于执行《中华人民共和国刑事诉讼法》若干问题的解释［A］. 最高人民法院新刑事法律司法解释汇编（1999的修订本）［C］. 北京：警官教育出版社，1999：521.

❷ 陈卫东. 关于完善死刑复核程序的几点意见［J］. 环球法律评论，2006（5）：547.

两种不同的观点。❶ 一种观点认为，检察机关是以控诉者的身份参与死刑复核程序，即检察机关参与死刑复核程序的职能地位是控诉者。其主要理由如下：一是我国《刑事诉讼法》第 240条规定："在复核死刑案件过程中，最高人民检察院可以向最高人民法院提出意见。最高人民法院应当将死刑复核结果通报最高人民检察院。"最高人民法院在死刑复核程序中居于审判者的地位，被告人及其辩护律师居于辩护者的地位，而检察机关则属于控诉者。二是完成审判程序的要求。死刑复核程序是死刑案件的最后一道程序，只有经过死刑复核程序，才能完成审判程序，对被告人适用死刑。而检察机关作为死刑案件的控诉者，在死刑案件审判程序没有结束前其控诉职能就没有完成，其控诉者的地位就不应当发生变化。三是全面参与死刑复核案件的需要。检察机关只有以控诉者的身份参与死刑复核程序才能保证其能够参与所有的死刑复核程序，在死刑复核程序中发挥应有的作用，也才能保证死刑的正确适用，有效维护被告人的合法权利。

另一种观点则认为，检察机关是以诉讼监督者的身份参与死刑复核程序，即检察机关参与死刑复核程序的职能地位是诉讼监督者。❷ 其主要理由如下：一是刑事诉讼规则的明确规定。《检察规则（试行）》第 14 章表述为"刑事诉讼法律监督"，其中第 5 节表述为"死刑复核法律监督"，可见检察机关参与死刑复核程序的地位是诉讼监督者。二是我国审级制度的要求。

---

❶　陈辐宽，邓思清.死刑复核法律监督的方向与路径［J］.法学，2014（7）：152-160.

❷　张智辉.死刑复核程序改革与检察机关的介入权［J］.法律科学，2006（4）：96-101.

我国实行两审终审制，刑事案件经过二审程序，检察机关的控诉职能已经完成。死刑复核程序作为一种特殊的诉讼程序，检察机关参与该程序，不再是控诉者，而是作为死刑复核程序的诉讼监督者。三是参与死刑复核程序目的的要求。检察机关参与死刑复核程序的主要目的是监督最高人民法院的死刑复核工作，防止死刑复核权的滥用以保证死刑的正确适用，这决定了检察机关是诉讼监督者。

值得注意的是，检察院的法律监督职责不能无限扩大，否则会影响最高人民法院核准死刑案件的权威性。最高人民检察院只能基于监督法律适用和法律解释的职能，对案件涉及的法律适用问题发表意见，帮助复核法官正确阐释法律。与此相应，最高人民检察院在提交的"意见"中，不应包含对事实认定的意见，也不应提交新证据。

（6）加强律师的有效辩护。❶ 未来应按照国际社会的要求，将现行的法律援助制度延伸到死刑复核程序之中。不仅如此，为确保死刑复核程序中的被告人能够获得律师的有效帮助，最高人民法院在指定承担法律援助义务的律师时❷，也应尽量让法律素养较高特别是有死刑辩护经验的律师来担当辩护工作。❸ 这是因为，相对于普通刑事案件而言，死刑案件的辩护更为复杂和重要，对辩护律师提出的要求也更高，但由于法律援助经费严重不足等原因，死刑案件中的辩护律师尤其是承担法律援助义务的律师素质普遍不高，并且通常也缺乏从事死刑辩护的必

---

❶ 顾永忠. 死刑核准权回归后被告人辩护权的行使与保障 [J]. 中国司法, 2006 (5): 19-21.

❷ 陈光中, 于增尊. 严防冤案若干问题思考 [J]. 法学家, 2014 (1): 61.

❸ 穆远征. 死刑复核程序中律师辩护的困境与改革——以人权司法保障为视角 [J]. 法律论坛, 2014 (4): 109-114.

要经验，使得死刑案件的被告人很难获得有效辩护。这对于实现"少杀、慎杀"的目标显然是不利的。

（7）明确死刑复核的审理期限。根据《最高人民法院关于严格执行审理期限制度的若干规定》的精神，为了防止案件的拖延，提高审理死刑复核案件的效率，应当规定死刑复核案件的审理期限，以有利于最高人民法院及时发现、纠正错误的死刑判决，使正确的死刑判决及时发生法律效力，并可适当缓解有关部门特别是关押死刑犯的看守所因延长死刑复核时间给他们工作带来的诸多困难和压力。为慎用死刑，有学者认为审限可适当长一些，一般为 3 个月，重大、疑难、复杂的案件不超过半年，但应设置严格的条件和批准延长审限的程序。也有观点认为，质量与效率相比，质量始终是第一位的。死刑案件，人命关天，不能不慎之又慎，因此，不宜在法律上规定审理死刑复核案件的期限。但这并不等于放任不管，可以任意拖延案件的审理。为加强对审判工作的管理，在法院内部应当规定死刑复核案件的审限，如可规定最高人民法院复核死刑案件，应当在受理案件后 3 个月以内作出核准或者不核准死刑的裁判；案件特别疑难、复杂的，可以延长 2 个月。

（8）加强裁判文书的说理性。最高人民法院对死刑案件进行复核后，无论是基于事实不清、证据不足改判无罪，还是基于控制死刑的目的而改判其他较轻的刑罚，都应当注重裁判文书的说理性。无论哪种改判，都是对原审裁判在事实认定与法律适用方面作出的重大变更，是对公共利益和被告人双方利益关系的重大调整，是对原一审程序和二审程序的推翻。这种变更、调整和推翻的正当性，如果仅仅以最高人民法院享有死刑核准权或者作为最高裁判机关享有最高权威来诠释，无疑是不够的，多多少少让人感觉到在程序正义方面有所欠缺，必然会引发质疑甚至猜疑。为此，最高人民法院对案件复核后的裁判文书，特别是改判的情形，一定要强调说理性，对事实认定进行充分分析，对改判理由进行充分说明，不回避问题，不回避矛盾。只有这样，纠正错案也好，减少死刑也好，才能获得广泛的认同感和充分的正当性，才能真正实现死刑复核程序的功能。

2. 对该改革模式评析

本书认为对现有死刑复核程序进行改革和完善是行之有效的方式，既不会动摇我国的基本诉讼体制，也可以解决现有死刑复核程序存在的大部分问题，如上述改革建议中提出坚持共同犯罪案件中死刑复核的全案复核原则解决了死刑复核范围存在的一些争议；要对检察机关作出明确定性、加强律师辩护有效辩护明确了死刑复核程序中三方地位；明确死刑复核的审理期限和加强裁判文书的说理性也使得死刑复核程序更加完善。但是我认为改革方向中还存在一定的不足。

第一，死刑复核的范围应当以审理法律问题为原则，审理事实问题为例外。在上一节已经论述过最高法院并不具备更高的查明事实的能力，死刑复核程序如果还要兼顾事实问题和法律问题的话，十分浪费司法资源。只有在例外情况下才有必要对事实问题进行审核，如在审核法律问题时发现事实问题存在明显错误，但即便是在此种情况下，最高法院也不应当亲自审理事实问题，而是应当作出不核准并发挥重审的裁定。

第二，有关死刑复核组织问题，我们不建议扩充合议庭、取消审判委员会对案件进行讨论。扩充合议庭并不能保障死刑案件复核的正确性，反而可能增加死刑复核程序的不确定性。

审判委员会并非只审核死刑复核案件，审判委员会在我国的审判程序中也并非只存在于死刑复核程序中，审判委员会是最高审判组织❶，并且最高人民法院正在深化审判委员会制度改革，审判委员会制度定当更加完善。

第三，不仅应对死刑复核程序进行适当的诉讼化改造，而是应当在审判中心主义指导下对死刑复核程序进行诉讼化改造。我们认为虽然该改革模式是在死刑复核程序基础上进行完善和改革，也在具体措施中提出应当对死刑复核程序进行适当的诉讼化改造，但是该模式存在上述问题的根本原因是对死刑复核程序定位不明确，并没有将死刑复核程序完全定性为一种诉讼程序，仍认为一定程度上死刑复核程序是法院的内部行政性程序。应当将死刑复核程序定性为特殊的诉讼程序，在坚持审判中心主义下对其进行彻底的诉讼化改造，这样才能彻底解决死刑复核程序现存的问题。

（四）审判中心主义下对死刑复核程序进行诉讼化改造

我们认为，现阶段死刑复核程序存在的问题的根源在于定性不明确，虽然我国《刑事诉讼法》将死刑复核程序作为第三编审判的第四章内容，但这并不意味着该程序必然是审判程序。其内在的程序设立并没有按照诉讼化或审判程序的思路进行结构安排，只是将古代皇帝集行政权和司法权的死刑审批权由最高人民法院替代而已，仅是行使权力的主体发生变化，其实质上仍是具有强烈的行政化性质。然而，最初这一弊端和缺陷却没有影响到死刑复核程序所追求的核准权与审判权分离的价值所在，也没有影响到死刑复核程序作为死刑案件发生法律效力

---

❶　参见 2014 年《最高人民法院关于人民法院规范司法行为工作情况的报告》。

的独立程序的本质，即无论哪一级法院对死刑案件裁判，也不论一审还是二审，未经死刑复核程序均不发生法律效力，核准权成为死刑的最终决定权。❶ 后来使得这种混合的权力遭到诟病是因为死刑复核权的下放造成的。自从死刑复核权被收回到最高人民法院后，即使《刑事诉讼法》第 240 条规定了辩护律师和最高人民检察院具有提出意见的权利，最高人民法院应当听取辩护律师的意见、应当将死刑复核结果通报最高人民检察院，但是这种修改并没有形成控辩审三方的有效审判程序，并没有彻底改变原有死刑复核程序的性质，它实质上仍是最高人民法院内部的自我监督程序，但又以"判决、裁定"的方式作出最终决定，两者确实存在一定的矛盾性，但我们认为这正是可以在审判为中心主义下对死刑复核程序进行诉讼化改进之处。

我们认为可以将死刑复核程序定性为特殊程序即特殊的诉讼程序，可以对其现存的问题以审判为中心对其进行诉讼化改造。我国《刑事诉讼法》在规定"死刑由最高人民法院核准"的同时，在死刑案件的审判管辖上又规定了由中级人民法院管辖，这不仅仅是对死刑案件审判程序的慎重考虑和人的生命价值的尊重，更为重要的是建构了死刑案件的"审判权"与"核准权"相分离的诉讼制度，为设立有别于"普通审判程序"的"特殊程序"—死刑复核程序—开辟了道路。同时《刑法》第 48 条第 2 款规定的"死刑除依法由最高人民法院判决的以外，都应当报请最高人民法院核准"和《人民法院组织法》第 13 条规定的"死刑案件由最高人民法院判决或者核准"与刑事诉讼法规定的内容相互动，并形成了有关死刑复核在刑事法系统中

---

❶ 郭华. 死刑复核程序：一个仍未终结的问题——以死刑审判权与核准权的分设为视角［J］. 山东警察学院学报，2008（6）：69-73.

"较为一致"的法律体系结构。将死刑复核程序定位为特殊的诉讼程序基础上，再对该程序存在的弊端进行诉讼化改造，这样才能彻底解决死刑复核程序现有的各类争议和难题。具体改革措施如下。

（1）改革死刑复核程序制度设计存在的缺陷，对死刑复核程序进行全面诉讼化改造。我们将死刑复核程序定性为特殊的诉讼程序，这说明一方面死刑复核程序的性质是诉讼程序，另一方面死刑复核程序相较于其他诉讼程序存在一定的特殊性。如死刑复核程序在启动上具有一定的主动性，但这只是死刑复核程序的特殊性，死刑复核程序仍然是诉讼程序。死刑复核程序制度设计确实存在缺陷，我们在对其进行改革时应当坚持对其进行诉讼化改造，应当在审判中心主义原则的指导下对死刑复核程序制度设计进行完善。

（2）明确控辩审三方地位，对死刑复核程序进行全面诉讼化改造。死刑复核程序明确定性为诉讼程序，也应当遵守审判中心主义规则，在进行复核时应当形成控辩审三方对抗机制，最高人民法院应当组成合议庭进行审理。最高检在死刑复核程序中应当担任监督职能，确保最高人民法依法公正作出判断，因此最高检派员出庭只能基于监督法律适用和法律解释的职能，对案件涉及的法律适用问题发表意见，帮助复核法官正确阐释法律。与此相应，最高人民检察院在提交的"意见"中，不应包含对事实认定的意见，也不应提交新证据。应当加强律师的有效辩护，让律师的辩护意见能够对最高法最终作出死刑复核决定产生影响。

（3）在审判中心主义指导下解决死刑复核核准存在的问题。死刑复核核准主要的问题是核准范围，事实问题和法律问题如何平衡的问题。审判中心主义更是要以一审为中心，一审及解决事实问题又解决法律问题，最高人民法院相较于一审法院在解决事实问题上并没有具有更大的优势，最高人民法院的主要功能在于解决全国性的法律问题，因此我们认为，死刑复核应当以核准法律问题为原则，核准事实问题为例外。

问题思考

《公民权利和政治权利国际公约》第 14 条规定："任何被怀疑或被控告犯了可判死刑之罪的人有权在诉讼过程的每一阶段取得适当法律协助后，才可根据主管法院的终审执行死刑。"死刑复核程序自动报核的启动方式，尤其书面审核，具有较强的行政化特点，这与其作为审判程序章节中内容不相吻合，以至于有学者提出改为"法院主动报核为被告人提起上诉或者检察机关提起抗诉的方式进行"。❶那么，这种死刑复核程序诉讼化是否符合"以审判为中心"的刑事诉讼制度改革值得思考。同时，如果在死刑复核程序中认为案件事实不清、证据不足发回重审的案件，无论是一审还是二审法院降格判处无期徒刑还是有期徒刑，其中的案件事实不清、证据不足依然存在，不仅违反了疑罪从无的原则，最终还会导致错案的发生。

---

❶ 樊崇义、张中. 论刑事司法体制改革与诉讼结构之调整 [J]. 环球法律评论，2016（5）：522.

我国《刑事诉讼法》允许辩护律师参与死刑复核程序，但对被告人在其复核程序中能否当然地获得法律援助，则没有明确规定，这与死刑案件第一审、第二审程序得到法律援助相比依然存在差距，相对来说，在死刑复核程序中被告人更应该得到这种法律保障。如何更好地促使法律援助制度的完善，从而确保死刑复核案件正当性，这一问题也值得我们思考。

编后说明

　　参加本书编写的人员有北京工商大学教授谢安平，中央财经大学教授郭华，北京工商大学副教授胡朝新、王茂华以及中央财经大学诉讼法学博士研究生李红霞、茹克娅，硕士研究生王晓沛、张碧莹、种政、撒兰泽良、夜文彦、韩笑、邬巧莹、关淼（按照写作章节排序）。中央财经大学法学院刑诉法研究生陈春祺、顾亚慧为本书做了大量修改工作。

　　本书编写参考了刑事诉讼法学研究的最新成果，尤其是推进以审判为中心诉讼制度改革的有关成果，并经过多次探讨与交流，形成了目前的研究成果。尽管力求对以审判为中心诉讼制度尤其是对审判中心主义进行深入探索，但仍难免存在一些疏漏和不足，敬请读者提出宝贵意见。